全国高校就业创业特色教材课题研究成果
教育部学生服务与素质发展中心组织编写

大学生创新创业基础教程

DAXUESHENG CHUANGXIN CHUANGYE JICHU JIAOCHENG

主　编　吴远庆　丁瑞忠
编委会（按拼音字母排序）
郭　义　韩淑红　贺俊艳　李海城　梁淑艳
凌　纲　刘良忠　彭静静　王全文　魏　一
杨安仁　油伦贺　于景志　于　鲲　张　杰

西安交通大学出版社
XI'AN JIAOTONG UNIVERSITY PRESS

图书在版编目(CIP)数据

大学生创新创业基础教程 / 吴远庆,丁瑞忠主编. —— 西安 :西安
交通大学出版社,2023.7(2025.8重印)
ISBN 978 - 7 - 5693 - 3346 - 6

Ⅰ. ①大… Ⅱ. ①吴… ②丁… Ⅲ. ①大学生-创业-高等学
校-教材 Ⅳ. ①G647.38

中国国家版本馆 CIP 数据核字(2023)第 131201 号

DAXUESHENG CHUANGXIN CHUANGYE JICHU JIAOCHENG

书 名	大学生创新创业基础教程	
主 编	吴远庆　丁瑞忠	
责任编辑	韦鸽鸽	
责任校对	王建洪	
封面设计	任加盟	

出版发行　西安交通大学出版社
　　　　　(西安市兴庆南路 1 号　邮政编码 710048)
网　　址　http://www.xjtupress.com
电　　话　(029)82668357　82667874(市场营销中心)
　　　　　(029)82668315(总编办)
传　　真　(029)82668280
印　　刷　陕西博文印务有限责任公司

开　　本　787 mm×1092 mm　1/16　印张　15.25　字数　352 千字
版次印次　2023 年 7 月第 1 版　　2025 年 8 月第 4 次印刷
书　　号　ISBN 978 - 7 - 5693 - 3346 - 6
定　　价　49.00 元

前　言

根据国务院办公厅颁布的《关于深化高等学校创新创业教育改革的实施意见》(国办发〔2015〕36号)文件精神，在教育部、地方政府和高校"双创"教育同行的积极推动下，高校纷纷开设了多种形式的创新创业课程，在大学生创新创业教育课程建设方面进行了一系列理论研究和实践探索。"大众创业，万众创新"的新常态要求高等院校重新审视创新创业教育的时代内涵，加强创新创业教育的理论创新与实践探索。到2035年，我国发展的总体目标是经济实力、科技实力、综合国力大幅跃升，人均国内生产总值迈上新的大台阶，达到中等发达国家水平；实现高水平科技自立自强，进入创新型国家前列。这些都需要我们大力发展创新创业教育。

创新创业教育是一个新的教育思想和理念，创新创业教育是培养学生的创新意识、创新思维、创新精神、创业素质、创业技能的教育，其本质在于培养学生的创新精神和实践能力。创新创业教育注重学生综合素质的提升，注重引导学生把所学知识转化为能力，注重提高实践技能，注重提升思维开发能力及心理承受能力，使学生具有更大的发展潜力，能够更适应社会发展。

基于以上现实与想法，本教材是在联合多位一线创新创业教育教师，总结高校创新创业教育课程的基础上，充分考虑创新创业教育的时代特征和未来发展趋势，结合学校课程实施操作的实际，特研发编写而成的。本教材共十章，内容包括认知创新创业、训练创新思维、掌握创新技法、创业者与创业团队、识别创业机会、整合创业资源、开发新产品、设计商业模式、大学生创新创业大赛和创办新企业。本教材强化创新创业精神，鼓励学生参与实践，满足课程思政要求，激发学生忠于祖国、热爱人民、坚守初心、不畏艰难的精神，培养学生的社会责任感和爱国热情。具体编写分工如下：第一章、第二章和第五章由吴远庆、丁瑞忠、杨安仁编写；第三章由魏一、于鲲编写；第四章由于景志、郭义编写；第六章由贺俊艳、李海城编写；第七章由王全文、韩淑红编写；第八章由刘良忠、油伦贺编写；第九章由张杰、彭静静编写；第十章由梁淑艳、凌纲编写。最后由吴远庆、韩淑红审稿，丁瑞忠定稿。

本教材在编写过程中借鉴并参考了创新与创业领域众多专家、学者的经典著作及案例，吸取了国内外最新的管理技术和研究成果，在此向这些成果的原作者表示崇高的敬意！书中的大部分内容源于教学实践，并根据积累的教学经验进行了适当调整。由于作者的水平和精力所限，书中难免会存在疏漏，敬请同行和读者不吝指正，不胜感谢！

编者

2023年2月

前　言

目　录

作；创新是企业家展现其创业精神的特定工具，是赋予资源一种新的能力使之成为创造财富的活动，创新本身就创造了资源。"①对于创新的含义，德鲁克认为应该强调创新的效果及意义，他认为创新应该对现有的资源进行改变。

国际社会认同的特指"创新"的英文是"innovation"，有别于"创造"（英文为creation）和"发明"（英文为 invention）。当前国际社会对于"创新"的定义比较权威的有两个：一是 2000 年联合国经合组织在"学习型经济中的城市与区域发展"报告中提出的"创新的涵义比发明创造更为深刻，它必须考虑在经济上的运用，实现其潜在的经济价值"；二是 2004 年美国国家竞争力委员会向政府提交的《创新美国》计划中提出的"创新是将新的技术和理念融入原有的资源中，以促进经济的增长和人们生活质量的提高，为生活创造出全新的产品和体验"。

我国有关学者对于创新一词的定义主要有以下四个观点：一是认为创新应该是一种舍旧创新、推陈出新、勇于探索、积极改变自己、改变环境的意识和行为；二是创新的目的应该是为了推进人类的生存与发展，对客体关系的处理要具有推陈出新的意识和胆识②；三是创新的内涵应该是人们在生活中要不断地反思进取，改变自身，共同推进社会的发展与进步③；四是创新的发展概念应该是人们对社会发展与进步的本质性把握，是人们跟随时代进步、社会发展步伐的必然结果。④

（二）创新的类型

1. 根本型创新、适度创新与渐进型创新

根据创新性的程度大小我们可以将创新分为以下三种。

（1）根本型创新。根本型创新是指引入一项新技术，从而产生了一个新的市场基础。它在宏观、微观层面上表现出不连续性。市场或者某一项产业发生不连续性的创新，就会引起相应的企业产生不连续性的创新。根本型创新所产生的新产品势必会吸引需要这款产品的企业或者客户。

（2）适度创新。克莱恩施密特（Kleinschmidt）和库珀（Cooper）认为适度创新是"由公司的原有产品线组成，但产品并不是创新性的，即市场对于它并不陌生，它只是企业当前产品线上的新产品"。适度创新的特点是所生产出来的产品虽然不具有很强的创新性，但是这款产品却是目前市场上不具备的新产品，属于首创产品。

（3）渐进型创新。渐进型创新是指通过不断的、渐进的、连续的小创新，最后实现管理创新的目的。渐进型创新是非常重要的。首先，能充分利用已有的资源；其次，很多创新都是起步于微小创新，若干微小创新通过相互支撑才能发挥作用；再次，微小创新通过连续积累产生作用，由小到大，从量到质，引起大创新出现。

2. 构建型创新与模组型创新

根据对已有知识的强化程度和破坏程度的大小，可以将创新分为以下两种。

---

①　彼德·德鲁克.创新与企业家精神（珍藏版）[M].蔡文燕，译.北京：机械工业出版社，2009.

②　中央教育科学研究所.创新教育[M].北京：教育科学出版社，1999.

③　孙景涛.对创新的哲学思考[J].南京政治学院学报，2003（4）：36.

④　许玉乾.关于创新概念的几点新思考[J].淮阴师范学院学报，2006（4）：258.

(1)构建型创新。构建型创新是指新设计的产品结构和连接部件，产品的组成部分以及核心设计基本上没有改变。现在许多电子产品中，组件是相同的，但是不同的框架模型导致不同的产品。

(2)模组型创新。模组型创新是指针对现有产品的几种元件或核心设计做摧毁式的创新变革。产品结构和产品之间的连接不进行改变，新的元件与新的产品结构兼容。例如按键电话的发明，改变了拨号盘的核心设计，但整个电话的结构并未改变。

3. 延续型创新与破坏型创新

根据创新所依赖的价值网络的不同，可将创新分为延续型创新和破坏型创新。

(1)延续型创新。延续型创新指的是利用新的科学技术来提升现有产品的功能，为目标客户群体提供更多的利益。根据创新程度，延续型创新在性能上是适度的或是渐进性的。延续型创新的共同特性是重视主流客户的需求，提升现有产品的功能。一般技术创新都是延续型创新。

(2)破坏型创新。破坏型创新指的是改变很大，甚至是颠覆式的创新。破坏型创新在把不同的价值赋予市场的同时，也会降低主流市场现有产品的性能。破坏型创新致力于改变原有的路径，在此基础上所推出的产品具有便宜、操作简单、体积较小的性能，为高端客户、要求更高的客户提供更好的产品或服务，满足客户的需求，进而吸引新的消费者购买产品或服务。

破坏型创新有新市场破坏型创新、低端市场破坏型创新两种类型。新市场破坏型创新开发了新的价值，争夺更多的消费者。新市场破坏型创新者面临着一个新的没有同行业竞争者的价值链。低端市场破坏型创新是指在利润较少、顾客需求滞后的低端市场进行的创新。其特点是并没有引起新市场的出现，只是利用了被大多数企业忽略掉的低端市场。比如市场上的小型钢铁厂进行的创新就属于低端市场的破坏型创新。

(三)创新的原则

创新的原则是整个创新过程的基础，也是创新构思的标准和依据，它主要包括六个要点(图1-1)。

1. 遵循科学原则

创新必须遵循相关的科学技术原则，不能违背科学发展的规律。就目前的科学技术发展来看，并不是所有天马行空的想法都是可行的。因此我们在进行创新构想时，需要就自身的资源和技术进行可行性、合理性分析，并设想其是否有推广和应用的价值。

2. 市场评价原则

为什么有些产品刚出现在人们视野，却很快就被淘汰掉呢？市场是严酷的，爱迪生曾说自己"不打算发明任何卖不出去的东西"。当我们的创新不受市场认可时，需要重新评估这个创新方案，从受众的角度出发，看看它是不是真的能让人们的生活变得更加美好。

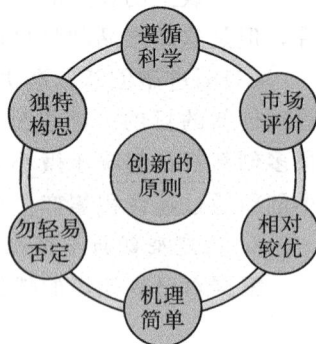

图1-1 创新的原则

3. 相对较优原则

创新的过程，也是在不断地做出选择和制定决策的过程。在这个过程中，我们要确定在以下三个方面赢得优势：一是技术先进，即自己的技术是否比竞争对手更好；二是经济合理，需要考虑自己的产品能带来多大的回报；三是整体效果，要看看产品的使用价值和创新水平是否呈现出较好的整体效果。

4. 机理简单原则

通俗点说，机理简单原则可以称为"一针见血"原则。它是指在处理问题时用最直接有效的方式切入问题的核心，以节省不必要的时间和金钱成本。创业路上充满了不确定性，要让团队的付出换得最大化的效益。我们在运用创新手段时，应当检查自身技术是否重叠，产品功能是否复杂等问题，让创新机理尽可能简单有效。

5. 勿轻易否定原则

我们知道，在飞机发明之前，科学界曾从"理论"上做出了否定论证，但如今人们早已实现了翱翔蓝天的梦想。在集资创建阿里巴巴的时候，大多数人凭借自己的主观判断否定了这一想法，不愿投资。但是在创始人的一直坚持下，才有了发达的网购平台及庞大的物联网产业。由此可见，从惯性思维出发，考虑问题很容易受到主观武断的束缚并进行不恰当的否定，这些否定往往扼杀了许多富含创新价值的尝试。

6. 独特构思原则

作为创新思想的基石，独特构思在创新中扮演了至关重要的角色。一切创业想法都离不开独特的构思，Uber创始人之一的特拉维斯·卡兰尼克在周末的旧金山街头打不到的士，于是"在线打车"的全新概念在他脑中萌生，而在他支付高昂的的士费时，他便决定一定要实现"打造一个便民的网约车平台"这一伟大构想，最后他成功了，Uber不仅在美国市场走红，而且在国际市场上也较普及。可见，有趣的构想其实就源于我们的生活，从痛点中乍现灵光，只需要一点敏锐的洞察力。

二、创新精神

(一)创新精神的概念

创新精神以遵循客观规律为前提，以敢于摒弃旧事物、旧思想，创立新事物、新思想为特征。创新精神是一个国家和民族发展的不竭动力，也是一个现代人必须具备的基本素质。为实现中华民族伟大复兴的中国梦，我们唯有努力培养自己的创新精神，才能在未来的发展中不断开辟新的天地(图1-2)。

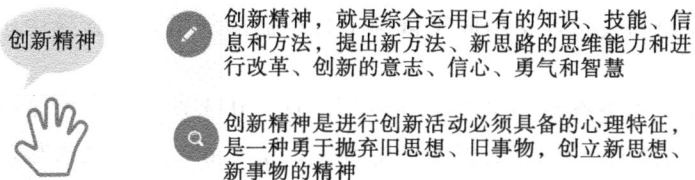

创新精神

创新精神，就是综合运用已有的知识、技能、信息和方法，提出新方法、新思路的思维能力和进行改革、创新的意志、信心、勇气和智慧

创新精神是进行创新活动必须具备的心理特征，是一种勇于抛弃旧思想、旧事物，创立新思想、新事物的精神

图1-2 创新精神的概念

(二)创新精神的特征

具体来说，创新精神具有以下几个特征。

1.综合性

综合性反映了创新精神内涵的丰富性和结构构成的多重性。创新精神不是单一的某种创新因素，而是多个因素集合而成的是一个完整的结构。这种综合性表明了它作为素质教育重点的适切性。

2.关联性

关联性包含两层意思：一是创新精神的外部关联性，指的是创新精神的构成因素，即与创新活动、成果、创新主体最直接相关的因素。这种关联性提供了一定的限定，也给研究和实践提供了一定的便利。二是内部关联性，指创新精神内部构成因素之间具有密切的相互依存、相互影响的关系。

3.发展性

创新精神不是天生的，它虽然与生理遗传密切相关，特别是在特殊领域的创新，如音乐、美术、运动等，但其真正实质性的发展，则是后天的。所以，创新精神具有可发展性。

(三)弘扬创新精神

1.为什么要弘扬创新精神

习近平总书记在参加十二届全国人大三次会议上海代表团审议时提出，创新是引领发展的第一动力。他强调，抓创新就是抓发展，谋创新就是谋未来，适应和引领我国经济发展新常态，关键是要依靠科技创新转换发展动力。在党的十八届五中全会第二次全体会议上的讲话中则进一步指出：我们必须把创新作为引领发展的第一动力，把人才作为支撑发展的第一资源，把创新摆在国家发展全局的核心位置，不断推进理论创新、制度创新、科技创新、文化创新等各方面创新，让创新贯穿党和国家的一切工作，让创新在全社会蔚然成风。创新是民族进步的灵魂，是国家兴旺发达的不竭动力，是时代精神的核心。

一个国家和民族的创新能力，从根本上影响甚至决定国家和民族的前途命运。中华文明在起源时就具有伟大的原创性。中国先民在哲学思想、科学技术、文化艺术、重大工程等方面都具有伟大的创新成果。如天人合一的自然观、造纸术、指南针、火药、印刷术的发明等。明清之际，我国逐渐由领先变为落后，一个根本原因就是故步自封，错失了大航海时代产业革命浪潮等带来的巨大发展机遇。面对内忧外患，中国人民艰难探寻救亡图存的出路。1921年，中国共产党诞生。中国共产党带领中国人民将马克思主义的普遍原理与中国革命实际相结合，创造性地探索出一条既不同于马克思主义经典作家最初设想，又不同于俄国十月革命的新道路，指导中国革命取得伟大胜利。

党的十一届三中全会拉开了改革开放的序幕。从本质上讲，改革开放也是一种创新。从安徽小岗的"包产到户"到创办经济特区，从确立社会主义市场经济体制到深化党和国家机构改革，创新精神始终是改革开放进程中的重要精神特质和强劲发展动力。中国共产党带领中国人民走出了一条独特的中国特色社会主义道路，沿着这条人间道路，中国开启了最为广泛而深刻的社会变革、最为宏大而独特的实践创新。我们用几十年时间走完了发达国家几百年走过的发展历程，创造了世界发展的奇迹。

经过长期努力，我国特色社会主义进入了新时代。党的十九大报告描绘了全面建成社会主义现代化强国的宏伟蓝图，把蓝图变成现实，建成富强、民主、文明、和谐、美丽的社会主义现代化强国，需要发扬创新精神，把握发展之机，开辟未来之路。党的十九届五中全会提出了国民经济和社会发展"十四五"规划和2035年远景目标，开启了全面建设社会主义现代化国家新征程。为了实现这些既定目标，我们需要有创新精神、创新意志和创新力量，以迎接各种困难和挑战。

2. 大学生如何弘扬创新精神

大学生可以从以下几个方面来弘扬创新精神。

第一，深刻认识创新精神的基本内涵。这是大学生弘扬创新精神的基本前提，只有深刻了解创新精神的基本内涵，才能更好地弘扬创新精神。

第二，不断提升创新思维能力。不断提升创新思维能力是弘扬创新精神的基本要求和重要途径之一。创新思维对大学生的发展有至关重要的作用，创新思维也是贯穿发展始终的一个重要的基本特征。大学生通过不断学习，积极参加各级各类竞赛等渠道来不断提高自己的创新思维能力；通过创新思维能力的塑造，进一步深刻理解创新精神，从而增强弘扬创新精神的内生动力，为创新精神在新时代取得新的发展贡献青春的力量。

第三，不断加强专业实践和社会实践能力的培养。这是弘扬创新精神的重要实践途径和基本环节要求。创新精神不是虚无缥缈的理论，更不是空洞无物的精神，而是一种实实在在的具备很强实践意义的一种精神。创新精神的出发点和落脚点都在于实践。大学生一定要提升专业实践和社会实践能力，这是进一步弘扬创新精神的实践途径和基本的环节要求。

三、创新意识

(一)创新意识的概念

创新意识是指人们为了满足社会和个人发展的需要，产生创造新事物的想法或动机，并在创造性活动中表达意图、愿望和想法，体现了人类意识活动与社会发展的有机结合。创新意识是创新的前提，是人类创造性活动的出发点和内在动机。

(二)创新意识的特征

创新意识是以思想活跃、不因循守旧、富于创造性和批判性、具有敢于标新立异、独树一帜的精神和追求为主要表现。只有具备强烈的创新意识，才能敢想前人没想过的事，敢创前人不曾创成的业。创新意识的主要特征有以下几个方面(图1-3)。

1. 新颖性

创新意识是以新的意识和方式来满足社会的需要，是对新的意识和方式的追求。

2. 社会历史性

创新意识是为了满足当前社会人类的进步和发展。每个

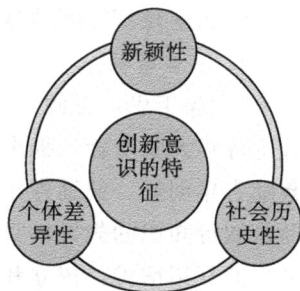

图1-3 创新意识的特征

历史阶段的创新意识都有不同的出发点,这个出发点与历史背景及社会背景有很大的关系。比如,在阶级社会时期,创新者的创新意识就会受到所处阶级水平的影响,所以说,创新意识的激发必须考虑和结合当前所处的社会历史条件。

3. 个体差异性

人的创新意识来源于其社会地位、文化素质、兴趣特长及情感倾向等,这些因素都对创新起着重要的促进作用。由于每个人的社会背景、文化素养、兴趣动机不尽相同,因此影响因素也是不同的。

(三)创新意识培养

创新意识是指人们根据社会和个体生活发展的需要,产生创造前所未有的事物或观念的动机,并在创造活动中表现出意向、愿望和设想。它是人类意识活动中一种积极的、富有成果性的表现形式,是人们进行创造活动的出发点和内在动力。大学生创新意识的培养要注重以下几个方面(图1-4)。

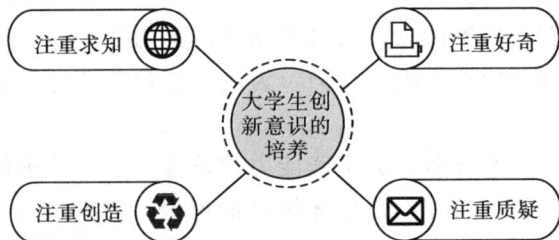

图1-4 创新意识的培养

1. 注重求知

学而创、创而学是创新的根本途径。青年要具备勤奋求知的精神,不断地学习新知识,才能在自主创新中发挥生力军作用。

2. 注重好奇

将蒙昧时期的好奇心向求知时期的好奇心转化,这是坚持、发展好奇心的重要环节。要对自己接触到的现象保持旺盛的好奇心,要敢于在新奇的现象面前提出问题,不要怕问题简单,不要怕被人耻笑。

3. 注重创造

不满足于现成的思想、观点、方法及物体的质量、功用,要经常思考如何在原有基础上创新发明、推陈出新,大脑里经常有"能否换个角度看问题?有没有更简捷有效的方法和途径?"等问题盘旋。

4. 注重质疑

"学起于思,思源于疑。"有疑问才能促使学生去思考,去探索,去创新。因此,要鼓励青年大胆质疑、提出多种解决问题的方案及方法。从多角度培养青年的思维能力,激励青年创新。鼓励青年提问,大胆质疑,是培养青年创新意识的重要途径。提出问题是取得知识的先导,只有提出问题,才能解决问题,认识才能提高。一定要以锐不可当的开拓精神,树立和提高自己的自信心,既要尊重名人和权威,虚心学习他们的丰富经验,又要敢于超过他们,在他们已进行的创造性劳动的基础上,进行新的创造。

课堂活动

测一测你是否具有创新精神

以下有10道测试题，每道测试题有a、b、c三个选项，选出一个你认为最合适的选项。这是一种快速测试，你不必停下来考虑太久，让你对自己的创新精神做出真实的评判。

测试题：

1. 你觉得集体在一起想点子：

a. 非常痛苦——你很难迅速提出自己的主张

b. 有刺激作用——你发现大脑的运转比笔头快

c. 有帮助，特别是因为同别人在一起——在有人提出自己的看法并帮助完善你的观点时，你的思维特别活跃，能够涌出很多点子

2. 在你准备按照说明自己动手做某样东西时，如果发现缺少了一件必要的材料，这会使你：

a. 感到沮丧，并且寻找一件替代品。用替代品来做往往会出问题

b. 出去购买这种材料然后继续做

c. 尽可能地利用现有材料，或是迅速寻找替代品。一般能达到理想的结果

3. 你购买了一件东西，需要在家里做简单的装配，但后来发现说明书是外文的（而你又不太懂），这时，你最有可能：

a. 把所有部件摊开，琢磨什么东西应装在什么地方，需要怎样装。这种做法往往能解决问题

b. 与零售商联系，索要一份你能看懂的中文说明书，否则要求退货

c. 求人帮助

4. 你觉得艺术品：

a. 乏味。你不能理解它们的意思，也难以评判它们的优劣

b. 迷人。你发现自己很容易陷入一幅抽象画的想象当中，而且能够对它做出各种各样的解释

c. 有趣。但你的注意力很快就会转移。你往往要买有关指南，帮你理解不同的作品

5. 一种普遍的看法认为，人人都有一部潜在的小说可写。写小说的可能性使你感到：

a. 兴奋。你喜爱文字，喜欢以一种色彩丰富的文字表达自己。你觉得构思一个故事情节并不困难

b. 很困难。尽管你也想一举成名，但你更愿意从过去的经历中寻求灵感。而写一本书则要投入大量的时间和精力

c. 不感兴趣。你可能喜欢读书，但情愿把写书的事让给更有想象力的人去做

6. 下列测试题你宁愿选择哪种类型的问题：

a. 有多种选择答案的问题

b. 无确定答案、可做多种解释，而且容易回答的问题

c. 可根据提供的事实与信息回答的问题

7. 以下活动你最喜欢：

a. 看电视

b. 读书

c. 写作

8. 作为音乐爱好者，当你在演奏乐器时，你喜欢：

a. 严格按乐谱演奏

b. 与意趣相投的一群爱好者即兴演奏

c. 根据听觉，模仿你听过的乐曲，在可能的情况下加一些装饰音

9. 如果忽然想到一个点子，但同时转念又想为何以前无人想到或做这件事，这时你最有可能：

a. 对这个点子做一些研究，并进行更深入的思考，如果找不出比较明确的答案，则可能发起一场非常热烈的讨论

b. 认为它不值得多费脑筋思考，索性将它置于脑后，宁愿考虑午饭吃什么

c. 全神贯注地再细想一会儿，然后就想别的问题了，在短期内你不可能再重新考虑这个问题

10. 你认为自己：

a. 有创见——你讨厌墨守成规，喜欢尝试新的方法和程序

b. 是追随者——你习惯按常规办事，但是如果相信别人的想法正确，你也愿意给予支持

c. 淡漠——你是一个懈怠而随波逐流的人

评价方法：

单位：分

选项	1题	2题	3题	4题	5题	6题	7题	8题	9题	10题
a	0	1	2	0	2	0	0	0	2	2
b	2	0	0	2	1	2	1	2	0	1
c	1	2	1	1	0	1	2	1	1	0

测试说明：

17～20分——说明你很有创见，思想新鲜；

13～16分——这个分数不低，多多练习还有可能提高创造力；

9～12分——说明你要加强努力，提高创造力；

9分以下——说明创新确实非你所长。

▶ 第二节　创业的基本认知

一、创业概述

(一)创业的概念

在我国,创业一词最早出现于《孟子·梁惠王下》,"君子创业垂统,为可继也"。故《辞海》将创业解释为"开创基业"。杰弗里·蒂蒙斯认为:"创业是一种思考、推理和行为方式,这种行为方式是机会驱动、注重方法和与领导相平衡,创业导致价值的产生、增加、实现和更新,不只是为所有者,也为所有参与者和利益相关者。"[①]彼得·德鲁克对创业的一句描述"创业既不是科学也不是艺术,创业是一种实践"[②]。

创业有广义和狭义之分。广义上,创业概念多从社会学角度解读与引申,是指有开拓性、创新性和价值性的社会活动,可包含人类所有事业的创新和创造活动。狭义上,创业概念源于"entrepreneur"一词,多从经济学和创业学的视角来解读,是指创业者(个人或创业团队)不拘泥于当前资源约束,寻找和把握各种商业机会,投入已有的知识、技能和社会资本,调动并配置相关资源,创建新企业,为消费者提供产品或服务,以创造经济价值和社会价值为目的的行为过程。

(二)创业的要素

1. 创业三大核心要素

迄今为止,人们在对创业要素的认知和分析中,最为典型和公认的创业要素模型为蒂蒙斯模型[③](图1-5)。该模型提炼出了创业的三大关键要素,即创业机会、创业者及其创业团队、创业资源。一般认为,这三个核心要素是创业活动不可或缺的。如果没有创业机会,创业活动就成了盲动,难以创造真正的价值。应该说创业机会是普遍存在的,关键要看创业者及其创业团队能否有效识别和开发机会。如果没有创业者及其创业团队的主观努力,创业活动是不可能发生的。创业者及其创业团队把握住合适的机会后,还需要有相应的资金和设备等资源。如果没有必要的资源,机会也就难以被开发和实现。

2. 核心要素间的匹配关系

蒂蒙斯模型具有动态性的特征,认为创业过程实际上是三个要素之间相互作用,由不平衡向平衡方向发展的过程。随着创业过程的展开,其重点也相应发生变化,创业要能将创业机会、创业者及其创业团队、创业资源三者做出动态调整。该模型还要求三要素之间的匹配和平衡。因此,创业现象也被认为是创业者及其创业团队、创业机会和创业资源三者之间的有效连接。其中,创业者及其创业团队是创业的核心,是使机会识别

---

① 蒂蒙斯,斯皮内利.创业学[M].周伟民,吕长春,译.北京:人民邮电出版社,2005.
② 德鲁克.创新与创业精神[M].张炜,译.上海:上海人民出版社,2002.
③ 蒂蒙斯,斯皮内利.创业学[M].周伟民,吕长春,译.北京:人民邮电出版社,2005.

利用与资源获取组合得以实现的驱动者。创业者及其创业团队必须不断寻求更大的商业机会，并合理使用和整合资源，以使企业平衡发展。创业机会、创业资源和创业者及其创业团队三者必须不断动态调整，以最终实现动态均衡，这就是新创企业的发展过程。在创业过程中，由于机会模糊、市场不确定，因此，创业者必须依靠自己的领导、创造和沟通能力来发现和解决问题，掌握关键要素，及时调整机会。

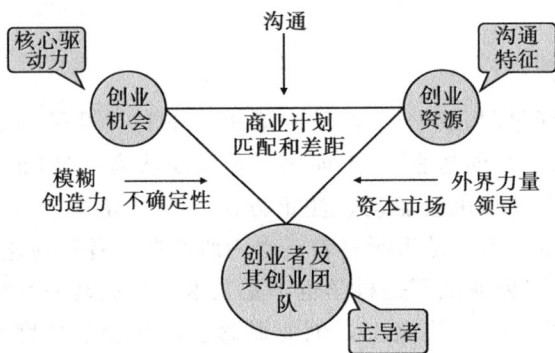

图1-5　创业三大核心要素与过程模型

(三)创业的阶段

创业的阶段是指创业者在创业过程中主要经历的发展阶段。创业阶段大多是从企业的发展阶段来定义和分析的。本书按照创业过程发展的时间顺序及其特点，将创业阶段概括为如下五个阶段(图1-6)。

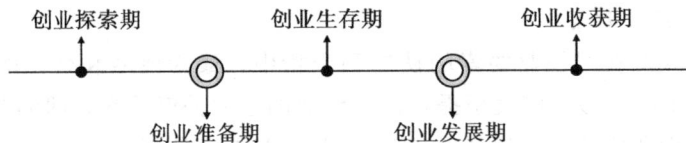

图1-6　创业的五个阶段

1. 创业探索期

创业探索期，指创业者创业准备的前期，也可称为创业的"种子萌芽期"或"准备创业期"。在这个阶段，创业者主要做创业的自我探索和创业机会的探索。创业的自我探索主要是剖析自己是否具备创业的基本条件，比如是否具备创业能力、创业资源等。创业机会的探索包括对创业环境的探索和对创业项目的探索。总之，创业的第一个阶段是探索自我是否适合创业，探索创业的想法是否可行。

2. 创业准备期

创业准备期，指在创业者已经决定创业并选定了具体可行的创业项目之后，落实创业的各种具体准备工作阶段，是创业的前期。在这个阶段，创业者主要做创业规划、组建团队、整合资源和筹备创建企业等工作。

3. 创业生存期

创业生存期，指创业者创立企业并保证创建的企业生存下来的关键阶段。创立企业比较简单，创业者可根据自身实际选择创办企业的形式，按法律法规和流程完成企业的创建即可。而如何让初创的企业生存下来，则没那么简单。一方面，需要创业者付出各方面的努力；另一方面，需要创业者研究企业生存期的特点，通过灵活有效的组织管理，让企业顺利渡过生存难关。

4. 创业发展期

创业发展期，也称企业成长期，是指创业企业生存下来后，逐步扩大市场和利润，形成品牌和竞争优势，逐渐成长并发展壮大的阶段。企业能生存，并不意味着企业一定能顺利发展壮大。在这个阶段，创业者需要学习并运用企业管理的理论与方法，把企业经营管理好。

5. 创业收获期

创业收获期，指创业过程顺利，企业逐步发展壮大，创业者达成创业目标和获得创业成功的阶段。这一阶段，创业者可以顺利实现创业梦想，获得心理满足和成就感，可以获得经济与利益回报的阶段。这一阶段，标志着创业过程的结束和新的起点，是创业成功的标志阶段。

二、创业意识与创业精神

(一)创业意识的概念

创业意识，指在创业实践活动中对人起动力作用的个性倾向，包括需要、动机、兴趣、理想、信念和世界观等心理特征。创业意识不是凭空形成的，也不是靠一时冲动产生的，而是创业者在创业活动中不断地磨炼、积累和升华而成的。

(二)创业意识的培养与形成

创业意识的形成是漫长而艰辛的，对大学生来说，培养创业意识首先要萌发强烈的创业需要与动机；其次要有理想和信念(图1-7)。

1. 萌发强烈的创业需要与动机

创业活动是一种综合性很强的社会实践活动，它源于人的强烈的内在需要，这种内在需要是创业活动最初的诱因和动力。创业需要是创业意识的最低层次，它取决于创业者的社会状况、社会地位和阶层等社会性条件，如果没有创业的需要，就不可能形成更高层次的创业意识。

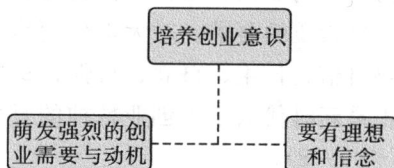

图1-7 培养创业意识

但仅有创业需要也并不一定有创业行为，只有当创业需要上升为创业动机时，才能形成创业者竭力追求的获得最佳效果和优异成绩的心理动力。创业动机就是推动创业者从事创业实践活动所必备的积极的心理状态和动力。

创业需要是产生创业动机的基础，创业动机是创业需要具备满足条件和对象时的表现形式。当创业者产生创业动机时，投身于创业实践活动的创业行为就开始了。

2. 要有理想和信念

创业理想是创业意识的高级形式，是创业者对未来奋斗目标向往和追求的较为稳定和持久的心理品质，是人生理想的组成部分。但创业理想主要是一种职业理想和事业理想，而非政治理想和道德理想。有了创业理想，创业者的创业行为就会充满朝气和活力。因此，具有创业理想，也就意味着创业者的创业意识已基本形成。

创业者的创业精神和创业行为是符合时代特点和时代精神的，是社会赖以发展和前进的动力，也是最为宝贵的社会财富。具有创新性质的创业意识，往往会受到人们的关注和"挑剔"。有创造才会有发展，如果没有创造，人类或许至今还生活在刀耕火种的年代。创业意识是创业实践活动中对人起动力作用的个性化倾向，它源于对现实条件和就业状况的客观分析，是对成功的渴求和对现状的不满而发起的强烈的事业心和使命感，以及由此产生的更高的人生价值追求。

增强创业意识，能够使大学生更深入地思考人生的价值，并选择合适的人生发展方向；可以激发大学生学习的积极性，努力吸收各方面的知识；可以促使大学生根据自身实际有针对性地加强锻炼，提高综合素质；可以帮助大学生开阔视野，拓宽知识面，在进行文化学习和专业训练的同时使其积极谋求新的发展，培养其自信、自主、自立、自强的创业精神。

创业意识主要是由创业动机、创业需要、个人兴趣、个人理想、个人信念、人生观等要素构成的。对此，准备创业的大学生可以通过下面的类似问题进行自我检视，进而判断自己是否具备创业意识：我为什么要选择自主创业？我所选择的未来行业是自己最喜欢的，还是最擅长的？我是要创业，还是要找一份稳定的工作？如果家人不支持我创业，我会因此而动摇或退缩吗？……

(三)创业精神的概念与表现

创业精神，又称"企业家精神"，是指创业者自身具有的、在创业过程中表现出来的思维理念、人格特质、意志品质和处事态度等方面的心理及行为特征的总结概括。创业者必须拥有积极向上的创业精神。创业精神反映了社会对创新人才基本素质的要求。对大学生而言，首先要自信、自主、自立、自强，这"四自"正是新时代大学生创业精神的具体体现（图1-8）。

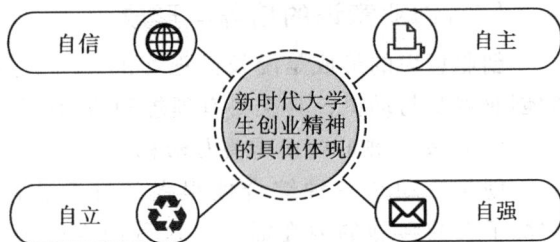

图1-8 新时代大学生创业精神的具体体现

1. 自信

自信即对自我充满信心，相信自己有能力和条件去开创未来的生活和事业。自信赋予人主动积极的人生态度和进取精神，不依赖父母和朋友，不等待安排，不幻想天上掉馅饼。自信贯穿创业活动的始终，可以使人充满信心，面对失败和挫折时则会激发人的拼搏精神。

2. 自主

自主即具有独立的人格，善于进行独立的选择和采取独立的行为，不受传统和世俗偏见的束缚及舆论和环境的影响，能自己选择生活的道路，善于设计和规划自己的未来，并采取相应的行动。自主建立在社会需要和个人需要相统一的基础之上，不能做有损于社会和人民利益的行为。

3. 自立

自立即凭借自己的头脑和双手，凭借自己的智慧和才能，依靠自己的努力和奋斗，建立起自己生活和事业的基础。大学生应具有自立的精神，勇于自谋职业，勤劳致富。

4. 自强

自强即通过创业实践，不断增强自己各方面的能力，进一步磨炼自己的意志，建立起创业者形象。创业者要敢于实践，不断增长自己的能力与才干；要有远见，勇于拼搏，自强不息；要有敢为人先的胆略和实事求是的态度；要能够把握自己人生的航向，直至达到成功彼岸。

对每一个创业者来说，自信、自主、自立、自强的精神是进行创业实践的必要条件，是开创新生活、追求幸福人生的精神信念。有了创业精神，才会有创业的要求和动机，才会有创业的意识和观念，才会有创业的动力和行动。

三、大众创业，万众创新

(一)"大众创业，万众创新"提出的时代背景

"大众创业，万众创新"最早是在2014年9月的达沃斯论坛上提出的，当时，李克强提出，要在960多万平方公里的土地上掀起"大众创业""草根创业"的新浪潮，形成"万众创新""人人创新"的新态势。2015年政府工作报告中如此表述：推动大众创业，万众创新，既可以扩大就业、增加居民收入，又有利于促进社会纵向流动和公平正义。

从国际上看，一方面，国际经济情况不容乐观，世界经济发展放缓，国际经济形势不稳定，国际市场需求减弱，传统产品国际竞争压力进一步增大。因此，我们必须增加国内市场需求以促进经济稳定发展。通过"大众创业，万众创新"来激发国内市场需求就成为必然的选择。另一方面，国际市场要求提高，对产品本身的质量、技术含量和使用效能的要求提高了，这对创新技术和创新产品的要求也提高了。这必然要求我们通过"大众创业，万众创新"来创造出新的技术、新的产品和新的服务，从而稳定和增加我国产品在国际市场的需求及份额。

从国内来看，一方面，经济下行压力还在加大，国内市场有待进一步开发，经济发展环境"硬约束"进一步加强。我们必须要走集约发展、高科技含量发展、高附加值发展的道路。因此，我们必然要通过"大众创业，万众创新"来推动经济的转型发展。另一方面，全面深化改革要深入推进，这必然要通过增强经济内生动力来支撑和促进体制和机制改革。我们必然要通过"大众创业，万众创新"来增强全面深化改革的动力和活力。

(二)"大众创业，万众创新"的意义

1. 推进"大众创业，万众创新"是培育和催生经济社会发展新动力的必然选择

推进"大众创业，万众创新"，就是要通过结构性改革、体制机制创新，消除不利于创业创新发展的各种束缚和桎梏，支持各类市场主体不断开办新企业、开发新产品、开辟新市场，培育新兴产业，形成小企业"铺天盖地"、大企业"顶天立地"的发展格局，打造新引擎，形成新动力。

2. 推进"大众创业，万众创新"是扩大就业、实现富民之道

推进"大众创业，万众创新"，就是要通过转变政府职能、建设服务型政府，营造公平竞争的创业环境，使有梦想、有意愿、有能力的科技人员、高校毕业生、农民工、退

役军人、失业人员等各类市场创业主体"如鱼得水"。通过创业增加收入，让更多的人富起来，促进收入分配结构调整，实现创新支持创业、创业带动就业的良性发展。

3. 推进"大众创业，万众创新"是激发全社会创新潜能和创业活力的有效途径

推进"大众创业，万众创新"就是要加强全社会以创新为核心的创业教育，弘扬"敢为人先、追求创新、百折不挠"的创业精神，厚植创新文化，不断增强创业创新意识，使创业创新成为全社会共同的价值追求和行为习惯。

(三)"大众创业，万众创新"面临的新形势、新常态

随着创新驱动发展战略的深入实施，"大众创业，万众创新"在全国各地蓬勃兴起、蔚然成风。"大众创业，万众创新"环境不断优化、群体不断壮大、氛围不断向好、平台不断增加，提升了全社会的创新能力。随着国家的发展，"大众创业，万众创新"已经进入了理性发展、自我完善、优胜劣汰的新阶段。"大众创业，万众创新"也将面临新形式、新常态。主要表现为以下几个方面(图1-9)。

1. 由大众化走向专业化

"大众创业，万众创新"将细分为科创、文创、农创三大领域。创新创业的群体主要由具备专业知识和专业技能的人才构成。

图1-9 "大众创业，万众创新"面临的新形势、新常态

首先，以解决"卡脖子"技术和前沿科技为核心的科创在新一轮高水平科技创业方面做出引领。从国际环境来看，美国协同相关盟友对我进行技术封锁和科技人才交流遏制的趋势不会缓解，倒逼我们激活自身力量。从国内环境来看，随着我国移动互联、人工智能、虚拟现实技术、生物技术、新能源技术等新技术、新产品、新业态、新模式的迅猛发展和普及应用，为科创提供了巨大的空间和机遇。以海内外高端人才为科技创业主体，产业基金为投资主体的产业，二线、三线城市为主要承载的产业科技创业趋势正在形成。其次，随着小康社会的实现，"高质量发展、高品质生活"已成为现实。人民群众对精神层面的需求、对休闲旅游的需求、对健康的需求越来越高。通过提供高质量文化、旅游、健康创新创业服务，推动文化、旅游、健康类项目依托互联网、数字技术等进行内容创作、生产、传播和服务，是"大众创业，万众创新"下一阶段发展的重要领域。

2. 由政府推动转变为一种文化

"大众创业，万众创新"对增加社会活力，维护国家的创新能力意义重大。互联网出现后，"大众创业，万众创新"成本大幅度降低、资源供给比以往更为充裕。当中央及各级政府号召"大众创业，万众创新"时，很多不具备创业条件、不懂创业的人也开始一拥而上，追逐潮流创新创业，创业项目技术含量不高、缺乏创新，创业失败率居高不下。但随着"大众创业，万众创新"活动的不断深入，对"大众创业，万众创新"的认知不断完善，人们的观念不断转变。目前，我国的"大众创业，万众创新"辅导、教

育开始形成体系，从职业高中、大学本科直至研究生都开始接受创新创业教育，以培养创业意识和能力。在这一过程中形成的"大众创业，万众创新"思想观念、价值体系，已深入人心。全社会基本已认可"大众创业，万众创新"这样一种文化。全国各地开始形成乐于创新创业、赞赏创新创业、支持创新创业的社会氛围，创业文化和创新精神已深入新一代中国年轻人的心中。

3. 创业主体由单一化走向多元化

随着创新创业的发展，我国先后出台了一系列鼓励创新创业的政策，无论是缓解就业压力，还是鼓励创新，大学生都是创新创业的主力军。但是随着"大众创业，万众创新"的深入开展，"大众创业，万众创新"的主体从原来的大学生一枝独秀转变为具备专业知识和专业技能的多种类型人才万马奔腾。在产业科技创新创业方面，科学家、教授等高端人才发挥的作用越来越大；在现代农业创新创业领域，农民工、退役军人、大学生及投资客商等都在"互联网＋农业"中找到自己的支点与舞台，加速乡村振兴的建设。最终形成了一个由各类专业人士构成的充满活力的创新创业群体。

四、创新与创业的关系

(一)创新是创业的基础

科学技术、思想观念的创新能引发新的生产方式和生活方式。创业者在创业过程中需要具备创新意识和创新精神，不断寻求解决问题和产品更新迭代的新方法和新思路，让创业之路走得更顺畅。

(二)创新的价值在于创业

创新的价值＝扩散＋未来客户终生价值。简单来说，创新的价值就在于通过不断地扩散，带来更多的客户，从而在未来为企业创造更多、更丰厚的价值。创新旨在把潜在的知识、技术和商机转化为产品或服务，通过实现商品化和产业化创造财富、提升企业价值，进而增加社会经济实力，造福人类社会。

(三)创业蕴含着价值创新

创业之所以能成功，其背后蕴含着价值创新。创业过程是一种从能够自我发展达到不断创新的过程，创业者通过把创新的、能使客户满意的产品或服务推向市场来使财富不断增值。

(四)创业能深化创新

创业可以使新发明、新产品或新服务不断涌现出来，创造出新的市场需求，让创新更具有外在动力，实现创新的经济价值和社会价值。

通过对创新与创业内在联系的阐述，我们发现创新与创业是密不可分的。在日常生活中，当我们有了创新的设想时，就应该想方设法让它变成现实；同样，创业能激发我们更多的热情，让我们对生活更加向往，在遇到困难时，也会有破釜沉舟的勇气和决心。

课堂 活动

情景模拟：合伙创办小吃店

1. 活动目的

让学生了解创业的要素和基本过程。

2. 活动内容

在全班学生中先挑选出 3 名学生，1 名扮演房东，另外 2 名扮演客人。其他同学每 6 人组成 1 个创业团队，模拟合伙创办小吃店。小吃店启动资金为 80000 元。其中，房租为每月 5000～8000 元，店铺装修费和设备费共 20000 元，剩余资金为现金储备。具体活动流程如下：

(1)各团队内部协商，确定组织架构和分工，包括店长、厨师、采购员、服务员等。

(2)各团队派出 1 名成员与"房东"谈判，争取以最低的价格租下店铺。

(3)各团队内部协商，确定具体经营的项目、店铺装修风格和营销策略等(要有特色、有创意)，并整理成纸质材料。

(4)2 名"客人"查看各店铺创办计划，并与"房东"一起为各团队打分。

3. 活动结果

_____

_____

4. 活动评价

活动评价表如表 1-1 所示。

表 1-1 活动评价表

评分标准	满分	实际得分
人员分工合理	20	
房租合适(房租越低，得分越高)	20	
经营项目合理且有创意	20	
店铺装修风格有创意	20	
营销策略合理且有创意	20	
总分	100	

▶ 第三节　创新创业的价值

一、创新的价值

（一）创新对社会的价值

1. 创新推动着科学技术的进步

科技是经济社会发展中最活跃、最具革命性的因素，是推动社会发展进步的决定性力量。而创新则为科技发展提供了源源不断的灵感，推动着科技的发展。创新是技术进步的内在驱动力。不断创新就会不断取得各种科学成就。科技创新作为核心竞争力在各国之间占有极其重要的位置。一个国家如果在科技创新方面占据优势，那么它将掌握未来发展的主动权。复杂多变的国际环境及各国之间在科技方面的较量，让我们深刻地认识到关键核心技术是买不来、要不来的，必须依靠科技自立自强，将主动权牢牢掌握在自己手里。无论是推动我国经济高质量发展还是积极参与全球经济治理和国际竞争，都需要科技创新的强力支撑。

拓展 阅读

中国高铁——自主创新彰显科技"硬实力"

高速铁路的建设是一个复杂的系统工程，其创新过程更是布满荆棘、充满艰难险阻。从"依样画葫芦"到引领世界高铁发展，这一征途中，无数科学家、工程师开拓求索，筚路蓝缕，凭借着不屈不挠的意志和变不可能为可能的勇气，努力学习技术并积极开拓未知领域，这才有了今天的伟大成就。

"我国在 2004 年决定通过引进技术来发展高铁。但在国际市场中，核心技术是很难用钱买到的。"专注于轨道交通门系统研发生产的康尼机电首席专家史翔说。

例如，高铁车门是集机械、材料、控制与通信等多技术于一体的复杂机电系统，其对安全性和可靠性要求极高，如每小时安全事故率小于 10^{-6}，相当于车门运行一百万年才出现一次安全事件；百万公里故障数（FPMK）小于 1，相当于从北京到上海不间断运行 130 天，才容许车门发生一次故障。高速度带来的高气动载荷，会引起车门的密封失效和车门脱落；北方 -40℃ 的高寒和西部地区的强风沙，可能会造成车门冻住打不开、润滑油脂失效及车门运动磨损加剧；动车组的高强度电磁干扰，则会造成车门通信可靠性降低、异常开门；而时速高达 350 公里的车门设计理论、试验评价体系及标准在全世界还是一片空白。

为了早日实现高铁车门技术自主创新，史翔带领康尼机电的研发团队，开始攻坚相关技术难关。

针对高气动载荷对车门的危害，史翔发明了"内置塞拉"运动的新型门系统，既防止车门外脱，又巧妙利用气动压差实现车门更加密封，与国外产品相比密封性能提高了 55％，隔音效果提升了 9％，在车门安全性提高的同时，乘坐舒适度也提升了。此外，历时十多年的攻坚克难，"三高一无"的四大难点也被康尼机电一一破解。公司研发出中国首套完全具有自主知识产权的国产化高铁车门系统，整体技术水平国际领先，被列为国家战略性创新产品。从 2014 开始该系统便已批量供货，并全面覆盖国内动车组主要车型。截至目前，"复兴号"80％以上的车门是其合作研发的。

除了摆脱高铁车门技术依赖国外，我国在列车运行控制技术方面也实现了自主创新。其作为高铁三大核心技术之一，对高铁的安全和高效运营发挥着举足轻重的作用。作为我国高铁列车运行控制系统的标准主导者、系统创造者、技术引领者，专注于轨道交通控制系统技术的中国通号通过高质量知识产权工作，助力全球首次实现高铁自动驾驶，保障了每天 9800 列旅客列车安全运行和 1 亿人次轨道交通安全出行，走出了一条技术专利化、专利标准化、标准产业化、产业全球化的自主创新之路。

（资料来源：https：//baijiahao.baidu.com/s？id＝1739596769198219527＆wfr＝spider＆for＝pc，有删改）

2. 创新是实现经济转型升级的强大动力

创新的实质是将好的想法付诸实践，使其在商业化过程中创造价值，为企业和社会带来乘数效应的经济回报。近几年，中国的互联网经济、数字化消费迅猛发展，已经渗透到人们日常生活的方方面面。与此同时，在国家各项鼓励技术创新的政策支持下，中国在技术自主创新与研发方面取得了很大进展，新技术研发投入、专利申请、顶尖科研项目、获奖论文等方面的数量和质量都有了大幅提升。技术的进步和数字化产业的兴起为吸收新技术并将其转化为生产力创造了良好条件，民众对网购、移动支付等新商业形态的兴趣和支持，也为新技术应用营造了适宜的商业环境。创新是中国实现经济转型升级的强大动力，中国也正在创新发展的路上稳步前行。

（二）创新对个人成长的价值

1. 创新可以提升大学生高效构建知识的能力

在知识经济时代，如何对知识进行选择、整合、转化和运作，比单纯的知识学习更重要。大学生最需要掌握的是那些涉及学科交叉、概括程度高、迁移程度高的核心知识，而这些知识的学习不能仅靠教师的讲授获得，还需要学生发挥主观能动性，提升创新能力，通过自身构建和再创造获得。

2. 创新可以提升大学生终身学习的能力

随着我国高校招生人数的不断增多，高校教育模式开始从阶段教育向终身教育的理念发展。随着知识信息的丰富和知识更新周期的缩短，大学生的职业将呈现出多元化的趋势。大学毕业生要根据自身和外部条件，运用创新思维，不断完善知识和能力结构，提升自己的学习能力，完善自我。

3. 创新可以促使大学生快速实现职业人生的成功

创新能力是一个人综合能力的重要体现，它是以丰富的文化积淀、高度综合化的知识、个性化的思维和奋斗的精神状态为基础的。一个人是否具备创新思维能力将会直接影响其职业发展。创新能力的高低将影响一个人事业的成功与否。古往今来，那些取得成就、获得成功的人，大都具备很强的创新思维和创新能力。大学生在校时就应该学习和培养自己的创新思维及创新能力，以便为毕业后的就业或创业奠定基础。

二、创业的价值

(一)创业对社会的价值

1. 创业可以增加社会财富，促进经济发展和社会繁荣

创业过程是增加社会财富的过程。企业在生产经营的过程中，为社会创造了财富，增加了社会价值，并大大增加了国家的财政收入。企业的产品和服务拉动了国内的市场需求，满足了人民生活的需要，丰富了市场，促进了社会经济的繁荣。创业还改变了传统的产业格局，催生了很多崭新行业，加速了经济结构调整。在创业过程中，社会资源得到优化配置，市场体系不断得到完善，市场竞争活力得以保持。

2. 创业可以实现先进技术的转化，促进生产力的提高

创新是创业的主要驱动力量，创业是新理论、新材料、新设备、新工艺、新技术的孵化器，也是形成现实生产力的转化器。如我国著名的杂交水稻育种专家袁隆平院士，经过几十年不懈努力所发明的杂交水稻，每年增产的稻谷可以多供养 7000 万人。

3. 创业可以提供就业岗位，缓解社会就业压力

就业问题不仅是一个世界性问题，更是我国目前存在的一个必须要解决的问题。我国每年有大量的高校毕业生、农村劳动力在寻求就业。面对如此庞大的就业大军，是不可能完全依靠行政的力量解决的，这就需要由企业特别是新的企业来解决。创业企业越多，提供的就业岗位就越多，吸纳的就业人员也就越多、扩大就业率可以大大缓解社会的就业压力，稳定社会秩序。而新企业的大量出现必须依靠大量的创业来实现。

(二)创业对个人的价值

1. 创业有利于增加个人财富

大学生的创业项目大多比较新颖，虽有较大失败风险，但是一旦创业成功，就能迅速吸引客户，占据市场，带来大量社会财富。现实中这样的例子数不胜数。对个人来说，创业可以改变个人的生活水平和生活质量，使其拥有更多的财富，更好地完成想要完成的事情。

2. 创业有利于提高个人素质

创业的过程是使人素质得到提高的过程。通过创业与创业实践，大学生可以充分调动自己的主观能动性，改变自身的就业心态，自主学习，独立思考，并学会自我调节与控制。创业能开发个人潜能、增强人的全面素质，使人得到全面发展，而且创业的艰辛、失败的痛苦、挫折的磨炼会使一个人更加成熟。

3. 创业有利于实现个人价值

大学毕业生通过自主创业，可以把自己的兴趣与职业紧密结合起来，做自己最感兴趣、最愿意做和认为最值得做的事情。在五彩缤纷的社会舞台中大显身手，最大限度地发挥自己的才能，并获得合理的报酬。创业可以使个人更充分地体现自己的价值，丰富自己的人生，即使失败的创业努力，也是人生的宝贵经验。

课堂活动

用创业画布做人生规划

联系创业导向人生规划设计工具的相关内容，结合自己的实际，依照下面的人生规划画布模块深入思考，并将结果填在画布中。

我是谁，我拥有什么	我要做什么	我怎样帮助他人	怎样宣传自己和交付服务	怎样和对方打交道
	我能帮助谁		谁可以帮我	
我要付出什么			我能得到什么	

课堂反思

1. 什么是创新？
2. 什么是创业？
3. 创新与创业的关系是怎样的？
4. 创新与创业的价值包括哪些？

课外实践

走访调查，确定创业项目

通过走访调查人们工作和生活中存在的困难，以及没有被满足的市场需求，填写调查报告，确定创业项目。

1. 走访调查的目的
2. 走访调查的地点
3. 走访调查的具体内容
4. 走访调查结果的整理
5. 走访调查的结论（确定的创业项目）

第二章

训练创新思维

学习目标

知识目标：了解不同形式创新思维的概念及应用场景。

能力目标：掌握不同形式创新思维的应用能力，能够运用创新思维完成训练项目及设计挑战。

素质目标：对创新思维产生兴趣，启发自身创新思维意识，认识到创新思维对创新的重要作用。

案例导入

浙大"90后"学霸发明空气洗手装置

在水资源紧缺的当下，有没有一种方法，不用水也能洗手？这样的想法并不是空中楼阁。

"空气洗手装置"的创造者是来自浙江大学的本科生李启章等6名学霸。创意源自一位成员的突发奇想："用水洗手多浪费啊，我们为什么不能用空气来洗手呢？"当这位同学提出他的创意之后，小组内的其他同学也很感兴趣。几位志同道合的学霸研究发现，洗手过程中，仅有5％的水用于溶解手上的污渍，95％的水却用于冲走污渍。能否用空气流体替代这些用于冲洗的水？于是，他们查阅资料，找学院教师咨询请教……一年时间，一台简洁、实用的"空气洗手装置"诞生了。

当使用者站在洗手装置前约22厘米高的踏板上时，踏板由于人体重力而下沉，通过滑轮组牵引活塞挤压空气获得高速气流，令水龙头喷出雾状水滴；细密的水雾和高速的气流，便可冲洗掉手上的污渍。日常情况下，平均一个人洗一次手大概要500毫升水，而用"空气洗手装置"只需50毫升水。试验证明，污渍和细菌残留程度与用水洗手的效果并无差异。

经过试验，这个装置确实能够节约90％的水。这款"空气洗手装置"也已多次获奖。但是他们没有为这样的成就感到自豪，因为和传统的洗手方式不同，很多用户会因为改变了洗手方式感到不适应，从而没有好的体验。于是他们进一步对这项发明进行了改进，不用人的重力让滑轮获得动力，而用电力或者是红外线，这样就可以弥补这项发明的缺点。

（资料来源：http://m.people.cn/n4/2017/0919/c4308-9884763.html，有删改）

▶ 第一节 发散思维

创新是全球经济发展的源动力，用创新思维去看世界的人可以跳出思维定式，以新颖独特的视角对现实问题进行思考并提出有价值的创新想法和解决方案。

一、要点地图

(一)发散思维概念

发散思维是从不同的角度与方向思考问题，以解决问题为核心，不受原有条件束缚，以提出尽可能多的解决方案为目标的开放性思维方式。在思维开始发散前，先要确定一个出发点，就是要有一个辐射源。确定辐射源之后，可以就事物的某一特征或者某一局部进行发散，还可以就事物的性质和作用进行发散。

1. 材料发散

材料发散是以某个物品作为"材料"发散点，设想它的多种用途。如：请尽可能多地列举出粉笔的各种用途。

2. 功能发散

功能发散是以某种事物的功能为发散点设想出实现该功能的各种可能性。如：在寒冷的冬天如何御寒？

3. 组合发散

组合发散是以事物之间的组合为发散点，尽可能多地设想不同事物之间的不同组合，可能会产生的新的功能或价值(或附加价值)。如：请尽可能多地列举出音乐可以同哪些东西组合在一起。

(二)发散思维应用场景

发散思维在日常的工作和学习中应用范围很广，发散思维可以使人思路活跃、办法多而新颖，考虑问题全面，能提出许多可供选择的方案、办法及建议。当人们需要创意时，想出更多的点子解决问题，点子数量越多，跨度越大，越能得到有效的创新解决方案。

应用场景1："椰子汁甘甜可口，但椰子个儿大、皮厚，食用起来非常不方便，如何让消费者买到易于食用的椰子？"运用发散思维我们可以有多种解决方案，比如在椰子上预打孔并配工具做成易开型，或者直接将其做成瓶装的椰子汁等。

应用场景2："以自行车为原型，运用发散思维列举出自行车的多种用途。"从大小上发散，如自行车变小我们可以得到儿童自行车；再变小我们可以得到自行车模型。从结构上发散，再增加一辆自行车，我们可以得到旅游景区常见的双人自行车。从用途上发散，我们还可以得到动感单车等。

二、训练项目

(一)图形发散

发挥视觉想象力,五分钟填满所有圆圈(图2-1),尽可能形式多样。

图2-1 发散图形

(二)词语发散

前后两个词语经过4~5个阶段进行相关联想,用5分钟时间完成以下训练。

木头———　_____　_____　_____　_____———足球
天空———　_____　_____　_____　_____———茶
大雨———　_____　_____　_____　_____———鼠标
爆破———　_____　_____　_____　_____———书本

(三)用途发散

发挥想象力,思考"一块红砖的用途"(图2-2),在白板上通过连线延伸出红砖的不同用途,10分钟完成更多用途的发散。

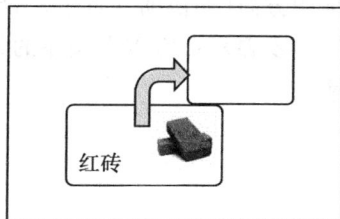

图2-2 红砖的用途

以上发散思维的训练,我们的评价指标主要从三个维度进行:第一,思维"量"的指标,单位时间内想出点子的数量越多,思维越流畅;第二,思维"质"的指标,单位时间内想到用途或点子的角度越多,说明思维越灵活;第三,思维"奇"的指标,得出不同寻常的新奇想法,这是思维的最高层次。

请分别根据以上三个指标,对你的训练项目进行点评:_____

_____

三、解决方案:【工具】利益相关者地图

应用发散思维的典型工具是利益相关者地图,这是一种信息梳理工具,是用来收集未知信息线索的工具,分析项目或与问题相关的人、公司、组织群体。例如,想要了解参观博物馆的青少年参观者都有哪些影响其体验的利益相关者,我们可以很明显地找出项目的直接相关者,如"博物馆工作人员"、组织学生来参观的"学校老师"、相伴而来的"同学",以及有空参观的其他"游客",这都可能影响青少年参观者的体验度。

通过发散思维,可以从不同角度发散出项目或问题的间接相关者。如从博物馆的

展示设计角度，间接相关者有"展览设计师"；从参观活动举办方角度，有"教育管理部门"号召活动；从参观活动的空间环境角度，还有博物馆的设施设备等。

通过发散思维，甚至可以发散出隐藏的相关者，如"家长"的作用，无论是参观前还是参观后与青少年的信息交流，都与青少年参观者的总体体验有利益相关。这就体现了发散思维从问题出发，突破原有圈，从不同视角去探索产生新信息以解决问题。

设计 挑战

创新团队收到一个项目：设计一个服务于高龄用户，使其医院就诊体验更好的服务流程。完成该项目，首先需要用户深入场景去观察，在观察之前请列出要观察的对象。如高龄用户在整个就诊过程中可能涉及的人、公司和组织群体，按照以下步骤完成利益相关者地图。

步骤一：明确用户，将本项目的核心用户写在最中间，并画上一个简笔画(已做，见图 2-3)。

步骤二：列出与目标用户有直接联系的其他组织(配上简笔画)，称为直接利益相关者，将他们分布在用户周围，并留有一定距离。

步骤三：列出与直接利益相关者相关的其他组织和个人，分布在其周围，称为间接相关者。

步骤四：将有联系的利益相关者两两相连。

步骤五：在连线的两侧明确两者之间的利益关系，并标明方向(如协助、竞争、合作等)。

步骤六：将重点关注的组织之间的关系用马克笔标出颜色。

图 2-3　高龄用户利益相关图

▶ 第二节　收敛思维

一、要点地图

(一)收敛思维的概念

一般来讲，收敛思维是指将获得的若干信息或思路进行整理、分析，再从中选出最有可能、最经济、最有价值的设想，加以深化和完善，使之具体化、现实化，并将其余设想中的可行部分也补充进去，最终获得一个最佳方案。收敛思维的核心是选择与评价。如第三届"互联网＋"大学生创新创业大赛金奖作品"红糖馒头"的获奖者罗三长团队，在学习了其他地区制作红糖馒头的技术后，又研制出一百多种配方，运用收敛思维，终于从一百多种配方中做出了适合大多数年轻人口味的红糖馒头。

(二)收敛思维应用场景

收敛思维能够让我们在发散思维的基础上，将获得的若干信息或思路加以重新组织，使之指向一个正确答案、结论或最好的解决方案，它的作用好比凸透镜的聚焦效果，使不同方向的思考路径集合到一个点上，从而集中思路解决一个问题。

当团队成员在理解和观察中得到了各种各样的信息后，可以运用收敛思维对千头万绪的信息进行归纳整理，聚焦核心问题，提炼信息精华，从而重构问题，帮助项目往前推进。

应用场景 1："某酒店市场营销部工作人员为了制定精准的营销方案，需要将收集到的信息进行提炼，洞察用户核心需求，以便明确工作方向。"这时候就需要运用收敛思维对信息进行分类、提炼，找到最终的解决方案。比如可以将收集到的信息按照酒店的设施、服务等维度分类，也可按照用户的正向情绪评论和负向情绪评论分类。提炼可以按照用户需求的重要性、用户需求的紧迫性，或者用户提及率最高的要点来进行。

应用场景 2："某恒温场所需要安装新型封闭门，团队需要对用头脑风暴法产生的点子进行评价，挑选出最好的设想。"头脑风暴法的原则之一就是不否定任何人的点子，因此会产生大量的点子，其中不乏一些不切实际的想法，这时候就需要用收敛思维，对这些点子进行整理、分析、选择，去粗取精、去伪存真，找到最好的设想。

二、收敛思维训练项目

(一)收纳有序生活

同学们宿舍的桌子有时会比较凌乱，书、电子设备、钥匙、化妆品等各种物品混乱摆放在一起，请按照桌面上的物品，写出尽可能多的分类方式，比如"自然物/人造物""彩色/单色""柔软/坚硬""常用物品/不常用物品""私人领域/公共领域"等，并将其分类。分类方法越多越好。

(二)台灯的新功能

生活中，台灯主要用于照明、装饰等。技术的进步为台灯新功能的开发提供了可能性，请同学们用发散、收敛等思维方式，寻找台灯的新功能(表 2-1)。

表 2-1 台灯的新功能

序号	功能
1	
2	
3	

步骤一：发散思维——台灯的新功能。

请同学们运用发散思维，从材料发散、功能发散、结构发散、形态发散、组合发散、方法发散、因果发散、关系发散等角度，寻找台灯能够增加的新功能，找得越多越好。

步骤二：收敛思维——创意评价。

请从独特性、可操作性、实用性、用户价值等角度对设想出的台灯新功能进行评价(表 2-2)。

表 2-2 创意评价星级量化表

序号	功能	是否有新意	是否具有可操作性	是否具有实用性	是否具有用户价值
1		☆☆☆☆☆	☆☆☆☆☆	☆☆☆☆☆	☆☆☆☆☆
2		☆☆☆☆☆	☆☆☆☆☆	☆☆☆☆☆	☆☆☆☆☆
3		☆☆☆☆☆	☆☆☆☆☆	☆☆☆☆☆	☆☆☆☆☆
4		☆☆☆☆☆	☆☆☆☆☆	☆☆☆☆☆	☆☆☆☆☆

步骤三：选择一款你认为最有开发价值的新式台灯，并说出理由（表 2-3）。

表 2-3 新式台灯开发理由

开发方案	是否有新意	是否具有可操作性	是否具有实用性	是否具有用户价值

(三)酒店信息分类与总结

以下是某酒店营销人员通过回访客户、搜集在线评论等方式获得的信息，如图 2-4 所示。

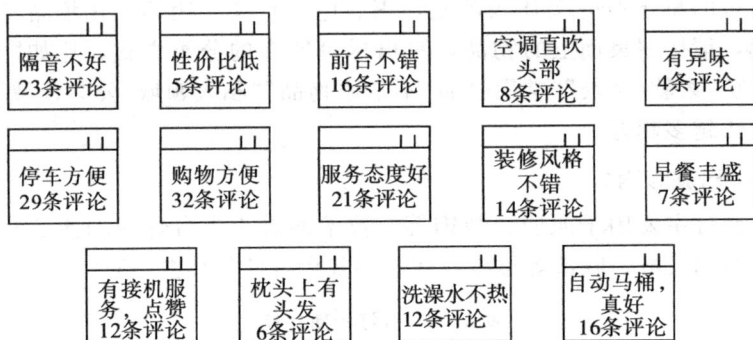

图 2-4 用户评价

步骤一：自拟分类标准，并对用户反馈的信息进行分类（表 2-4）。

表 2-4 信息分类

分类标准	内容

步骤二：根据用户的正面、负面评论整理酒店优劣势，将需要解决的问题按照重要性进行降序排列（图 2-5）。

非常重要的问题

比较重要的问题

一般重要的问题

不重要的问题

图 2-5 问题排序

步骤三：针对主要问题提出解决措施。

_____

_____

步骤四：针对主要优点，撰写两条向顾客推荐本酒店的理由。

_____

_____

以上是收敛思维练习，三个练习的难度是依次增加的，第一个是收敛思维的基础练习——分类，第二个是收敛思维的加强练习——评价和选择，第三个是收敛思维的升级练习——在前两个的基础上提炼关键信息进行策略输出。我们的评价指标从以下三个维度进行：分类有意义，评价准确，有效解决问题。

请分别根据以上三个指标，对你的训练项目进行点评：

_____

_____

三、解决方案：【工具】why/how 楼梯

收敛思维能帮助团队评价、选择出合适的解决方案，why/how 楼梯则通过不断追问 why 来探究问题的本质，通过 how 来收敛思维，找到解决方案。why/how 楼梯，又称抽象阶梯，是在设计产品时探索用户需求、寻找解决方案的一个方法。就像是在爬楼梯一样，当我们向上爬楼梯，不断问"why——为什么"时，会越靠近抽象的答案，越往楼梯上层爬越能接近问题的本质。当我们下楼梯，开始问"how——如何"时，则是找到越来越具体的答案，逐渐落地收敛出可行的解决方案（图 2-6）。

下面我们以爬墙的小男孩为例，说明 why/how 楼梯的使用方法。

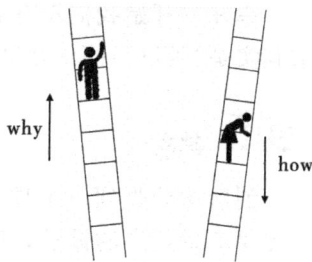

图 2-6 why/how 楼梯

A. 针对这一具体场景提出问题：正在爬墙的小男孩需要什么？例如，小男孩需要一把椅子。

B. 爬楼梯(why)。他为什么需要这个呢？这一层的回答很具体，他想和另外两个小男孩一样，爬到墙上(图 2-7)。

C. 下楼梯(how)。若是想爬上去还有什么方法？还可以给他梯子。

图 2-7　正在爬墙的小男孩

D. 爬楼梯(why)。为什么他想爬上去？因为他想看到对面。

E. 下楼梯(how)。若是想看到对面还有什么方法？电钻或是望远镜也能满足这一目的。

F. 爬楼梯(why)。为什么他想看到对面？因为他想和另外两个小男孩互动，融入他的同侪。到达这一阶段后，已经把问题从单一场景的需求上升到概括性的用户需求——从需要一把椅子或梯子上升到想融入同侪。

G. 下楼梯(how)。若是想交朋友融入同侪，还有什么方法？或许可以给他一些玩具，这样另外两个小朋友可能反而会被吸引，爬下来跟他玩。

H. 爬楼梯(why)。为什么要用玩具？其实他需要的是一个"吸引人的话题"，让他开启与同侪/朋友的互动。

我们可以用图 2-8 表示整个 why/how 楼梯示意图。

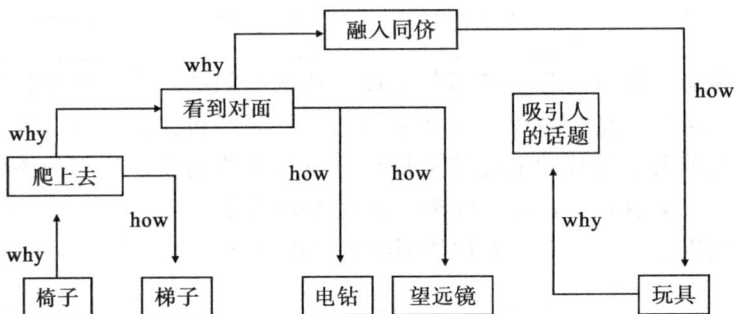

图 2-8　why/how 楼梯示意图

由这个简单的练习可以发现，透过不断地挖掘，在 why/how 楼梯爬上爬下，我们**能够逐渐看清问题的脉络，并有意识地进行发散与收敛，得以跳脱固有的思考框架，探索不同的可能性。**

幸好一开始我们没有直接打造梯子，因为梯子并不是小男孩真正想要的，他的需求其实是"可以与同侪互动的引子/话题"。

设计 挑战

创新团队收到一个项目：开发一款深受用户喜欢的新品奶茶。要完成这个项目，首先要了解用户的需求，喝奶茶的大多是什么人，他们为什么要喝奶茶，需要什么样的奶茶。而探索用户需求的工具，就可以选择用 why/how 楼梯。用 why"爬楼梯"时，要从解渴等具体需求，上升到社交、生活方式等概括性需求。用 how"下楼梯"时，从口味、包装、造型等方面考虑满足用户的需求。

步骤一：请自拟新品奶茶的目标人群。

步骤二：针对项目提出问题，目标人群喜欢喝什么样的奶茶？

步骤三：爬楼梯（why）。这一步骤可以写用户比较具体的需求。

步骤四：下楼梯（how）。如何满足此需求？

步骤五：爬楼梯（why）。这一步骤可以写用户比较抽象、概括性的需求。

步骤六：下楼梯（how）。如何满足此需求？

步骤七：爬楼梯（why）。进一步洞察用户需求。

步骤八：下楼梯（how）。如何满足此需求？

提示：

只要能找到用户需求，不必一定走这八个步骤，三步、五步等都可以，直到找到用户的真正需求。

避免用名词回答爬楼梯（why）提出的问题，尽量使用动词。

例如，为什么年轻人喜欢买奶茶？因为可以将奶茶拍照并发朋友圈。

下楼梯（how）则越具体越好，可以有实际的 call-to-action[①]。

例如，回答如何才能让年轻人拍照和发朋友圈时（how），要具体到用动植物混合奶油做可爱的造型、发朋友圈免费领奶茶等。

根据以上内容和提示，用 why/how 楼梯示意图（图 2 - 9）探索喝奶茶的用户需求。

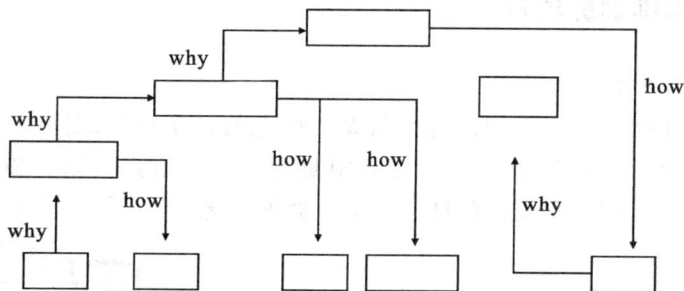

图 2 - 9　why/how 楼梯示意图（探索）

▶ 第三节　联想思维

一、要点地图

（一）联想思维的概念

联想思维是指从一种事物想到另一种事物的心理活动。如某企业因生产需要，要从外地购买薄钢板。由于这些薄钢板被防锈油粘在一起，很难一张张分开。有一位操作工在玩扑克时发现，一幅整整齐齐的扑克牌只要用手一弯，就可以自动分开了。由

---

① 用户行为号召，比如超市新品上市，会推出免费试用以及低价促销活动，用以刺激、吸引用户的购买行为。

此他想到，钢板不是也可以这样做吗？于是，他设计了地槽，将钢板往槽里一放，中间向下弯曲，钢板自行一张张分开了。

(二)联想思维应用场景

联想是常见的发散思维工具，在我们感到思维堵车时，它能够借助外界的刺激帮助我们打开思路。当我们需要创意时，如果陷入困境，想不出有趣的点子，联想思维能够开拓新的视野，让创新思维重新活跃起来。

应用场景1："我们设计一款怎样的果汁饮品包装，让消费者一眼识别到饮品的果汁口味并产生强烈的兴趣。"请运用联想思维完成创意解决方案。这时可用联想思维将水果的外观、颜色、形状、触感等与饮品包装做联想，设计出一个能打动消费者的饮品包装(图2-10)。

图2-10 果汁饮品包装设计

应用场景2："我们需要在家庭聚会的场景中，为儿童设计一款表演时使用的话筒。"应该用什么材料制作话筒原型呢？这时可用联想思维，如废弃的花洒头、饮料瓶、水杯，等等。再根据收敛思维评选出最可行或者最恰当的原型材料。

二、联想思维训练项目

(一)武松玩手机

从给定词语中挑选出一组词语进行接龙，接龙的两个词语之间要有联系。要求是第三个词语必须是武松，最后一个词语必须是玩手机。给定词语：猫、飞机、玻璃、打火机、牵牛花、汽车、小麦、篮球、云朵、微博、老师、火车。

(二)创意大爆炸

如何改良一辆自行车？我们可以使用冰块作为强制联系的对象。根据冰块的特点思考出自行车改良后的特点。

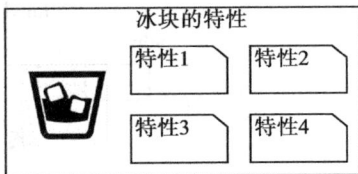

图2-11 冰块的特性

步骤一：列出冰块的特性(图2-11)。

步骤二：将冰块的特性与自行车联想，并给出改良方案(图2-12)。

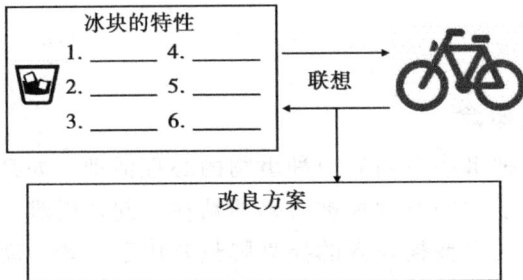

图2-12 自行车改良方案

(三)疯狂的石头

某市要建造一个以石头为主题的公园,请你以"光滑的石头"为创意出发点,运用联想思维,联想出更多的词、图形、物品等,并以此为公园内的道路、景致、休息区等提出建设性意见(图2-13)。

请分别根据联想的速度和数量,对训练项目进行点评:

_____

_____

以上是联想思维练习项目,第一个是相似联想练习,第二个是强制联想练习,并要给出创意方案,第三个是以给定的事物展开联想。第一个练习项目侧重两个以上思维对象建立联系,帮助人们快速找到解决问题的答案;第二个练习项目活化创新思维的空间,为创意提供基础;第三个练习项目侧重训练联想的速度和数量,全面提升联想力,为创新思维打下良好的基础。

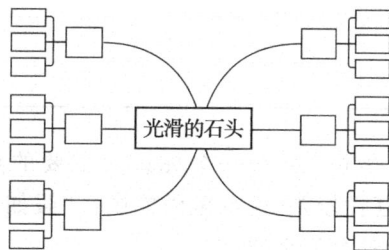
图2-13 以光滑的石头展开联想

三、解决方案:【工具】启发卡片法、假设条件法

联想思维能够让我们打开思路,使用相应的工具有利于我们应用联想思维。应用联想思维的工具有启发卡片法、假设条件法。这两种方法都是启发创意的工具。

启发卡片法是在创意和头脑风暴陷入僵局时,尝试将事先准备好的卡片上的信息或内容与现有状况进行联系和联想,尝试得到新的点子,其中卡片既可以是从网上下载的,也可以是团队自己准备的。

例如,我们需要给某电动剃须刀做外观设计,在缺乏创意时可从下面的卡片中获取灵感。

步骤一:准备启发卡片(图2-14)。

步骤二:在创意和头脑风暴陷入僵局时,选择其中任意一张卡片。比如案例中团队是以上述卡片中第一行第一列画有女士的卡片作为启发卡片。

图2-14 启发卡片

步骤三:将该卡片与电动剃须刀进行联想,我们想到这个漂亮的女士可能会喜欢干净、绅士的男生。而身材挺拔、穿燕尾服的男生看起来更绅士,电动剃须刀就可以根据绅士的外形来设计(图2-15)。

假设条件法常用的句式是"假如这样,会怎么样",是通过增加条件、情境来推动创意。在团队成员陷入困境、想不出有趣的点子时,新的条件、情境能够开拓新的视野,让大家的创新思维重新活跃起来。

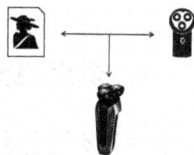
图2-15 联想示意图

例如,某图书公司想要开发一本童书,通过假设条件法能让童书更有趣。

步骤一：明确当前想要进行创新的产品——童书。

步骤二：做一个事实清单（表2-5），列出目前市面上常见童书的状态。

表2-5 童书事实清单

序号	当前状态
1	插画优美
2	内容有趣
3	交互性较差
4	纸质书
5	价格贵

步骤三：对一个你认为重要的点进行短语描述，问"假如/如果……"。比如针对"交互性较差"进行短语描述："假如童书能回答儿童问题会怎么样？""假如童书里的人物会动会怎么样？"

这种天马行空的想法往往会产生一些非常有趣的点子。

设计挑战

某重庆火锅店发现顾客吃完火锅后，手上会留有辣椒素，触碰到眼睛或其他身体部位会引起不适，于是他们重新研究问题："我们设计一款怎样的产品，可以解决顾客吃火锅后手上留有辣椒素的问题？"接下来我们要提出创意，寻找解决方法。

步骤一：准备一套启发卡片，如图2-16所示，也可以从网上下载或者自己制作。

步骤二：去重庆火锅店吃饭的顾客吃完火锅后，手上会留有辣椒素，触碰到眼睛或其他身体部位会引起不适，就如何解决这个问题进行头脑风暴，在陷入僵局时选择使用卡片。

步骤三：尝试将卡片上的信息或内容与现有状况进行联系和联想，组合后得到新的点子。

步骤四：完成创意草图和创意描述（创意描述部分可以注明根据启发卡片受到的启发）。

图2-16 启发卡片

▶ 第四节 直觉思维

一、要点地图

(一)直觉思维的概念

直觉思维是指不受某种固定逻辑约束而直接领悟事物本质的一种思维形式。直觉思维具有突发性，像著名的"万有引力定律"就是牛顿在观察苹果掉落现象时突然发现的。直觉思维具有直接性，像男女一见钟情；直觉思维具有非逻辑性，在紧急情况下，首先凭直觉；直觉思维具有或然性，有可能正确，也有可能错误，比如足球运动员临门一脚，更是毫无思考余地，只能凭直觉；直觉思维具有局限性，如没有对患者进行细致的观察之前，凭借直觉做出判断，就可能误诊。

(二)直觉思维应用场景

直觉思维可以不对问题进行逐层分析，仅依据感知迅速对问题答案作出判断、猜想，或者在对疑难百思不得其解之中，突然对问题有灵感或顿悟，直接作为一种心理现象贯穿于日常生活中，也贯穿于科学研究中。我们可以利用直觉和消费者建立同理心，快速捕获用户需求，实现有价值地创新。

应用场景1："某公益组织去山区为当地儿童提供服务，想要了解山区儿童需要解决的问题。"按照惯性思维我们可能会认为这些儿童需要衣服、玩具等，但当该公益组织成员深入山区，看到那些孩子渴望被关爱的眼神后，直觉告诉他们，这些孩子更需要解决的是情感问题。

应用场景2："国外某公益组织举办了一个救助无家可归者的公益项目，进一步了解无家可归者，以便提供帮助。"两名男生为了更好地完成这个项目，就真的扮成无家可归者，在大街上流浪了一天。他们发现，作为无家可归者，最大的感觉不是饥饿，也不是别的，而是"我像空气一样透明……其他人从我面前走过，就像我根本不存在一样"。这就是利用直觉在沉浸式体验中切实感受和观察到的案例。

二、直觉思维训练项目

训练项目：感同身受小练习

从下列选项中选择一种角色做沉浸式体验，在沉浸式体验过程中用直觉思维完成表2-6。

(1)沉浸式体验的成员为视力障碍者，并且完成找卫生间、上下楼梯等各种活动。

(2)沉浸式体验的成员为快递员，并且完成收单、送单等各种活动。

(3)沉浸式体验的成员为电话推销员，并且完成给用户致电推销的活动。

表2-6 直觉感受

感受	描述
我的体验感受	
我的困难挫折	
我的欣喜发现	
我的希望建议	

以上是直觉思维练习项目，我们的评价指标是看直觉思维是否准确。在写出自己的直觉感受后，再根据对视力障碍者、快递员、电话推销员的访谈，验证自己的直觉。

请根据以上指标，对团队的训练项目进行点评：

_____

_____

三、解决方案：【工具】影子观察法

直觉思维在真实环境中会更准确，影子观察法是在真实环境中观察消费者的一种有效方法，在应用影子观察法时我们常会用到直觉思维。影子观察法用在观察阶段，是一种贴近消费者的真实体验，以获得更强同理心的工具。该方法要求研究人员像影子一样跟随被观察者完成一系列任务。通常来说，影子观察法用于多场景切换的任务流中，团队成员要扮演"侦探"的角色，尽量不干扰被观察者，以避免他们偏离自然行为，在观察中直觉会给我们一些消费者需求、消费者感受等信息。例如在"某公益组织去山区为当地儿童提供服务，想要了解山区儿童需要解决的问题"项目中，如果我们跟随山区儿童一起生活，我们就能明显地感受到他们的情绪。

设计 挑战

某创新团队收到一个项目"顾客在餐厅点餐时的情况"。要完成该项目，需要用影子观察法跟随消费者进行深入观察。在观察中注意直觉带给我们的信息。

第一步：选定目标消费者群体，圈定消费者所对应的场景并记录。

第二步：选定影随场所、时间。

第三步：进入并观察场景特点，包括周围人群，记录关键要素。

第四步：观察并记录消费者最自然的动作和反应。

第五步：拍照记录。

第六步：在观察记录消费者的同时也要记录直觉带给我们的信息。

第七步：选择性地进行后续采访，完善消费者观察并验证直觉信息。

▶ 第五节　逻辑思维

一、要点地图

(一)逻辑思维的概念

逻辑思维是指有步骤地根据已有的知识及所占有的事实材料，导出新的认识或结论的思维过程，常见的方式有判断、推理、比较、分类、综合、抽象等。职场中有些人说话总抓不住重点，写季度、年度工作总结时不知如何下手，或者写的工作总结杂乱无章，没有头绪，这些都是缺少逻辑思维的表现。而要运用逻辑思维，先介绍自己的基本情况，再介绍过去一年做了哪些工作，采用何种工作方法、措施，取得了什么成绩等。最后总结经验教训，指出未来工作中应如何发扬成绩、纠正错误，这样一篇条理清晰的工作总结就完成了。增强逻辑思维能力，会对我们有很多帮助，比如对我们的沟通能力、学习能力、写作能力、记忆力等都会有惊人的提升。

(二)逻辑思维应用场景

逻辑思维是有条理和根据的，我们通过发散、联想、直觉等思维形式提出的新点

子，最终都需要通过逻辑思维来分析、推理和论证。

应用场景1："某潮牌需要分析消费者的购买行为，为下一步的产品设计和营销做支持"，要完成此项目我们需要针对消费者的购买行为收集大量资料，如果贸然行动可能会浪费时间，大家会像无头苍蝇一样不知如何下手。如果运用逻辑思维中的典型工具5W1H法收集资料，即购买潮牌的人是谁（who）？他们为什么买（why）？在什么场合穿戴潮牌（where）？什么时候买（when）？买什么品牌（what）？如何买（how）？那我们就能够有目的地收集到更多的有效资料（图2-17）。

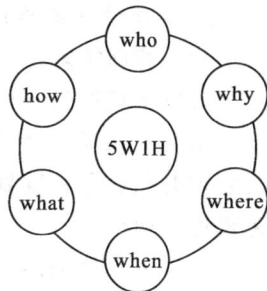

图2-17 5W1H示意图

应用场景2："某潮牌利用5W1H法收集到资料后，需要对购买潮牌的人是谁（who）进行分类。"购买潮牌的人很多，影响购买角色的人更多，如果不对这些信息加以整理，我们很难提炼到有用信息，这时候就需要用逻辑思维对收集到的信息进行分类（图2-18）。

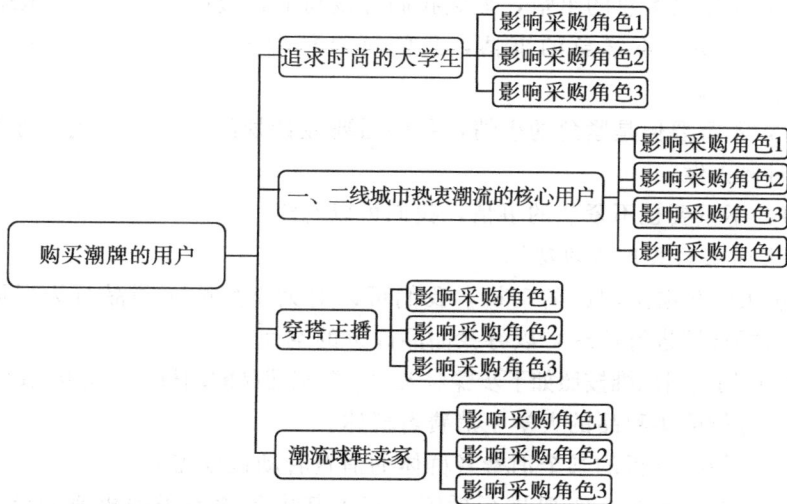

图2-18 分类示意图

应用场景3：人力资源部门需要解决某公司离职率高的问题，请讨论离职率高的原因有哪些，并给出针对性的策略。

理清员工离职率高的原因，人力资源部门用逻辑思维可以迅速理出头绪，比如先从大类来思考，离职率高的原因包括：工资、晋升、压力、时长、满足性、趣味性、工作环境。围绕大类继续细分，工资方面可以分为工资低、工资涨幅小、工资拖欠等；而工资低继续可以往下分，比如说期权少、工资相对业界的同工种比较低、时薪低等。针对每种因素的占比，我们可以提出相应的解决方案。

二、逻辑思维训练项目

1. 他们的职业是什么？

小王、小张、小赵三个人是好朋友，他们中间有一个人下海经商，一个人考上了重点大学，一个人参军了。此外，小赵的年龄比士兵年龄大；大学生的年龄比小张小；

小王的年龄和大学生的年龄不一样，请推断这三个人谁是商人？谁是大学生？谁是士兵？

2. 时间管理矩阵训练

时间管理矩阵是一个高效的时间管理工具，把时间按紧急和重要程度分成四个象限。可以将其作为一个短期如一天的任务计划，也可以将其看作是一个长期的时间规划。本次训练项目针对整个大学生的学习生活，我们把大学生在大学期间的所有事情按照重要和紧急程度划分为四个象限。请同学们按照如下步骤来完成时间管理矩阵的逻辑思维训练。

步骤一：罗列出大学期间所有你想做的事情。

步骤二：设想大学毕业时，你必须要实现的目标有哪些，请至少罗列出 5 条。如毕业证、何种待遇的工资等。

步骤三：请把步骤一中想做的事情，按照步骤二的目标来衡量，分别置入下面的四个象限中（图 2-19）。

(1)急事，重要又紧急的事情，显然我们应该马上就做；

(2)要事，重要但不紧急的事情，我们可以稍微放一下，有计划地执行；

图 2-19　时间管理四象限图

(3)琐事，不重要但是紧急的事情，我们需要在计划的时间内完成，可以放在自己精力一般的时候去做；

(4)杂事，不重要也不紧急的事情，我们可以忽略。

3. 分析大学生购买甜品的动机

通过分析大学生购买甜品的动机，我们可以对大学生购买甜品行为层面的"需求"和目前存在的"障碍"进行梳理，以寻找甜品改进的空间。

请同学们运用逻辑思维按照如下步骤对大学生购买甜品的动机进行分析（图 2-20）。

步骤一：分析购买甜品的大学生消费者群体。

步骤二：选择要分析的某个消费者群体的消费者动机或需要。

步骤三：将这个动机或需要进行拆解，列出其中包含的子动机或需求，分得越细越好。

步骤四：针对每个细分动机或需要，思考目前不能满足消费者的障碍。

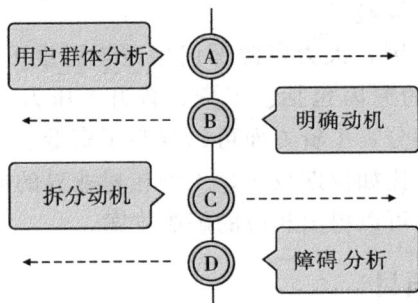

图 2-20　大学生购买甜品动机分析步骤

三、解决方案：【工具】5W1H 工作法

在应用场景中我们介绍了用 5W1H 工作法搜集信息。作为逻辑思维的工具之一，5W1H 工作法用途非常广泛，不仅是理解阶段收集资料的工具，而且是在重构阶段在定义问题的基础上，扩充性展示设计目标，细化问题描述，达成设计共识的工具。例如，要对"解决大学生自习室人太多，需要排队的状况"这个问题，设计解决方案就比较难，如果使用 5W1H 工作法将其拆解为（某个群体）在（什么环境下）因为（什么原因）（做了什么事情）而（遇到了哪些问题），我们就能将这个问题变得更加具体，也就与真实消费者更加相通，让解决方案有据可依。

【设计挑战】

创新团队收到一个项目："在机场或火车站，解决带孩子的妈妈这一群体候车检票需要注意的情况。"要完成这个项目，我们需要准备大量视频、照片等素材。在搜集资料之前，需要先理清楚我们要观察、搜集哪些信息，列出待观察的信息条目，帮助团队在下一步观察中有条不紊地展开工作。

根据以下 6 个问题，依次在团队内讨论并填空。

(1) who。与设计项目相关的重要人物，可以通过利益相关人工具辅助展示，在其中重点标示出本研究的消费者、导致问题产生的人、可能解决问题的人等。

_____

_____

(2) what。要解决的问题是什么，有哪些需要解决的问题。

_____

_____

(3) where。问题发生的环境和场景，解决问题可能应用的相关环境因素有哪些。

_____

_____

(4) when。定义问题发生的时间因素。是否有特定的时间段，该时间内还发生了哪些事情，解决问题可能有关的时间因素还有哪些。

_____

_____

(5) why。问题出现的原因，问题亟待解决的原因，影响问题解决的障碍等。

_____

_____

(6) how。问题产生的过程，为解决问题所做的尝试等。

_____

_____

▶ 第六节 批判思维

一、要点地图

1. 批判思维概念

批判思维是对怎么想、怎么做进行决定的思维能力。批判思维主要对原有、现有的事物进行否定性的思考。批判不是只强调不好的方面，批判是在对事物好的方面有选择地继承的基础上的一种提升和完善，只有这样的批判才是有意义、积极的批判。在面对旧思想和旧技术时，我们要破旧立新，实现理论突破和技术创新，就必须具有独立思考、敢于怀疑的批判思维。我国"氢弹之父"于敏及其团队在研制氢弹时没有迷信国外权威杂志的数据，用笔和草稿纸进行理论验证，经过大量演算后否定了国外数据，避免氢弹研究走上弯路。

2. 批判思维应用场景

批判思维是创新的基础，只有敢于质疑、敢于批判才能超越已有的知识经验，创造或改进新产品。既可以对他人理念、想法等进行否定性思考，并在此基础上提出新思想或新观点，实现创新，也可以质疑自己的理念、想法等。让我们能够避免主观臆断，调整自己的固有认知。

应用场景 1："某化妆品公司根据前期的用户调研生产出一款新色号的口红，在批量生产之前要对口红进行用户测试，观察用户的接受度。"如果该公司对新产品抱有不切实际的信心，相信产品一经推出就能引起消费者的购买热潮，推出后很可能会因为消费者反应冷淡而造成经济损失。而运用批判思维，对新产品进行小范围测试，根据测试反馈对新产品进行修正，就能满足消费者的需求，实现商业价值。

应用场景 2："某 MOBA 类游戏开发人员设计了一款新的'英雄'，在正式推出该'英雄'之前要先上线体验，征求广大玩家意见，在此基础上对该'英雄'进一步优化。"由于玩家数量众多，意见众说纷纭，设计人员不可能满足所有玩家的要求，这时候就需要运用批判思维对这些意见进行分析和批判，进而优化该"英雄"。

二、批判思维训练项目

1. 纸飞机竞赛

活动前准备：以个人或小组（不超过 6 人）为单位，设计并创造一架纸飞机，这架飞机要能够承载一元钱的硬币，并且飞行尽可能远的距离（图 2-21）。

图 2-21 纸飞机示意图

(1) 向同学们推销你的创意，时间严格限制在 2 分钟内。

(2) 用思维导图记录创意思路（图 2-22）。

(3) 制作原型并测试。

(4) 测试过程全程录像并拍照上传原型和测试结果。

(5) 选择飞行距离最远的前三名。

反思：即便经过创意、原型、测试等步骤，但最终成功的产品总是少数，我们要接受失败，并在失败中总结经验，争取下一次的胜利。

2. 一屋不扫何以扫天下

劳动能够帮助大学生塑造健全的人格，磨炼顽强的意志，锤炼高尚的品格，我们要自觉开展日常生活劳动，自我管理生活，提高劳动自立自强的意识和能力，养成良好的日常劳动习惯。因此创意团队接到一个委托任务"为大学生宿舍设计一款清扫工具，方便大学生清洁、维护宿舍卫生"。

图 2-22 思维导图

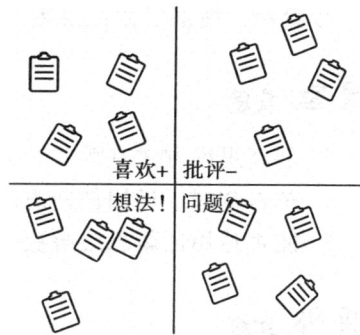

步骤一：团队成员围绕委托任务进行创意。

步骤二：根据创意结果制作快速模型。快速模型是当我们从创意阶段迈进测试阶段时迅速建立的简单模型。团队成员可以用现有的扫把、抹布等工具组装一个简单模型，也可以用瓦楞纸、卡纸、剪刀、记号笔、透明胶和其他物品，制作一个清扫工具的纸模型。

步骤三：在宿舍清扫中测试制作好的简单模型或纸模型。

步骤四：根据测试结果快速改进。

快速模型包括纸模型、电子模型、角色扮演等，我们可以用步骤三对清扫工具的纸模型进行测试，并用反馈记录表记录测试时收集到的反馈意见。

三、解决方案：【工具】反馈记录表

批判既包括自我对产品的批判，也包括用户对产品的批判，反馈记录表是一个记录用户对产品批判的工具，它由喜欢、批评、问题、想法四部分组成的，用于分类用户对产品和服务的感受，并利用反馈转化和捕捉更多的新想法（图 2-23）。

图 2-23 反馈记录表

1."+"代表喜欢：这个原型表示被用户接受的部分，用户喜欢这个原型的哪个部分，为什么喜欢。

2."—"代表批评：这个原型表示不被用户接受的部分，用户不喜欢这个原型的哪个部分，为什么不喜欢。

3."?"代表问题：表示用户对这个原型保留或提出的疑问，用户感觉到迷惑的地方，将来需要进一步改进的方面。

4."!"代表想法：在测试中团队被启发的新想法。

在制作宿舍清扫工具训练项目中，我们将制作的纸原型交给用户测试，用测试反馈表记录用户喜欢、批评纸原型的信息和用户提出的问题以及我们在测试过程中得到的想法或启发。请同学们将在宿舍清扫工具原型测试中得到的反馈结果填写在反馈记录表中（图 2-24）。

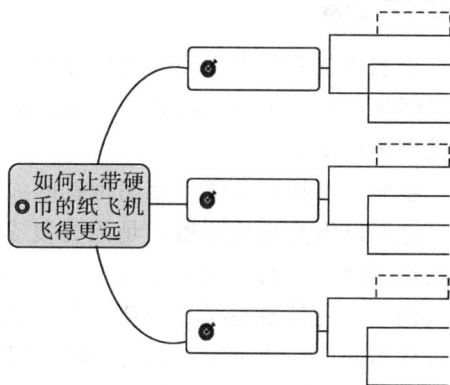

图 2-24 反馈记录表

设计 挑战

创意团队先收到一个委托任务"为准备专升本、考研的大学生提供一个能让他们在长时间学习后，可以趴在桌子上休息的产品"，团队目前做出的产品原型是抱枕，请你对抱枕进行测试。

步骤一：按照大学生使用抱枕的流程将抱枕分为携带、使用、闲置三个模块。

之所以做分模块原型，是因为复杂的解决方案中常包含多个需要探索的问题。如果我们设计一个共享汽车系统，其中需要明确包括 App 用户界面、提车与还车、预约与取消、里程计费与时长计费、如何加油、如何支付停车费、如何确保车辆安全等各种各样的问题。原型可以回答一些问题，但不擅长一次性回答这么多问题。

如果稍微转换角度，把复杂问题拆分成不同阶段的多个简单问题，然后专注于每个问题建立原型并逐个解决，这对于问题答案的探索可能更有效率。在这种模式下，原型的对象是某个具体问题。

我们可以依据不同的原则拆分模块。例如，按照用户使用的流程或步骤进行拆分，或者按照所探究问题的种类将原型分为体验原型、功能原型、系统原型等。与快速原型相似，分模块原型更像是一种测试环节的思维方式，贯穿于原型与测试甚至整个设计思维流程中。

步骤二：根据抱枕携带、使用、闲置三种状态，设计原型方案。

步骤三：根据三种原型方案，制作使用、携带、闲置时的分模块原型。

步骤四：分别测试以上三种分模块原型。

步骤五：利用反馈记录表记录反馈结果。

步骤六：根据反馈记录表改进以上三种分模块原型。

课堂 反思

1. 创新思维方式有哪些？通过学习是否对创新思维产生兴趣？
2. 是否掌握了运用创新思维的工具？
3. 能否运用创新思维解决生活中的问题？

课外 实践

用反馈记录表记录自拟创业项目竞品的用户反馈意见

选择一款我们自拟创业项目的对标产品，并对其进行用户访谈，用反馈记录表收集用户的反馈意见，并以此为依据改进自拟创业项目的产品（图 2-25）。

喜欢+	批评-
想法！	问题？

图 2-25 对标产品用户反馈记录表

第三章

掌握创新技法

知识目标：了解不同形式创新方法的概念及应用场景；熟悉不同形式创新方法的操作流程。

能力目标：掌握不同形式创新方法的操作技巧，并具备用创新方法解决生活中实际问题的能力。

素质目标：在尝试改变的过程中，培养自己的创新习惯，养成符合自身特点的创新品格和精神，享受创新的乐趣。

案例 导入

冯文虎：劳模创新路

广大产业工人是工人阶级中发挥支撑作用的主体力量，是创造社会财富的中坚力量，是创新驱动发展的骨干力量，是实施制造强国战略的有生力量。在表彰的广东省全国五一劳动奖章获得者中，中国船舶集团广船国际电焊工高级技师冯文虎是其中一员，他和团队成员共同完成了中国最大半潜船"新光华"轮等系列大国重器的焊接施工。

2005年，20岁刚出头的他从河南老家只身南下打工，在一家钢结构企业当电焊工学徒，跟着师傅焊接公路路牌、防撞栏。那时候，焊接对他来说，还只是一门谋生的手艺，2009年，他加入中国船舶集团旗下广船国际有限公司，才真正让他决定把焊接视作一份事业。

在焊接技术方面，造船企业里卧虎藏龙。冯文虎在这里第一次见到了垂直气电焊、双丝 CO_2 横焊等高新焊接技术，这让他大开眼界。勤奋好学的他在这里如饥似渴地向身边的师傅学习焊接技术，先后参与了华南首艘超大型油轮"新浦洋"轮、全球首艘极地凝析油轮、中国最大半潜船"新光华"轮等大国重器的建造。在丰富的实践摸索中，冯文虎的焊接技术突飞猛进，先后考取了中国船级社二类、三类焊接证书，美国ABS焊接协会的6GR焊接证书。

精湛的焊接技术让冯文虎在各类技能竞赛中屡获殊荣。曾获2018年首届粤港澳大湾区焊接职业技能大赛个人第一名、团体第一名的冯文虎，在参与各类焊接技能大赛之前，都会勤学苦练焊接技术，脸上常常被焊接时产生的电弧光灼伤，一层一层地掉皮，但他从不气馁。他说："和高手对决，名次不是最重要的，重要的是能有机会向他们学习。"

冯文虎曾经接到过一项极具挑战性的任务，因为焊接处的材质为铸铁，焊接性能较差，焊接处受热面积一旦超过临界点，镶嵌在里面的艉轴运作就会失灵，届时船舶将面临在海上失去动力的危险。冯文虎带领团队反复研究，创造性地提出了采用冷焊法来进行施焊，即焊接一小段焊缝就立即停下来，再用铁锤敲打工件释放应力，待焊缝完全冷却之后，再进行施焊。这种方法相当于外科手术中的"微创技术"，能最大限度减少焊缝处的受热面积。冯文虎带领团队通过学习钻研，最终圆满完成任务。

近年来，船舶制造行业的焊接技术日新月异，冯文虎凭借过硬的焊接技术，常常和工法部门一起完成各种工艺评定，如双丝横焊、FAB埋弧焊、机器人全自动焊等。他所参与的工艺评定在实际焊接中均能满足焊接要求，得到了船东方的一致好评。

在广东省总工会的支持指导下，广船国际成立了以冯文虎名字命名的"劳模创新工作室"，为培养更多的高技能人才，不断攻克焊接领域关键核心技术搭建了平台。

"经常用到的垂直气电焊具有焊接成型好、速度快等特点，但也有一个缺点，由于焊接时焊接溶池温度高，高温下的铜滑块就显得非常脆弱，一不小心就会穿孔漏水。"冯文虎介绍，为破解这一难题，他和团队成员利用休息时间不断摸索，经过无数次焊接试验，成功摸索出了铜滑块的修复技术，并在生产一线进行了推广应用，一年可为公司节省上百万的铜滑块采购费用。

"我的两个小孩也很为我感到骄傲，在他们眼中，爸爸造出了很厉害的大船。"冯文虎十七年如一日，摸爬滚打在焊接生产一线，参与建设的重点舰船不计其数。以他为代表的造船者们，正矢志不渝为海洋强国建设奉献无悔的青春。

（资料来源：http://static.nfapp.southcn.com/content/202204/28/c6446755.html，有删改）

▶ 第一节 图解思维法

图解思维法的应用可以强化人大脑的发散思维、逻辑思维和联想思维，图解思维法也是创新方法开篇的第一个工具，它是开始创新项目工作的第一步。在日常生活中图解思维法应用范围极广，如课堂笔记、读书笔记、思路整理、项目管理、年度规划、旅游攻略、学习备考、文章撰写等方面。图解思维法有效锻炼了学习者提炼、发散、结构化的思维，提升学习和生活效率，开发创新思维。

一、要点地图

图解思维法能够帮助团队有效分析和理解问题，是寻求解决问题方案的思考方法。在本章的训练项目中，刚开始接触一个陌生的创新设计挑战时，我们很可能对未知的方案完全没有头绪，面对众多的未知和不确定性，我们可以通过梳理已知、推导未知方向的方式尝试打开局面。推导未知时可通过信息检索、观察、体验等方法，在全面了解项目概况的基础上，为下一节属性、缺点、希望点列举法起到信息铺垫的作用。

(一)图解思维法的概念

图解思维法是将思维形象化、可视化的表达，通过图形、表格、关键词等把信息传达出来，将人们的想法画出来，帮助人们有效地分析、记忆和理解问题，寻求解决问题方案的思考方法。

图解思维法包括逻辑型图解、过程型图解、图表型图解、思维导图。本节重点介绍图解思维法的典型方法——思维导图，它是从思考的中心出发，绘制解决问题的不同方面，运用图文并茂的技巧，把各级主题的关系用相互隶属的层级图表表现出来，将主题关键词与相关的层级图表联系起来，使主题关键词语图像、颜色等建立记忆连接。

（二）图解思维法应用场景

（1）"项目团队收到的委托任务书是要设计一款时钟，团队成员有些一筹莫展，有些跃跃欲试，经验丰富的项目领队立马启用了图解思维法，使团队集中心智迅速梳理已知和未知信息，建立项目关键词地图。"团队在收到设计委托任务后，一般会面临几种情况：其一，团队成员对于项目一筹莫展时，需要用思维图解法，使团队注意力集中到设计项目上，围绕同一方向互相启发，展开思考；其二，团队成员用文字表述一件事的时候很容易偷懒，会把一些关键的、细节的问题忽略掉，图解思维法会帮助他尽可能完整清晰地表达；其三，团队成员有些模棱两可的表达，用图解思维法可使其梳理清晰思想；其四，团队中每个人对设计任务有不同的思考，可以用图解思维法将大家的思想进行统一梳理并使其逐步清晰，以使每个人都看到问题的全景。

（2）"假如你是一家服装店的店长，面对顾客投诉，你该如何应对？"处理矛盾是职场和生活中经常遇到的场景，我们可以用图解思维法来化解。就像在这个场景中，一个顾客在柜台前发脾气，原因是一个月前预订的限定款服装没货了，她原本打算穿这套服装参加一个隆重的仪式。店员解释说店里的限定服装只能保留三天，而这再次激怒了这位顾客，她认为店员在对她的行事方式做出指点，她要求见服装店的店长。在面对棘手的问题时，很多人的本能是逃避，而此时逃避是万万行不通的，店长就要承担起处理这些问题的责任。不要慌，在心里构思一幅思维导图可以有效地帮助你渡过难关。店长立马在大脑里构建了处理该问题的思维导图。思维导图的中心是以顾客的满意为核心，根据当前处境，思维导图的主干和主要因素应该包括：找出解决问题的办法——为顾客找到限定款服装。

A. 服装店的声誉——再不平息这次事件可能会使其他正在消费的顾客同样感到糟糕；

B. 问题——找到症结所在，并避免类似情况再次发生；

C. 管理——不仅安慰顾客还要顾及员工感受。

在考虑这些主要方面之后，你的思维导图就大致成型了。在这幅思维导图的指导下，可以预见接下来的行动。

A. 安慰顾客：可以先将顾客带离柜台，询问她在预订这套服装时店员是否已经告诉她最多只能保留三天的信息，如果没有，这是本店的失职，店长要承担责任。

B. 安慰店员：将店员暂时领到一旁，避免因为店员的情绪波动影响其他顾客和工作人员。

C. 挽回信誉：将这套服装只能保留三天的信息传达给顾客，并为发生这样的事情道歉，联系本地其他分店看是否有货，或免费提供一套本店可租赁的宴会服装供顾客挑选，给顾客升级会员卡等，以安抚她的情绪，这样她离开服装店也可能会赞扬你的店铺。

D. 善后工作：对店员的再次指导也是有必要的，要使她们更熟悉如何为顾客提供满意的服务。

二、操作流程

本节操作流程以设计项目——某科技公司委托项目团队开发的一款鼠标为例。思维导图的绘制可以遵循以下步骤。

步骤一：确定中心主题。通常用一句话描述目前所面对的设计问题，如"设计一款鼠标"。

步骤二：画出图形起点。a. 用白纸或者思维导图软件。b. 从中心位置开始。c. 图像化表达。如在白纸的中心位置画一只鼠标。

步骤三：提炼关键词。这是思维导图的关键，可以帮助拓展主题。我们可以使用5W1H工具帮助我们拓宽思路。如鼠标的设计思考方向可从为谁设计鼠标，设计一款怎样的鼠标，还能在什么时间使用鼠标，还能把鼠标应用于什么场景，使用鼠标还需满足什么功能，它是如何操作的，还能如何改进展开。

该步骤在绘制时应遵循以下原则：a. 第一个关键词的分支可从画面2点钟位置开始，顺时针画，阅读思维导图也自然从这个位置开始。b. 分支线条可用弯曲的线条。c. 分支信息凝练成关键词，如 who、what、when、where、why、how。d. 关键词书写清楚，可用印刷体，便于联想和回忆。e. 关键词写在分支线条上。f. 从中心伸出的主干最好不要超过7个（大脑短时记忆一次能记住 7 ± 2 个信息）。g. 增加色彩，可以给不同分支绘制不同色彩。

步骤四：为关键词创建下级关联信息分支。围绕每个关键词，扩展已知和未知信息，形成关键词，绘制原则同步骤三。如 who 分支，为谁设计鼠标，我们可以拟定用户人群为高龄用户、游戏爱好者、美妆达人、办公室文员、财务部人员、教师、学生等群体。如 what 分支，设计一款怎样的鼠标，可以分为两类，其中一类是当今市面上主要的鼠标类型，另外一类是我们还可以为不同用户群设计一款什么类型鼠标。如 when 分支，在什么时间使用鼠标，下级分支可以按一天分为早晨、中午、深夜等时间段，按季节可分为春夏秋冬，按使用产品不同工序可分为开机前、开机时、开机后、关机后，按日常时间块分类，如常态固定时间、黄金时间、动态时间、碎片化时间、暗时间（如吹发）、其他时间（如情绪化、刷屏时间等），当然还有其他分类方法。如 where 分支，可以分为办公室、教室、宿舍、移动交通工具、户外、谈判场合、旅游地、会议室、咖啡吧等休闲空间、医院，如此分下去我们会发现无穷多分类。如 why 分支，可以分为干什么用的鼠标？为什么不能有变动？还能有什么别的方式？为什么是两个按键？为什么要做成这个形状？为什么是右手使用？为什么非做不可？等等。如 how 分支，可以分为我们是怎样干的？有没有别的方法可以达到目的？到底应该怎么干？等等。

当然这一版的思维导图可以按照团队的理解尽可能罗列，在下一步选定了用户群体之后，对其余的4W1H再设计精准针对目标用户的精进版思维导图。如选好的目标用户是游戏爱好者，那么鼠标的精进版思维导图就可以围绕游戏爱好者来拓展他们的使用形式、时间、地点、原因和如何使用等这些分支。

以此类推，可以再做下一级思维导图信息扩展。

步骤五：完善未知信息。对于思维导图中的未知信息，可以通过文献查阅、体验、观察等方式来补充完整。如在 what 分支中，目前的鼠标形式包括无线鼠标、有线鼠标，通过查阅线上商城平台，我们搜集到目前的鼠标有静音鼠标、续航鼠标、电竞鼠标(11键可编程)、显示电量鼠标、带轨迹球可绘图鼠标、折叠式鼠标等。继而我们可以通过查产品的评价信息、购买产品体验、观察使用过程等方式，进一步掌握目前这些鼠标的客户使用体验，从而把信息完善在思维导图中。

三、操作技巧

(1)关键词和图像代替了繁多的文字。思维导图上出现太多的注释文字，这样虽方便，但是剥夺了再次查阅资料的机会，减少了调动大脑思考的机会。

(2)图像与表达意思相关，突出重点。图像的作用是联想、表达、记忆，而非造成混乱等困惑。

(3)节点适当。过多的节点会使思维导图变得复杂。

(4)软件绘制思维导图。软件的优点是便于修改和补充，可以多人协同办公，输出格式多样化，便于储存和传播，具有可以同其他制作软件结合使用等特性。

(5)留有空白，启发心智。可以在思维导图的分支中留有空白分支，有利于进一步思考、启发联想。

(6)线条、颜色运用。以主题为中心，线条每一级可以由粗到细排列；颜色可以按分支级别由深到浅设置。具有个人风格的思维导图可以建立自己的颜色系统编码和线条编码，区分不同级别分支。

四、设计挑战——行动派，更自在

前面了解了思维导图的概念和步骤等，下面请你来绘制思维导图。

设计挑战题目：请绘制本次授课内容的思维导图。

(可用流程图绘制)

步骤一：确定中心主题。＿＿＿＿＿＿＿＿＿＿＿＿＿＿

步骤二：画出图形起点。＿＿＿＿＿＿＿＿＿＿＿＿＿＿

步骤三：提炼关键词。＿＿＿＿＿＿＿＿＿＿＿＿＿＿＿

步骤四：为关键词创建下级关联信息分支。＿＿＿＿＿＿＿

步骤五：完善未知信息。＿＿＿＿＿＿＿＿＿＿＿＿＿＿

▶ 第二节　列举法

在图解思维法中我们对鼠标的使用人群、使用场景、鼠标类型等有了细致的了解，接下来就需要用列举法罗列鼠标的属性、用户提出的鼠标缺点及希望点等找到鼠标创新的独创性设想。列举法作为一种基本的创造技法，它的应用广泛，特别适用于新产品开发、旧产品改造的创造性发问过程，而且为创造性解决问题提供了方向和思路，常用于简单设想的形成与发明目标的确定。列举法锻炼了学习者发现问题、解决问题的能力，对于看惯了的事物，人们经常习以为常，不再怀疑，形成思维定式，列举法能够帮助我们突破"问题感知障碍"，帮助学习者发现别人发现不了的问题，并创造性地解决该问题。

一、要点地图

列举法是一种较为直接的创新技法，简单实用，比如团队通过列举某一产品或服务的属性、缺点和希望点，为其开发或改进提供思路。在本章的训练项目中，我们已经对鼠标的使用人群、使用场景、使用时间、鼠标类型等有了细致的了解，但如何找到鼠标存在的问题并进行创新还没有头绪，面对这种问题我们先用属性列举法将鼠标的重要部分、零件等统统罗列出来，再用缺点列举法、希望点列举法找到鼠标目前存在的问题，最后通过配对、组合、代替等方法找到初步对策，为下一节运用头脑风暴法解决问题、完善对策做铺垫。

(一)列举法的概念

列举法是将研究对象的特点、缺点、希望点罗列出来，提出改进措施，形成有独创性的设想的创新方法。

按照所列举对象的不同，列举法分为属性列举法、缺点列举法、希望点列举法、成对列举法和综合列举法，本节主要讲解前三种列举法。

1. 属性列举法

属性列举法也称特征列举法，是通过一一列举创新对象的特征，包括名词性特性、形容词性特性和动词性特性，分析、探讨能否以更好的特性替代，最后提出创新方法。

使用属性列举法改良一只烧水壶，可先把水壶的构造及其性能按照要求予以列出（图3-1），然后注意检查每一项特性的可改良之处，问题便迎刃而解。

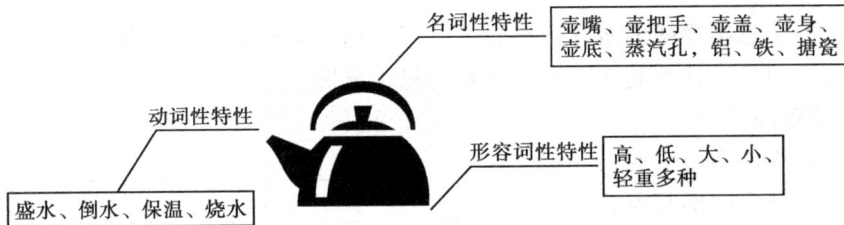

图3-1 水壶的特性

对图3-1中的特性进行列举并分析，便能找到很多可以改进的地方。

名词性特性：壶嘴长度是否合适？壶把手可否改成隔热材料以免烫手？喷出的蒸汽是否烫手？等等。

形容词性特性：颜色、图案还可以有哪些变化？用什么材料能够减轻水壶的重量？

动词性特性：将水壶改为双层并采用保温材料，可提高热效率并有保温性能。

2. 缺点列举法

缺点列举法就是通过发现、发掘现有事物的缺陷，把它的具体缺点一一列举出来，然后针对发现的缺点，有的放矢地设想改进方案，从而确定创新目标，获得创新成果的一种创新方法。

图3-2是我们常见的插座，我们似乎对这种插座已经习以为常，

图3-2 插座

这样的插座有缺点吗？都有什么缺点？使用缺点列举法改进这个插座。

每个人都会从自己的角度提出这个插座的缺点，其中比较明显的缺点是两相插口和三相插口之间的距离留得有点短，以至于两相插口和三相插口不能同时使用，这个缺点让这个插座的使用效率降低了一半。针对这个缺点，加大两个插口之间的距离(图3-3)或者两个插口错位摆放，就能解决问题。

图3-3 改进后的插座

3. 希望点列举法

希望点列举法是从人们的愿望和需要出发，通过列举希望点来形成创新目标和构思，进而产生具有价值的创造发明的方法。

共享单车在我国的走红完全基于一个希望点。在我们出行不方便的时候，随时随地能有辆自行车骑该有多好。之前各地都是采用有桩自行车的方式提供公共租赁服务的，显而易见很不方便，于是共享单车团队提出无桩共享的模式，很快便受到资本的追捧。

(二)列举法应用场景

应用场景1："某公司研发部门要观察用户使用垃圾袋时的行为，找到垃圾袋创新的机会点。"摆在该公司研发部门面前的难题有两个，一是如何改进现有垃圾袋，二是改进后的垃圾袋是否满足用户需求。为了解决以上两个难题，该公司研发部门采取了以下做法。

步骤一：将目前垃圾袋的属性，如大小、颜色、材质和每卷垃圾袋的数量等逐一列举出来。

步骤二：预先制作列举表(表3-1)。

表3-1 列举表

属性	描述
缺点	
希望点	

步骤三：选择要观察的用户群体。

步骤四：观察用户使用情况并对用户进行访谈。

步骤五：将自我观察和用户提出的缺点、希望点等信息填写在列举表中。

步骤六：对照垃圾袋属性，找到创新方向。

通过以上步骤，该公司研发部门不仅清楚了垃圾袋应如何创新，也能确保创新后的垃圾袋能够满足用户的需求。

应用场景2："某公司设计了一款新型电风扇，并在正式上市之前送给核心用户做测试，希望最终推出的产品尽量接近市场的真实需要。"研发人员对这个新型产品非常有信心，用户还没开始使用就滔滔不绝地向其介绍这款产品的各种优点。用户使用后虽然提出了一些问题，但研发人员很快找到一套说辞把问题掩饰过去了。最后导致本次测试没有取得良好的效果。如果研发人员在测试中使用列举法就可能不会出现这种问题。在测试中保持空杯心态，倾听用户意见，并认真记录用户提出的各种缺点和希望改进的点，针对用户提出的缺点和希望点，迅速有的放矢地改进，就能制造出性能更佳、功能更强、效果更好的新型电风扇。

二、操作流程

本节操作流程以创新设计项目——某科技公司委托项目团队开发的一款鼠标为例，选取办公时常用的有线鼠标，使用列举法对其进行改良（图3-4）。

图3-4 有线鼠标

(一)属性列举法

步骤一：将对象的特性或属性全部罗列出来，例如把鼠标拆分成右键、左键、滚轮、USB接口、螺丝、电线、电路板、芯片、LED灯等许多零件，每个零件具有何种功能和特性，与整体的关系如何等都毫无遗漏地列举出来，并做详细记录。

步骤二：分门别类加以整理，主要从以下几个方面考虑。

(1)名词性特性(性质、材料、整体和部分制造方法等)。鼠标的名词性特性有：①整体——鼠标。②部分——左键、右键、滚轮、USB接口、螺丝等。③材料——塑料、铁、铜等。

(2)形容词性特性(颜色、形状和感觉等)。鼠标的形容词性特性有：①形状——卵形。②颜色——黑色、白色、灰色等。③质量——轻、重。④状态——美观、清洁、高低、大小等。

(3)动词性特性(有关机能及作用的特性，特别是那些事物具有存在意义的功能)。鼠标的动词性特性有：功能——点击、翻页等。

步骤三：编制属性列举表，并设想从材料、结构、功能等方面加以改良，试用可替代的各种属性加以置换，引出具有独创性的方案。进行这一程序的关键是要尽量详尽地分析每一特性，提出问题，找出缺陷。

步骤四：方案提出后还要进行讨论和评价，使产品更能符合人们的需要和目的。

成果输出：属性列举表和有独创性的初步改良方案。

(二)缺点列举法

采用缺点列举法进行发明创造的操作步骤运用要点如下。

步骤一：做好心理准备。缺点列举法的实质就是发现产品的缺陷，寻找事物的不足，从而进行改革与创新。因此，在运用缺点列举法时，我们要培养起"怀疑意识"和"不满足心理"，用"怀疑意识"的"显微镜"去寻找缺点，用"不满足心理"的"放大镜"去分析缺点，使事物的缺点与不足暴露无遗。

步骤二：详尽列举缺点。列举事物的缺点可以采用用户意见法、对比分析法和会议列举法等。

(1)用户意见法。让用户提意见、找毛病。将鼠标送给用户使用或寻找使用这种鼠标的用户进行访谈，收集用户意见后，便可列举出多项缺点，如按键不灵敏、有延时，

USB接口容易坏，长时间使用手比较累，功能单一，按键时有声音，左手使用不方便，只能在鼠标垫上使用等。

（2）对比分析法。通过对比分析，我们可以更清楚地看到事物之间存在的差距，从而列举出事物的缺点。通过查阅资料，寻找市面上的新型鼠标，并和现有鼠标做对比，我们能找到现有鼠标的各种缺点。比如和人体工程学鼠标相比，现有鼠标外形设计不合理；和无线鼠标相比，现有鼠标携带不方便，不能适应苹果电脑；和语音识别、实时翻译功能的鼠标相比，现有鼠标功能单一等。

（3）会议列举法。通过缺点列举法，可以充分汇集大家的意见，较系统、深刻地揭示现有事物存在的缺点。会议列举法的步骤为：①确定列举缺点的目标对象——办公时常用的有线鼠标。②确定会议人员，5~10名同学为一组参会讨论，各小组要尽可能多地列举鼠标的缺点。

步骤三：编制缺点列举表，对列举的缺点进行分类，找出主要缺点。

步骤四：研究克服缺点的方法。

成果输出：缺点列举表和有独创性的初步改良方案。

（三）希望点列举法

用希望点列举法进行创造发明的具体做法是召开希望点列举会议。

步骤一：确定列举希望点的目标对象——办公时常用的有线鼠标。

步骤二：确定会议人员，5~10名同学为一组参会讨论，各小组要尽可能多地列举鼠标改良的希望点。

步骤三：将各人提出的希望点用便利贴写出，公布在小黑板上，并在与会者之间传阅，激发与会者的灵感。

步骤四：对列举的希望点进行分类和整理，找出主要希望点。

步骤五：研究落实希望点的方法。

三、操作技巧

在运用属性列举法时，应列举出事物的所有属性，尽量避免遗漏，对事物的属性分析得越详细越好，以便得到更多的启示。

使用缺点列举法和希望点列举法时，也可将同类产品集中在一起，进行比对，寻找缺点和希望点，然后设法加以改进。

四、设计挑战——行动派，更自在

我们已经了解了列举法的概念和应用步骤，下面请用缺点列举法列举出某短视频App的缺点。

设计挑战题目：选择一款常用的短视频App，并用缺点列举法列举出此短视频App存在的缺点。

步骤一：5~10名同学为一组，小组讨论此短视频App的缺点。

步骤二：将缺点填写到表3-2中。

表3-2　缺点列举表

缺点	描述

步骤三：找出主要缺点，并研究克服缺点的方案。

▶ 第三节　形态分析法

头脑风暴法需要团队成员充分发挥想象力，想出的点子越多、越奇越好，而形态分析法则是将创新对象分解、组合，需要团队成员认真、细致、严密的工作态度。形态分析法应用非常广泛，如挖掘机、新型洗衣机、新型汽车等工业产品创新，广告设计、电影剧本等文化领域的作品创作等。形态分析法比较程式化，简单易学，能够让我们利用已知理论和技术实现创新。

一、要点地图

形态分析法具有系统求解的特点，只要把目前现有的产品零件、技术全部罗列出来，就能把可能的创新方案"一网打尽"。在本章的训练项目中，我们通过图解思维已经对鼠标有了一定认识，但如何创新还毫无头绪，这时就可以用形态分析法，将构成鼠标的要素和技术手段全部罗列出来，通过重新组合获得大量创新方案。

(一)形态分析法的概念

形态分析法又称形态矩阵法、形态综合法，它是借助形态学的概念和原理，通过对创造对象的构成要素进行分析(因素分析)，再对构成要素所要求的功能属性进行分析(形态分析)，列出各因素可能的全部形态(包括技术手段)，在因素分析和形态分析的基础上，采取表格的形式进行方案聚合，再从聚合的方案中择优的一种系统思维的方法。用公式表达为某事物 M 有 A、B、C 三大要素，A 有 x 种可能选择，B 有 y 种可能选择，C 有 z 种可能选择，则某事物可能的方案数为 $N = xyz$。

以思考挖掘机的改进方案为例，用形态矩阵进行方案组合，就可以得到多种原理方案。在表3-3中，将挖掘机功能分解为九大基本要素，并分别对每一个要素的形态进行分析。

表3-3　挖掘机形态矩阵

要素	形态1	形态2	形态3	形态4
铲斗	正铲斗	反铲斗	抓斗	
推压	齿条	钢丝绳	油缸	
提升	油缸	绳索		

续表

要素	形态1	形态2	形态3	形态4
回转	内齿轮传动	外齿轮传动	液轮	
运送物料	履带	轮胎	迈步式	轨道-齿轮
能量转化	柴油机	汽油机	电动机	液压马达
能量转化与分配	齿轮箱	油泵	链传动	带传动
制动	带式制动	闸瓦制动	片式制动	圆锥形制动
变速	液压式	齿轮式	液压-齿轮式	

运用形态矩阵，可得出 $3×3×2×3×4×4×4×4×3=41472$ 个原理方案。在众多的原理方案中，我们应去除那些技术上明显不适用或不可行的方案，保留可行的方案。在剩余的可行方案中，再进行评价与决策，最终制定出较为理想的方案。

(二)形态分析法应用场景

应用场景1：某地传统工艺油纸伞，因其形式与图案等不符合现代人的使用需求，再加上制作工艺复杂，逐渐丧失了在市场上的话语权，亟待寻求新方法来使其适应现代人的生产生活环境，重新以商品的身份回归市场，以恢复生机。

此应用场景是形态分析法在产品和文化领域应用的典型案例，用形态分析法创新油纸伞的流程如图3-5所示：

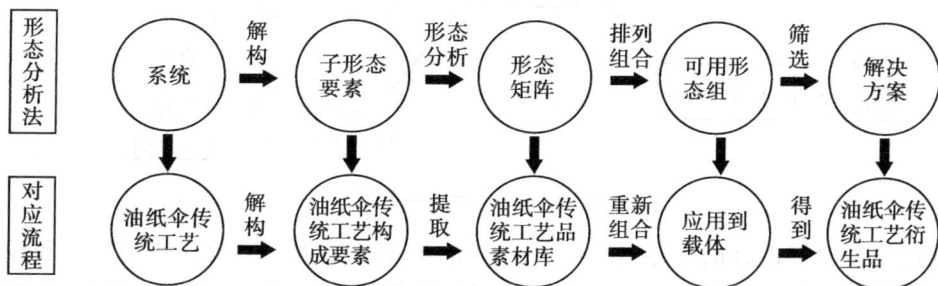

图3-5 油纸伞形态分析法创新流程

步骤一：油纸伞要素包括材料、装饰、结构、使用方式、加工工艺、材料情感属性、装饰情感属性。

步骤二：每个要素分成不同形态，并形成形态矩阵表(表3-4)。

表3-4 油纸伞形态矩阵表

油纸伞要素	形态1	形态2	形态3	形态4	形态5	形态6	形态7
材料	楠竹	水竹	棉纸	桐油	棉线	彩线	油墨
装饰	图案	色彩	故事情节				
结构	伞帽	伞骨	伞柄	把手			
使用方式	开合	折叠					
加工工艺	伞骨制作	伞面制作					

油纸伞要素	形态1	形态2	形态3	形态4	形态5	形态6	形态7
材料情感属性	文质彬彬	清新淡雅					
装饰情感属性	百年好合	吉祥如意	向往自然	生活富足	相思		

步骤三：将形态排列组合，形成新式雨伞。比如将图案＋故事情节＋伞帽＋伞面制作＋伞柄＋相思等组合，我们就可以将情侣最难忘的经历用水墨画的方式画在伞面上，并将对方名字刻在伞柄上，做成情侣雨伞。

步骤四：从众多排列组合中选择合适的创新解决方案。

应用场景2：项目团队接到一项任务"设计一款现代主义风格的办公阅读类台灯。"团队可能对台灯认识较浅，设计现代主义风格的办公阅读类台灯就更不知如何下手，这时可先利用思维导图来了解台灯，再用形态分析法设计台灯。

步骤一：用思维导图全面了解台灯（图3-6）。

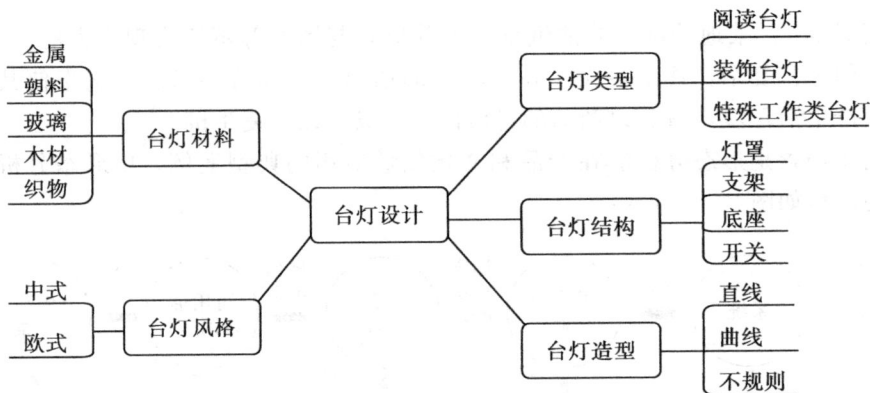

图3-6　台灯思维导图

通过绘制台灯设计的思维导图，对台灯的类型、结构、造型、使用材料和设计风格具有一定的了解，梳理出设计思路，提高设计思维的效率，并清晰罗列出台灯设计的相关要素。同时，思维导图在设计前期的运用，对后期形态分析法中的主题确定与要素提取，具有参考作用。

步骤二：根据台灯设计方向为现代主义风格的办公阅读类台灯，其材料可以采用金属与塑料。

步骤三：因素分析。在思维导图中可知构成台灯外形的两大要素是结构与造型，其中结构要素可细分为灯罩、支架、底座和开关。因此，本研究的基本要素有五个，即灯罩、支架、底座、开关和造型。

步骤四：每个要素分成不同形态，并形成形态矩阵表（表3-5）。

表3-5　台灯形态矩阵表

要素	形态1	形态2	形态3	形态4	形态5	形态6	形态7	形态8
灯罩	梯形	球形	圆柱形	方形	喇叭形	条形	圆形	其他

要素	形态 1	形态 2	形态 3	形态 4	形态 5	形态 6	形态 7	形态 8
支架	金属软管	塑料弯管	折叠杆	直杆				
底座	夹子底座	创意底座	方形底座	圆盘底座				
开关	感应式	按钮	旋钮	拉绳				
造型	直线型	曲线型	不规则形					

步骤五：根据台灯设计的功能结构要求，将各种要素对应的不同形态进行排列，组合成若干种方案，台灯的设计方案总数为 N＝8×4×4×4×3＝1536 种。

步骤六：根据之前确定的设计方向——现代主义风格的办公阅读类台灯，对各要素的形态进行优选。

二、操作流程

本节操作流程以设计项目——某科技公司委托项目团队开发一款鼠标。我们要根据图解思维法中绘制的鼠标思维导图，结合形态分析法对鼠标进行创新。

步骤一：明确有待解决的问题，也就是决定要分析的对象——鼠标。

步骤二：因素分析。根据要解决的问题并结合鼠标的思维导图，列出鼠标的所有构成要素。比如我们可以把鼠标分成外壳、内部结构两个要素，也可分为材料、颜色、功能、人机交互等要素。

步骤三：形态分析。对鼠标所列举的各个因素进行形态分析，运用发散思维列出各因素全部可能的形态，并填写鼠标形态矩阵表（表 3-6）。如按外壳、内部结构要素，外壳要素包括的形态有按键、面盖、中壳、底壳、滚轮。内部结构要素包括的形态有电路板、微动开关、电容、电阻、LED 灯、光学透镜等。

表 3-6 鼠标形态矩阵表

要素	形态 1	形态 2	形态 3	形态 4	形态 5	形态 6

步骤四：形态组合。分别将鼠标各因素的各形态一一加以排列组合，以获得所有可能的组合设想。

步骤五：筛选最佳设想方案。根据新颖性、价值性、可行性等标准来筛选方案。

三、操作技巧

(1)当我们不熟悉创新对象时，前期可用思维导图探索。

(2)选取创新对象的要素和形态要与创新目的有关。

(3)运用此方法最好选取一个元素和形态有限的问题，避免无限度延展，形成过于庞大的解决策略体系。

四、设计挑战——行动派，更自在

我们已经了解了形态分析法的应用步骤，下面请用形态分析法设计一款学校食堂内的饭桌。

设计挑战：为学校食堂设计一款现代主义风格的饭桌。

步骤一：因素分析。查阅资料，列出构成食堂饭桌的要素。

步骤二：形态分析。对列出的饭桌各要素进行形态分析，列出各要素的形态，并填写食堂饭桌形态矩阵表(表3-7)。

表3-7　食堂饭桌形态矩阵表

要素	形态1	形态2	形态3	形态4	形态5	形态6

步骤三：根据"设计一款现代主义风格的饭桌"设计挑战做形态组合。

步骤四：根据美观、实用等标准选择最佳方案。

▶ 第四节　类比法

形态分析法是从创新对象的内部入手，将其分解成不同要素和形态，并组合成新事物，而类比法则是从创新对象的外部入手，将创新对象和其他事物做比较，在比较中找到对象之间的相似点或不同点，在同中求异和异中求同中实现创新。类比法在产品创新、数理化学科知识的构建与归纳中有广泛作用。学习类比法能激发学生的创意，提升其学习效率。

一、要点导图

类比法能帮助团队在其他事物对比中寻找启发和灵感，为创新活动提供了有力的抓手，是适用于发明创造的创新方法。在鼠标创新中，如果我们的创新思维陷入困境，可将鼠标和其他不相干的事物做类比，如将鼠标和戒指做类比，是否能生产一种套在手指上的鼠标？将鼠标和人做类比，是否能生产一种能听懂我们说话的鼠标？通过类比法我们能得到很多创新方案。

(一)类比法的概念

类比法是将两个表面上不相干的事物"生拉硬拽"地放在一起，通过类比产生创造性设想的方法。类比法有直接类比法、亲身类比法、幻想类比法、符号类比法。本节主要讲直接类比法。

18世纪中叶，奥地利首都维也纳有一位医生，名叫奥恩布鲁格。有一次，他给一个病人看病，检查不出病人有什么严重疾病，可是没多久病人却死了。解剖尸体才发现病人胸腔化脓，积满脓水。奥恩布鲁格一心想找到检查这种病症的方法。一天，他看见经营酒业的父亲用手指关节敲叩盛酒的木桶，根据不同的声音估计桶中酒的藏量。奥恩布鲁格的思想豁然开朗，他想：人的胸腔不是很像酒桶吗？能不能也用叩敲的方法去诊断胸腔中是否积有脓水呢？经过多次临床实验，他终于探索出胸部疾病与叩击声音变化的关系，发明了"叩诊"这一医疗方法。

（二）类比法应用场景

应用场景1：项目团队收到一项任务——"某空气净化器生产厂家要增加产品新功能，使其能够进一步改善室内空气的质量，为室内人群提供健康的生活环境"。增加何种功能才能有利于人体健康呢？项目团队刚开始时有些一筹莫展。经过调查，他们发现在海滩湖畔、高山瀑布等有水的地方，空气质量格外好。于是项目团队用类比法将空气净化器和高山瀑布做类比。

步骤一：高山瀑布因为水的撞击产生负离子。

步骤二：将水撞击产生负离子的原理运用到空气净化器中。

步骤三：用电子冲击模拟水的撞击产生负离子。

通过类比，项目团队设计出一个能够除灰、灭菌、消毒，具有延年益寿、消除疲劳的负离子空气净化器。

应用场景2：曾有一家工厂要改进原来生产涂料的配方，使涂料能更好地黏附在白灰墙的墙面上，但试验了许多配方结果都不理想。如果你是该厂的研发人员，应如何用类比法解决此问题呢？

步骤一：首先将自己想象成一滴涂料，刚刚被涂到白墙的表面。

步骤二：感受现在面临的问题。"我在不停跌落，我试图挤到墙里面去，我试图用手抓住墙面，但我找不到任何支撑物，我跌落得越来越快。"

步骤三：通过亲身感受，你知道墙面要有支撑物，同时涂料需要有一双有渗透力、能"插"到白灰墙里的"手"。

步骤四：你会意识到涂料里应有一种溶剂，它能与结合力差的白灰相结合，找到支撑物，同时又能使涂料也渗透进去。

通过将自己和涂料做类比，我们能够亲身感受涂料所处的环境，激发创意，解决问题。

二、操作流程

本节操作流程以创新设计项目——某科技公司委托项目团队开发一款鼠标为例，使用直接类比法对其进行改良。

步骤一：根据要解决的问题，想一想世界上还有什么事物与要解决的问题具有同样的功能。使用鼠标时间久了手容易出汗，尤其是对于手爱出汗的人士而言，满是汗液黏黏糊糊的，鼠标使用体验极差。而能吸收或排除水分的物体有干燥剂、风扇等。

步骤二：干燥剂、风扇等吸收或排除水分的功能是如何发挥的？干燥剂是将极易吸水的材料放在具有良好透气效果的袋子里，吸收空气中的水分。风扇是利用空气流动将水分带走。

步骤三：将这个原理运用到鼠标中。鼠标外壳用极薄透气的材料，内腔中放置干燥剂。鼠标外壳用吸水材料做蒙皮。鼠标内置小型电风扇。

步骤四：完善这个设想。

三、操作技巧

(1)类比的事物之间要存在解决相似或相近问题的方式或方法。

(2)运用类比法时要用逻辑思维的推理和判断。

四、设计挑战——行动派，更自在

我们已经了解了类比法的应用步骤，下面请用类比法创新宿舍内的架子床。

设计挑战：用类比法创新宿舍架子床。

第一步，根据要解决的问题，想一想世界上还有什么事物与要解决的问题具有同样的功能。

第二步，那个事物的功能是如何发挥的(原理)。

第三步，将原理运用到要解决的问题中。

第四步，完善这个设想。

▶ 第五节　奥斯本检核表法

创新只靠冥思苦想是远远不够的，还需要引导和提示。类比法是通过外部事物的提示来激发创意的，奥斯本检核表法则是利用检核表的提示和引导来激发创意。奥斯本检核表法几乎适用于任何类型和场合的创新活动。学习奥斯本检核表法能让我们从多角度、多侧面、多渠道观察和研究问题，克服漫无边际、没有目标地乱想，节约了创新时间，有效帮助我们突破旧框框，闯入新境界。

一、要点地图

奥斯本检核表法以设问的形式强制人们去思考和回答。由于创新的最大敌人是思维的惰性，大部分人的思维总是不自觉地沿着长期形成的思维模式看待事物，对问题不敏感。即使看出了事物的缺陷和毛病，也不积极思考，因而难以有所创新。而提问，尤其是提出有创见的新问题本身就是创新的主要组成部分。检核表法使人们突破了不愿提问或不善提问的心理障碍，在进行逐项检查时，强迫人们扩展思维，突破旧的思维框架，开拓创新的思路。

(一)奥斯本检核表法的概念

所谓检核表法，就是运用制作好的检核表，对问题或创新对象进行设问，从而诞生新设想或提出新的解决方案或方法。最常用的检核表是被称为"创造学之父"的亚历克斯·奥斯本提出的，他从 75 个激励思维的思考角度，分成 9 个方面编制出的检核表，以此作为人们进行创造性设想的工具。如表 3-8 所示。

表 3-8　奥斯本检核表

序号	检核项目	具体提问内容	案例
1	有无其他用途	现有的东西(如发明、材料、方法等)有无其他用途?保持原状不变能否扩大用途?稍加改变,有无别的用途?	夜光粉是一种用量少、用途不算广的发光材料,过去多用于钟表和仪表。后来人们扩大了它的用途,设计出了夜光项链、夜光玩具、夜光壁画、夜光钥匙扣、夜光棒等。还有人制成了夜光纸,将其裁剪成各种形状,贴在夜间或停电后需要指示位置的地方,如电器开关处、火柴盒上、公路转弯处、楼梯扶手上等
2	能否借用	能否从别处得到启发?能否借用别处的经验或发明?外界有无相似的做法,能否借鉴?过去有无类似的东西?有什么东西可供模仿?谁的东西可供模仿?现有的发明能否引入其他的创造性设想?	建房时,要安装水暖设备,经常要在水泥楼板上打洞,既慢又费力。山西省的一位建筑工人设想用能烧穿钢板的电弧机来烧水泥板,经过改造,发明了水泥电弧切割器,在水泥上打洞又快又好。再如,泌尿外科医生在泌尿科中引入了微爆破技术消除肾结石,就是借用了其他领域的创新
3	能否改变	现有的东西是否可以做某些改变?改变一下会怎么样?可否改变一下形状、颜色、音响、味道?是否可以改变一下意义、型号、模具、运动形式?改变之后,效果又将如何?	1898 年,亨利·丁根把滚柱轴承中的滚柱改成了圆球,发明了滚珠轴承,大大降低了摩擦力
4	能否扩大(放大)	现有的东西是否可以扩大使用范围?能不能增加一些东西?能否添加部件,拉长时间,增加长度,提高强度,延长使用寿命,提高价值,加快转速?	在两层玻璃中间加入某些材料,就制成了防弹、防震、防碎的新型玻璃
5	能否缩小(省略)	缩小一些怎么样?现在的东西能否缩小体积,减轻重量,降低高度,压缩,变薄?能否省略?能否进一步细分?	一家儿童用品商店为了扩大营业额,就让每位营业员出主意。一位营业员利用"缩小"的技巧,想到将玩具柜台改成"儿童型号"的,即比普通的柜台矮一半。这样做,虽然营业员取放东西不方便,但能吸引孩子们挑选玩具,可以促进玩具的销售
6	能否代用	可否用别的东西代替?由别人代替?用别的材料、零件代替?用别的方法、工艺代替?用别的能源代替?可否选取其他地点?	瓶盖里过去是用橡胶垫片,后改为低发泡塑料垫片。节约了橡胶,降低了生产成本

续表

序号	检核项目	具体提问内容	案例
7	能否调整	从调换的角度思考问题。能否更换一下先后顺序？可否调换元件、部件？是否可用其他型号？可否改成另一种安排方式？原因与结果能否对换位置？能否变换一下日程？更换一下，结果会怎么样？	房间内家具的重新布置，商店柜台的重新安排，营业时间的合理调整，电视节目的顺序变动，车间机器设备的布局调整等都可能产生更好的结果
8	能否颠倒	从相反方向思考问题。倒过来会怎么样？上下是否可以倒过来？左右、前后是否可以调换位置？里外可否调换？正反是否可以调换？可否用否定代替肯定？	合页铁片门闸在不少场合需要使用，但它有一个缺点，就是如果门闸没有被好好固定在门后面，而是伸出来，在出入门口的时候往往容易伤到人。如果让门闸的合页呈45度角安置。如此一来，当门闸被打开之后就会自然落下，而不是伸出来了。一个小小的设计就能让生活中的小麻烦迎刃而解
9	能否组合	从综合的角度分析问题，组合起来怎么样？能否装配成一个系统？能否把目的进行组合？能否将各种想法进行综合？能否把各种部件进行组合？	座椅和轮子组合成轮椅，鞋和轮子组合成轮滑鞋

（二）奥斯本检核表法应用场景

应用场景1：项目团队收到一项任务——"设计一款安全可靠的婴儿指甲刀"。收到此项任务后项目团队找到婴儿的父母进行访谈，从访谈中得知现在的指甲刀存在几个问题，比如指甲刀刀刃过大，不适合婴儿指甲的尺寸，容易伤到婴儿；剪指甲时婴儿会感到害怕；指甲刀捏握不方便，给父母造成心理压力等。根据调研信息，项目团队拿出奥斯本检核表，通过设问的方式激发起创意。

（1）能否缩小？缩小指甲刀刀刃，使其符合婴儿手指大小。

（2）能否改变？改变指甲刀颜色、材质、配图等，降低婴儿对指甲刀的恐惧感。改变指甲刀的形状，使其容易捏握。

（3）能否扩大？增加修手表师傅佩戴的寸镜，看清婴儿的指甲。

……

通过调研和使用奥斯本检核表法，项目团队可以在短时间内得到大量创意。

应用场景2：项目团队收到一项任务——"为老年人设计一款新型淋浴设备"。接到任务后项目团队考察了市面上常用的淋浴设备，并对老年人进行了访谈，了解到老年人淋浴时的痛点，之后用奥斯本检核表法开启创新之旅。

能否借鉴：借鉴轮椅外形，设计出坐着就能淋浴的设备。

能否改变：改变手持喷头的材质，使其更容易握持。

能否扩大：增加安全扶手系统，增加急救功能或急救按钮。

能否缩小：增加流速，缩小水流，节约用水。

能够组合：将吹风系统组合并应用到淋浴设备中。

······

奥斯本检核表法为项目团队提供了新的思路，创意也随之而来。

二、操作流程

本操作流程以创新设计项目——某科技公司委托项目团队开发一款鼠标为例，使用奥斯本检核表法对其进行改良。

步骤一：根据创新对象明确需要解决的问题——开发一款鼠标。

步骤二：根据需要解决的问题，参照表中列出的问题，运用丰富的想象力，强制性地一个个核对讨论，写出新设想。

是否有其他用途？ _____

能否借用？ _____

能否改变？ _____

能否扩大（放大）？ _____

能否缩小（省略）？ _____

能否代用？ _____

能否调整？ _____

能否颠倒？ _____

能否组合？ _____

步骤三：对新设想进行筛选，将最有价值和创新性的设想筛选出来。

三、操作技巧

(1)要联系实际一条一条地进行检核，不要有遗漏。

(2)多检核几遍，效果会更好，或许会更准确地选择出所需创新、发明的方面。

(3)在检核每项内容时，要尽可能地发挥自己的想象力和联想力，产生更多的创造性设想。进行检索思考时，可以将每大类问题作为一种单独的创新方法来运用。

(4)检核方式可根据需要，一人检核可以，三至八人共同检核也可以。集体检核可以互相激励，产生头脑风暴，更有希望创新。

四、设计挑战——行动派，更自在

我们已经熟悉了奥斯本检核表的内容和应用步骤，下面请用奥斯本检核表法改进电风扇。

设计挑战：用奥斯本检核表法改进电风扇。

(1)根据创新对象明确需要解决的问题——改进电风扇。

(2)根据需要解决的问题，参照表中列出的问题，运用丰富的想象力，强制性地一个个核对讨论，写出新设想。

(3)对新设想进行筛选，将最有价值和创新性的设想筛选出来。

课堂 反思

1. 是否启发了自身的创新意识？
2. 是否熟悉运用不同方式创新方法的流程？
3. 是否具备用创新方法解决实际问题的能力？

课外 实践

用列举法列举自拟创业项目竞品的优缺点

列举法是分析产品优缺点的常用方法，因简单实用备受从业者的青睐，请用本章所学内容，列举出自拟创业项目竞品的缺点、希望改进点，为自己创业项目的产品设计提供灵感。

第四章 创业者与创业团队

学习目标

知识目标：了解成功创业者的基本特点及创业者需要具备的能力；认识创业团队，掌握创业团队的组建原则及团队成员的角色定位。

能力目标：熟悉精益创业过程，能够利用精益创业实现优质创业；能够组建创业团队，合理分配股权，并具备处理创业团队问题的能力。

素质目标：激发团队的合作意识，认识到团队协作在创业、生活、工作中的重要性。

案例导入

杨安仁：奔跑在共"桐"富裕的道路上

杨安仁，鲁东大学 2017 级农学学士，贵州省青联委员，黔南州政协常务委员、中国林业乡土专家、农业农村部双创导师、贵州省龙头企业协会副会长、贵州鸿发生态农业科技有限责任公司董事长，贵州亚鸿投资开发管理有限公司执行董事。1992 年，杨安仁出生在贵州省黔南布依族苗族自治州独山县兔场镇东泥村。这个四面环山、交通闭塞的小山村，因得天独厚的地理环境和适宜的气候条件，成为中国种植油桐树的天然林场。

2013 年 9 月，杨安仁被鲁东大学农学院植物生产专业录取。步入大学校园后，他愈发理解了知识的重要性，也找到了奔跑的方向和方法。

在校期间，他把自己的生活安排得紧张有序：学院实验室里常常有他挑灯夜战、潜心钻研的身影；学校开设的创新创业和经济管理课堂上，时常能够看到他与老师及同学们交流探讨的身影；校内、校外组织开展的各类竞赛场上，也常有他顽强拼搏、奋勇争先的身影。

"他每天雷打不动地要拿出两个小时上网浏览新闻和投资信息，一旦让他知道老师要参加某些论坛、活动，他就会软磨硬泡跟着老师去参加。"杨安仁就读期间的班主任张娟介绍说。

学习和活动之余，杨安仁一直牵挂着老家的油桐基地。隔几天就会与父亲及员工进行业务联系，了解油桐基地的生产情况，探讨公司的发展问题。每年的寒暑假返校时，他的行李箱里总是装着油桐基地的土壤和油桐果，他要带回学校进行检测分析，然后再根据分析结果请教老师有的放矢地对基地进行改进管理。

大学期间，杨安仁的专业课成绩在班上位居前三，并且他加入了中国共产党，多次获得山东省政府和学校颁发的奖学金；他的项目团队获得了鲁东大学颁发的 10 万元创业奖；获得了"创青春"全国大学生创业大赛金奖、山东省"齐鲁最美青年"荣誉和山东省高校"十大优秀毕业生"提名奖……

"大学实行的应用型人才培养模式，给我的创业指定了航向：有了知识和技术，企业才能战胜前进道路上的艰难险阻，才能实现从劳动密集型向科技密集型的蜕变。"杨安仁这样概括自己大学四年的收获。

2017 年 6 月大学毕业，杨安仁婉拒了国内多家大公司的高薪聘请，他说"家乡的山水养育了我，我就要把学到的知识服务于家乡和人民。"回到家乡，杨安仁又一头钻进了油桐林，看长势、查病因、找对策……毕业四年多来，他带领自己的团队重组了公司油桐产业架构，建立了自主选育优良品种、规模化栽培、加工及研发等集于一体的油桐产业化链条。

为带动更多山区农民增产、增收和增强区域经济发展，杨安仁在充分调研的基础上，因地制宜地重新调整了油桐产业布局和经营模式，基地从贵州扩展到相邻的重庆、四川、湖南等地，经营模式也由过去单一的企业自建，转变为企业自建、社企共建、农企共建、农民自建等多种经营模式。在一些基地实行了新模式：由村农业合作社协调流转村集体及个人荒山，以土地形式入股，公司负责资金、技术和托管。每年公司除向村集体经济提供固定的土地租金外，还会再给予最高 20％的分红。所建基地基本实现了荒山亩产收入过万元的目标，当地山区的农民真正成为土地的主人、企业的工人、投资者三重身份合一的现代新农人。

杨安仁将家乡及周边一座座荒山变绿变宝，不仅解决了近 4000 名少数民族地区山区农民的就业问题，带动了 2000 余户农户脱贫致富，还建成了拥有 236 个品种的全国最大的油桐种质资源库，2020 年开始承担建设 15 万亩的国家油桐生物产业基地的重大任务。

如今的杨安仁有了更为长远的发展目标与规划，"把贫瘠的家乡变成大美贵州的典范，让家乡的父老乡亲脱贫致富，共同走上富裕的小康之路，是我们新时代青年的责任与担当，也是我回乡创业的动力所在"。

（有删改）

▶ 第一节　创业者概述

一、创业者的基本特点

通常情况下，我们会用一些指标来衡量成功的创业者，希望找到成功的要素，比如学历、性格、经验、家庭背景等，结果发现规律性不强（图 4-1）。

学历方面：有高学历博士、硕士创业成功的例子，也有很多低学历人士创业成功的例子。有的人可能是初中毕业、高中毕业就创业成功了。

性格方面：是不是外向性格更容易成功，内

> 成功的创业者没有一定之规，任何人创业都有成功的可能。

图 4-1　成功创业者

向性格不容易成功？也不是，很多创业者其实性格比较内向。

经验方面：通常我们认为，有经验创业似乎更容易成功。但是乔布斯在大学阶段就辍学开始创业了，比尔·盖茨也是在大学期间创业的，他们并没有经验，照样取得了成功，这说明经验并不是取得成功的必要条件。

家庭背景方面：家庭条件很好的创业者，是不是更容易成功呢？也不是，现在活跃的很多成功的企业家都是普通家庭出身。

区域方面：创业者无论来自城市还是农村，无论发达还是贫困，同样都有成功的例子，因此也没有规律可循。

以上事例说明，任何人创业，都有成功的可能。不要被某些因素限制了自己的手脚。

但成功的创业者在心理与行为上也具有许多共同的特点。

（一）强烈的欲望，积极的心态

强烈的成功欲望是创业的最大推动力，是衡量一个人是否适合成为创业者的最明确指标。而心态，尤其是关键时候的心态，导致了人生道路巨大的差异。积极的心态和创造精神使创业者能充分发挥潜能，不被束缚。

（二）充分的自信，敢于冒险

古今中外，凡是智能上有所发展、事业上有所成就的人，都有一条成功的秘诀——对自己、对前途充满乐观和自信。成功的创业者往往有这种必胜的坚定信念：如果我认准这条道路并为之奋斗，那就一定能够实现。富有胆识，是每个成功创业者都有的一种特质。而敢于承担风险，并不等于盲目冒险，他们乐于接受挑战，并从克服困难中获得无穷乐趣。

（三）坚韧的毅力，足够的耐心

创业之路充满风风雨雨，所有的企业都会出现这样或那样的问题，也都有令人不满意的时候（图4-2）。在成功之前，要忍受种种炼狱，成功的企业家都有锲而不舍的精神，有克服困难的决心。纵观每一个成功企业的创业史，无一不是在创业者的领导下，经历了一次次的失败后建立起来的。能够持之以恒地解决问题，是成为成功创业者的关键因素。从实践中获得经验教训，并耐心地找寻新的机会是成功创业者必备的能力。

图4-2　创业之路

（四）开阔的眼界，敏锐的反应

广博的见识，开阔的眼界，可以使创业者少走弯路。创业者开阔眼界的方法包括：职业接触、阅读、行路和交友。在这些过程中，他们凭借自己敏锐的感官，迅速捕捉到外界的变化，从而对商业机会做出快速反应。

（五）把握趋势，明确方向

顺势而为会使创业事半功倍。成功的创业者都很注意研究政策，这是为了明大势；市场的潮流脉动是中势，它直接决定了创业的成败；个人的能力、性格、特长是小势，也直接影响着创业方向的选择。

(六)善借资源，懂得分享

创业者的素质与能力，外在地表现在其建立和拓展资源的能力方面，其中最重要的一点是构建人际网络或社会网络的能力。为此，他们都懂得与他人分享的道理，即算大账的人做大生意，干大事业；算小账的人则只能做小生意，干小事情。分享不仅是财富的分享，更是智慧的分享。成功的创业者在依靠自己的同时并不排斥必要的时候向银行专家、会计或商业顾问等外部资源寻求帮助。能够听取别人的建议也是创业者的重要特征。

(七)坚持学习，经常反省

反省其实是一种学习能力，反省的过程就是学习的过程。大部分创业成功者在智力上并没有超常之处，但他们有一个共同之处，就是都非常善于学习，非常勇于进行自我反省。创业的过程中经常会遇到各种新局面、新问题，必须不断学习才能够应对。

(八)勇于创新，出奇制胜

创业者的智慧可归结为不拘一格，出奇制胜。他们永远不满足现状，总是追求更好的产品、服务，更低的成本，总是能够采取一些出乎常人意料之外的行动来战胜竞争对手。

(九)诚信有担当，富有责任感

一个人在履行自己诺言的时候所表现出的诚实、公平交易以及可靠等品质是成功创业者的一个重要特质。诚信的人才会赢得别人的信任。而有担当的人才能得到团队的支持，富有责任感才能把创业作为自己的事业，不短视，不被小利所干扰。面对企业，创业者需要在时间、资金以及生活方式上完全投入，只有具有高度的责任感才能够做到。

(十)善于利用时间，做事脚踏实地

对创业者来说，"时间就是金钱"这句话最贴切不过。创业者需要处理的事务是千头万绪、纷乱复杂的，如果不善于管理时间，把宝贵的时间浪费在无聊琐碎的事情上，必然会错失发展的良机。脚踏实地做事，不把精力分散在虚空的口号之上，也是成功创业者的重要素质。

二、创业者的能力框架

创业是一项具有挑战性的社会活动，是对创业者综合能力的一种全方位考验。创业者能力是指作为创业者应该具有的工作能力，一般是创业者通过教育、培训或在实践工作中通过工作经验的积累而获得的。创业能力是实施创业和决定创业能否成功的关键。现代社会，竞争日趋激烈，一个人能否在竞争中占据优势、成功创业，在一定程度上取决于其所拥有的或者能够运用的各种能力。不同学者对创业者应该具备能力的理解也不尽相同。

全球创业观察报告将创业者的能力归纳为：(1)创办企业的经验；(2)对机会的捕捉能力；(3)整合资源的能力。

彼得·德鲁克认为创业者应该具备的八种能力包括[①]：(1)开创企业的能力；(2)运行企业的能力；(3)及时识别和评价创业机会的能力；(4)积累和运用知识及技能的能力；(5)整合资源的能力；(6)评估和防范风险的能力；(7)创新能力；(8)团结和鼓励团队成员的能力。

多尔夫和拜尔斯认为创业者和创业团队应该具备的十二种能力包括：(1)在所从事的创业领域具有天赋、知识和经验；(2)寻求具有高风险和高回报的创业机会；(3)能够及时在短时间内识别创业机会；(4)创造性地探寻问题或需求的解决方案；(5)能够将机会转化为切实可行的企业；(6)希望成功，成就导向；(7)能够快速适应模糊不清、不确定性的情况；(8)可以灵活地适应环境和竞争者的变化；(9)可以评估和防范创业风险；(10)为员工和合伙人创建企业愿景；(11)招聘、培训具有洞察力的人才；(12)推销自己创意的能力，具有广泛的潜在合作伙伴。

小斯蒂芬·斯皮内利等人认为创业者区别于其他人，应该具备的核心能力和特征主要包含的七个方面为：(1)勇气和胆量；(2)责任感和决策能力；(3)领导力；(4)机会识别能力；(5)容忍风险、模糊和不确定性的能力；(6)创造力、自主能力和适应力；(7)超越别人的动机。

毕海德将创业者的品质特征分为创业倾向、适应性调整能力和获取资源的能力。张玉利等人将创业技能从中分离出来，主要包含：(1)控制内心冲突的能力；(2)发现因果关系的能力；(3)应变能力；(4)洞察力；(5)销售技巧。

李家华等人将创业者必备的能力总结为六点，具体包括：(1)创新能力；(2)学习能力；(3)合作能力；(4)经营管理能力；(5)分析决策能力；(6)人际交往能力。

通过以上专家学者对创业能力的综合分析，我们整理出创业者的能力框架，框架包括与个人心理特性相关的个人内在能力(第1~3项)及与企业创建和运营相关的实践能力(第4~12项)，如表4-1所示。

表4-1 创业者能力框架

序号	创业者能力	创业者能力表现
1	责任感和领导力	具有主人翁意识，愿意承担企业管理重任，具有牺牲精神，对企业、员工和利益相关者负责，具有领导者的魅力和威信，诚实、可靠、令人信服，快速学习，积极主动，不怕失败
2	分析决策能力	能够系统分析，归纳总结，注重细节，果断决策
3	人际交往能力	善于交际和公关，能够妥善处理企业与各利益相关者(员工、合作伙伴、股东、用户、供应商、政府部门、竞争对手等)的关系
4	对市场的洞察力	善于观察，对市场和环境变化敏感，善于发现问题和用户需求，能快速捕捉到市场机会和威胁
5	评价创业机会能力	能够理性地评价商业机会，决定是否进入或退出

---

① 彼得·德鲁克. 下一个社会的管理[M]. 蔡文燕，译. 北京：机械工业出版社. 2006.

序号	创业者能力	创业者能力表现
6	创造性解决问题能力	思维开放，水平思考，不受固有模式和习惯束缚，敢于突破创新，主动解决问题，提出创造性解决方案
7	建立企业发展愿景	能够制订企业发展规划，确定企业发展目标，让员工和合伙人明确企业愿景并为之付出努力
8	应对模糊、不确定性的能力	能够容忍初创企业的组织结构缺陷，灵活应对环境、市场、人员及竞争对手的变化，灵活快速调整解决方案
9	评估、防范和治理创业风险力	能够预计创业可能发生的风险，对风险进行评估，寻求风险分摊方案，使风险最小化，承担可能发生的风险
10	团队合作和管理能力	组建初始创业团队，合理分工，鼓舞他人，分享责任和财富
11	营销创意能力	懂得销售技巧，具有营销能力，能够吸引潜在的用户和投资者
12	资源整合能力	具有综合协调能力、整合能力，能够引进人才和资金等能力

三、创业者如何创业

创业者如何创业？这是每个创业者及未来要创业的人需要思考的问题。创业者首先要做的就是去发现市场，因为只有发现市场上有哪些没被满足的需求，你才会有一个"我做什么产品来满足这种市场需求"的点子。有了这个点子之后，创业者就要组建创业团队并进行外部调查，看看别人是怎么做的，然后再设计产品。

创意只是一个想法，需要通过设计，把产品做成一个实体；如果是服务产品，则要做成一套服务交付系统，然后设计商业模式并实施创业项目。

(一)发现创业机会

首先，创业者要善于发现创业机会。创业者可以通过实际观察，发现市场上未被满足的需求。也就是说，市场上有需求，但是没有人提供相应的产品或服务。比如新开发的一个小区，很多居民没地方买早餐，那么在附近开家小店供应早点，可能就是一个好创意。另外，创业者还可以通过发现现有产品的不足来发现创业机会，也就是说，虽然市场上有产品，但是产品本身存在很多不足。

其次，创业者要对产品或服务进行构思。创造一种什么样的产品或服务呢？比如，最开始的网上联系是通过发邮件，后来出现了群聊社区，这样大家就都能看见聊天信息，但这种方式不太方便，需要在电脑上操作，而且要在线才能看到。后来4名以色列青年开发了在线聊天工具ICQ，马化腾看到了机会，他意识到中国人也有需求，就创立了即时通信软件OICQ，后来取名QQ，用小企鹅做图标，便立即风靡全国。产品与服务创意，是创造产品与服务的一个概念，即用什么样的产品与服务形式、在什么样的场景中满足用户需求。

(二)组建创业团队与股权设计

创业团队的组成，包括研发、营销、生产、财务等方面的合伙人。这些人应该怀有共同的理想和目标，能力是互补的。创业初期股权设计应综合考虑股东人数、股权比例的确定、出资还是技术入股等多种因素。

(三)进行外部调查

经过产品与服务创意，创业者就会对自己要做的事情形成一个初步的概念，接下来就需要对同类产品、市场、行业与消费者进行调查，即调查这个市场有多大，其他公司是怎么做的，消费者是否能够接受。

首先，要进行同类产品调查，看看市场上是否有同类产品。如果有，现有产品的功能、质量、价格、销量等怎么样？我们能否比现有产品做得更好？如果市场上没有，那么用户是否愿意接受我们的新产品？

其次，要进行市场调查，包括市场容量、市场分布、市场特征(图4-3)。比如某创业者想做一个酒类品牌，先调查我国酒类市场情况，或是目标区域的酒类市场有多大；可以按白酒、红酒、啤酒等类别划分，每一类又分高端、中端、低端，分别调查大概的容量。接着调查市场分布，包括地理区域分布、人的性格特征分布、使用单位性质分布等，比如公司用、学校用、医院用，还是别的地方用等。通过市场分布调查情况来了解市场特征，能够为后期的明确市场定位和销售对象提供指导方向。

图4-3　市场调查

再次，要进行行业调查，了解同行是否有相同或类似的产品，他们是怎么做的，为我们以后参与行业竞争做准备。比如白酒，在生产方面，有的酒厂自己酿造，有的则勾兑；在销售方面，有的酒厂建立起自己的直销渠道，有的在各地发展经销商。

最后，需要进行消费者调查。消费者群体在哪里？消费者的期望是什么？消费者看到我们的产品会有什么反应？消费者以前有什么不满意的地方？我们的产品还有什么不足的地方？这些都是我们要进行调查的内容。

(四)开发产品

要想设计出市场上认可的产品，首先，创业者需要了解产品的整体概念，设计产品的技术方案。对于服务产品，则需要进行服务包与服务蓝图设计。其次，创业者要进行产品定位，制订详细的产品研发计划。产品定位设计，就是借鉴他人的经验设计产品，综合市场、行业和用户的意见，清晰描述产品的定位。只有比别人做得更好，才能满足用户的需求，才能同市场上现有的产品进行竞争，这就是产品定位。定位功能包括卖点、价格、消费者心目中的地位等，只有合理的定位，才能把想法变成具备竞争力的产品或服务(图4-4)。

我喜欢你这个模型，我要买它

图4-4　开发消费者喜爱的产品

(五)设计商业模式与营销规划

创业者的产品有市场，质量比同行更好，那么用什么样的商业模式呢？传统的模式是产供销，这是最常用的模式，但这种模式往往有很多局限性，如占用资金比较大，消费者对价格比较敏感。能不能用别的模式呢？比如创立淘宝网，其实一开始的目的不是卖东西，而是为供需双方提供交易平台，有几百万商户在上面开店，每天有几亿人在淘宝网上买东西。后来，依靠巨大流量衍生出了海量需求，最终攫取巨大的利润。

创业者还要设计如何把产品卖给消费者，这就是营销规划。有人需要你的产品，但是中间需要有渠道。是直接给消费者打电话，还是通过代理商进行销售，用什么样的形式做广告、做促销等，这都是营销系统需要规划的问题。

(六)实施创业项目

创业者在拥有创业的想法、经过调查、进行规划设计之后，常常需要对创业项目的各个环节做出一份计划安排，便于清晰了解创业目标，这就是商业计划书。商业计划书是寻找投资人获得资金支持、寻求合作伙伴的重要依据。

近年来，各种创业大赛很多，创业项目参加比赛，可以提高知名度，得到专家的指导，甚至能获得投资人的青睐。上述工作完成之后，就可以建立公司，开始商业运营了。注册公司就是去工商、税务部门登记注册，让公司成为一个合法的经济组织。在注册公司的过程中，要确定哪些人是股东、谁做法定代表人、股权结构是什么、公司组织结构如何等。初期运营，就是让公司产、供、销运转起来。这个阶段公司规模还很小，很多规章制度都缺乏，这也是最容易出现问题的时候，创业团队要密切配合，保持高度的警惕，渡过初期运营的难关。

四、创业者如何实现优质创业

根据对近几届大学毕业生就业情况的调查发现，创业者尤其是大学生创业者创业的成功率一般不超过10%，这是值得高校大学生创业者重视的问题。创业者如何实现优质创业？能否有一种低风险、高效率的创业模式呢？而精益创业可能是实现优质创业的路径之一。

精益创业(lean startup)的概念是由美国埃里克·莱斯率先提出的一种关于初创企业创业、创新和产品的创业理念[①]，它包含两个重要内容：价值假设和最简化可实行产

品。目前，国家大力提倡大学生创新创业，对于经验不足、资金短缺、人脉单薄的大学生来说，精益创业的思想可以极大地弥补大学生创业的短板，提高创业的成功率，实现优质创业。

埃里克将精益创业提炼为一个反馈循环：想法—开发—测量—认知—新的想法(图4-5)。

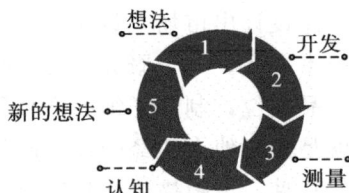

图4-5 精益创业步骤

从这种模式中我们可以看出，从想法到开发，就是要把想法变成一种产品，这种产品相对比较精简，需要耗费的成本也比较低，但能够体现想法的核心。当这种简单模型的产品得到消费者的认可后，就需要对产品进行不断地测试和优化，根据消费者的不同需求，做出精致的产品。产品出来后，就是要不断地把这种产品和企业文化打造出来，做到别人对这个产品有一定的认知，然后再不断生产新的想法和产品。

---

① 埃里克·莱斯. 精益创业[M]. 吴彤，译. 北京：中信出版集团. 2012.

(一)愿景/假设

愿景也可以说是最初的创意想法,当我们发现了一个个社会痛点,并意欲改变或消除这个痛点时,我们大脑里呈现出来的创意"想法"就是我们理想的"愿景"。大学生的愿景是非常丰富的,但是很多时候我们的"愿景"能否经得住考验,是否真正适合研发并推广却是非常可疑的。愿景是伟大的还是愚蠢的,只有在一步步地实现后才能知道。任正非有这样一个观点,即正确假设—正确方向—正确思想理论—正确战略—正确行动,它们是一脉相承的,如同链条一般环环相扣,脱离任意一环都不行。所以,假设很关键,它是很多创业者所面临的最大的挑战。

"今夜酒店"创始人任鑫认为,创业的路途都是曲折的,但改变思维和方法,则会减少不必要的风险。如图4-6所示,从最初的想法A到达自己的理想地B,需要不断地探索和调整,如果偏执于自己的"愿景",则会像直线那样,浪费更多的时间、精力和财力。如果按照曲线的路径,发现问题及时调整,则会节省时间,降低成本,高效率完成创业。没有愿景当然也不可能。无论是创业的原始动力,还是路途中

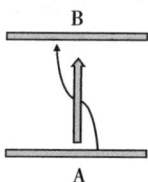

图4-6 创新型企业应用精益创业思考曲线图

的坚持,都需要愿景来支撑。"精益创业"对于创业者的建议:实践是检验愿景的唯一标准。将愿景拆分成一个个假设:用户是否有此需求?用户是否愿意为此需求买单?你提供的产品是否能满足客户的需求?你的营销方式是否为最佳方式?

(二)MVP——最简可行产品

通过 MVP 检验你的假设。成功则继续,失败则调整甚至转型。用最快、最简明的方式建立一个可用的产品原型,这个原型要表达出你最终想要的产品效果,然后通过市场检验,快速迭代调整产品。我们的愿景总是美好的,市场调研的结果可能达到自己的预期,但是当你要大批量投入生产时,精益创业要提醒你不能闭门造车、脱离市场,要时时关注外界的变化,根据反馈不断调整。

精益创业产品验证的三个步骤,第一步:根据问题寻找解决方案。找到问题是至关重要的,尤其是核心问题,然后就是围绕这个问题去寻找解决方案,寻找最佳、最优的方案。第二步:确定产品和匹配市场。根据我们的产品寻找相应的市场。第三步:扩张。在市场和产品已然匹配的基础上,对 MVP 进一步优化。

综上可知,对于大学生创业,精益创业的思维是必不可少的,可在经验及资金的短缺下实现优质创业,为日后的发展奠定坚实的基础。

课堂活动

给创业者画像,展示其创业精神

组成学习小组,采访三个成功的创业者,了解他们是如何用创业思维识别商机,战胜困难,取得创业成就的。根据你的了解和心中的印象,为他们画一幅可体现他们创业精神的画像(图4-7)。

姓名：
兴趣：
性格：
遇到的挫折：
创业动机：
创业感悟：
危机应对：

图 4 - 7 创业者画像

然后，将其创业故事写成不少于 1000 字的案例故事，结合他们的创业企业和个人成长故事做出 PPT，分享给其他小组同学。

▶ 第二节 创业团队组建

一、认识创业团队

创业团队，就是由有技能互补、责任共担、目标共同、能做到利益让渡的人组成的特殊群体。

创业团队需要具备五个重要的团队组成要素，分别是以下五点。

(一) 目标

创业团队要有共同的目标，为团队成员明确创业方向，指引创业道路。没有目标，创业团队就失去了存在的价值。

(二) 人

在创业团队中，人是核心要素，人力资源是所有创业资源中最活跃、最重要的资源。应充分整合创业者的各种资源，提升创业者的能力，从而将人力资源转化为人力资本。

(三) 定位

创业团队的定位包含两层含义：(1) 创业团队的定位。创业团队在企业中处于什么位置，由谁选择和确定团队的成员，谁是创业团队的最高领导，创业团队以什么方式激励员工？(2) 个体 (创业者) 的定位。作为成员在创业团队中的职责，是宏观指导还是具体执行？是大家共同出资，委派某个成员参与管理，还是大家共同出资，共同参与管理，或是共同出资，聘请第三方 (职业经理人) 管理？在创业实体的组织形式上，是合伙企业还是股份制企业？

(四) 权限

创业团队中领导者权力大小与其团队的发展阶段和创业实体所在的行业相关。一般来说，创业团队越成熟，领导者所拥有的权利相应越小，在创业团队发展的初期阶段，领导权相对比较集中。

(五)计划

计划有两层含义:(1)目标最终的实现,需要落地的行动方案,可以把计划看成达到创业目标的具体工作流程。(2)按计划进行,可以保证创业团队的顺利运行。只有根据计划有效实施,创业团队才会逐步接近目标。

一般来说,创业团队构成的要素之间相互影响、相互作用,缺一不可。它包括以下四个方面的含义。

1. 创业团队有共同的价值观、统一的目标和标准

这是组成创业团队的基础,创业团队必须为共同的目标奋斗,并有共同或相近的价值观,这样组成的创业团队才有凝聚力、战斗力。缺乏一致的目标和共同的价值观,即使能组建创业团队,也难以形成凝聚力,缺乏战斗力。

2. 创业团队成员负有共同的责任

有了统一的目标和价值观后,创业团队成员还必须共同努力、共同负责,逐步去实现创业目标。

3. 创业团队成员的才能互补

这是组建创业团队的必要条件。当创业团队成员的知识、能力可以互补时,才能达到"1+1>2"的效果。如果创业团队成员的知识、能力趋同,组建团队就失去了意义。即使组成了团队,也不能形成互补效应,甚至会限制某些有能力的人发挥作用。

4. 创业团队成员愿为共同的目标做出奉献

这是创业团队能否取得成功的关键。创业团队成员除了有责任心外,还要有甘于奉献的精神和行动,这样才能成为企业的核心,逐步实现创业目标。

二、创业团队的优势

有关研究表明,目前大多数新创企业都是团队创办的,而从创业绩效看,团队创业无论是创业成功率还是创业企业的经营绩效,都比个人创业要好得多。团队创业与个人独自创业相比,具有以下优势。

(一)异质优势

创业团队是由两个或两个以上的成员组成,每个成员的知识、经验、能力、行为与思维方式等特质都存在差异,这就是创业团队的异质性。创业团队成员各有各的优势和劣势。创业团队与个人创业者相比可以实现优势互补,同时可实现规避和弥补成员个体的劣势与不足。创业团队可发挥团队合力,解决个人解决不了的问题,实现个人实现不了的目标。创业团队的异质性优势,是相对于个人独立创业的根本优势(图4-8)。

(二)决策优势

创业过程中,需要不断做出对创业产生不同影响的各种决策。个

图4-8 异质优势

人创业者进行独自创业的最大风险，来源于个人的决策风险。创业团队的决策模式是团体共同决策的模式。团体决策模式可有效规避因个人决策信息不全、思考不周等带来的不利影响，发挥集体智慧和知识、经验、信息等优势，决策过程和决策结果更合理、更科学。团队创业与个人独立创业相比，具有明显的团队决策优势。

(三)资源优势

通常来说，创业资源越多对创业越有利。创业团队成员因背景不同，各自拥有不同程度、不同类别的人脉资源、信息资源、资金资源、技术资源和品牌资源等。创业团队往往比个体创业者拥有的资源更多、更广和更为丰富，资源在结构上更为全面、合理，其资源获取和整合的渠道方式也更多。另外，创业团队通常更容易获得外部资源，更容易整合到更多创业所需的资源，

图 4 - 9 资源优势

也更容易发挥资源整合的效应，实现更高效利用资源的作用和价值(图 4 - 9)。

(四)协同优势

创业活动是一项系统复杂的实践工程，需要各方面工作的协调推进。创业团队的工作协同，由于其职能划分更细、更科学，工作绩效也更高。协同机制可以充分发挥各自的优势，在实现工作更专注、专业的同时，还有利于实现团队的协同创新，解决更复杂的问题，完成更艰巨的任务目标。创业团队的协同工作平台和机制，是个人独立创业不可能实现的。因此，团队创业与个人独立创业相比，具有协同优势。

(五)心理优势

创业团队，在相互信任的基础上，通过成员之间的相互影响、相互激励，可营造出积极进取的心理氛围，更有信心和毅力完成创业目标。特别是在面对创业困难、挫折、障碍和压力挑战时，由于团队成员之间可彼此依靠，相互宽慰，共同分担，因而个体的心理压力较小且容易疏散。创业团队的整体心理稳定性更强，心理压力承受能力和韧性更强。因此，创业团队可有效应对创业压力和危机，抵挡更大的压力和风险，可坚持得更久。创业团队相较个人独自创业者具有心理能量更强大的优势。

(六)风险优势

创业过程中充满风险与挑战。由于创业团队是集体共同承担风险，因此，创业团队的风险承担能力更强。创业团队与个人创业者相比，可构建更为完善的创业风险预防与管理机制，建立起更全面的创业风险防范体系。通常来说，创业团队要比个人创业者更易发现创业过程中存在的各种不确定性风险因素，实现更早识别创业风险，并通过团队决策和力量，制定出更优的风险管理方案，从而降低风险的发生率和损失率。

(七)发展优势

通常来说，团队能力与绩效会远远大于个人。团队创业的天花板要远远高于个体创业，也就是说，团队创业具有更大的发展潜力。创业团队通过努力构建的创业优势更大，构筑的竞争门槛和市场壁垒更高，更容易发现新的创业机会，获得开拓更多创

业领域的机会。因此，团队创业一般会发展更快、更长久。从创业企业未来发展的规模、速度、质量和潜力方面来说，团队创业相较个人独立创业，优势更为明显。

需要特别指出的是，虽然团队创业具有很多方面的优势，但也存在管理要求高、沟通协调难、运作成本高等劣势。在创业时，创业者一方面要组建好的团队，另一方面要管理好团队，充分发挥团队创业的优势和价值。

三、创业团队的组建原则

创业团队在组建过程中，需要遵循以下原则。

(一)匹配性原则

匹配性原则，指在组建创业团队时，要遵循团队能力与创业项目匹配、团队价值观与创业愿景匹配、团队动机与创业目标匹配的原则。创业者组建的创业团队要确保团队成员的价值观、行为理念、动机目标高度一致，与要创办的事业高度契合。

(二)互补性原则

互补性原则，指在组建创业团队时，要遵循团队成员之间能力互补、性格互补、资源互补、知识互补、信息互补和经验互补的原则。创业者组建的创业团队要实现优势互补、强强联合、高效协作，可有效发挥成员的作用，产生"1＋1＞2"的团队协同效应。

(三)需求性原则

需求性原则，指在组建创业团队时，要遵循创业活动实际需求、团队结构性需求、创业胜任力需求和创业发展需求的原则。创业者在组建团队时，要树立按需招募的理念，不能因某人能力强或资源多而盲目吸纳。

(四)适用性原则

适用性原则，指在组建创业团队时，要遵循够用、可用、适用的原则。创业者在组建团队时，可能会面临诸多选择。创业者在做出最终抉择时，一定要深入、系统分析创业内部环境和条件，调查拟招成员的真实情况，选择"对的人"和"适合的人"。否则，可能会造成后续问题，付出不必要的代价和成本，甚至给团队和创业活动带来麻烦和风险。

(五)"少而美"原则

少而美原则，指在组建创业团队时，创业团队的成员不宜过多，遴选标准要高，要遵循精简高效的原则。少而美的创业团队，一方面可减少创业的管理成本，提高创业团队的收益比例；另一方面，少而美的团队，通常更容易领导和管理，减少"庸才"的干扰，更容易形成团队竞争力，提高团队绩效。

课堂活动

如何选择合适的创业伙伴

创业者选择一位好的合作伙伴(或者是多个合作伙伴)是一项重要的任务。为了做出正确的选择，同学们需要以下三个方面的基本信息。

(1)清晰的自我评价(技术、能力、知识等相关方面的优势，自己能够带来什么)；

(2)清楚描述出自己想要从潜在的合作伙伴中获得什么；

(3)准确地评估他人的能力，以便能够知道他们是否具备自己所需要的东西。

这项练习能够帮助同学们获得这三方面的信息：

(1)自我评价。

同学们对自己在以下每一个维度做出的等级评价，尽可能诚实和准确！对于每一个维度，请选择数字1~5(1=很低，2=低，3=中等，4=高，5=很高)。

   a. 与你新创企业相关的经验_____(填写1~5的一个数字)

   b. 与你新创企业相关的技术知识_____

   c. 人际技能(与人相处、劝说他人等方面有用的技能)_____

   d. 成就的动机_____

   e. 对新创企业的承诺_____

   f. 适合做一位创业者的个人属性_____

   g. 不适合成为一位创业者的个人属性_____

(2)你对合作创业者的需求是什么？

考虑到第一部分中的等级评价，列出你从合作创业者中想获得的是什么。例如：你在技术知识方面是低等，你的合作伙伴就需要具备这一方面的知识；如果你在人际技术方面是低的，你就需要在这方面有较高的合作伙伴，等等。

   a. _____

   b. _____

   c. _____

   d. _____

(3)准确评价他人的能力如何？

为了回答这一问题，请指出下列每一项陈述是正确的还是错误的程度，选择数字1~5(1=根本不正确，2=不正确，3=既不正确也不错误，4=正确，5=十分正确)

   a. 我能够很容易地发现其他人什么时候在说谎_____

   b. 我能够推测其他人的真实感受，如果他们试图对我隐瞒的话_____

   c. 我能够识别出他人的弱点_____

   d. 我是其他人的一位好裁判_____

   e. 我通常能够通过观察他人的行为，准确地识别出其中的特点_____

   f. 我能够辨别出人们为什么会以多数情况下的方式来做事_____

把你所得分数相加。如果你的得分为20分或者更高，你就可以把自己确认为擅长评价他人者。为了发现这一结论是否准确，可以请很熟悉你的人对同样的这些项目作出评价。换言之，变换这些项目，就成了"_____能够很容易地发现别人在说谎"(横线上填写你的名字)。如果他们的评价与你的评价相一致，那么，就要祝贺你啦！因为你不但擅长评价他人，也擅长评价自己。

第三节　团队角色定位和利益分配

一、团队角色定位

企业初创时期团队的人数很少，但必要的分工却不能缺少。创业团队组建时，需根据团队类型及结构物色成员，实行分工协作。一个协作团队只有具备了范围适当、作用平衡的团队角色，才能充分发挥高效的协作优势。

研究显示，创业团队中的角色通常有八种类型[1]，如表 4-2 所示。在创业团队组建的时候，成员的权限和定位应该根据其自身的优势和劣势来分配，从而实现人尽其才。

表 4-2　八种团队角色描述

角色	角色描述	可允许缺点	不可允许缺点
创新者	解决难题，富有创造力和想象力，不墨守成规	过度专注思想而忽略现实	当与他人合作会更加有效果时，不愿与他人交流思想
资源探索者	外向、热情、健谈，发掘机会，增进联系	热情很快冷却	不遵循安排而令用户失望
协调者	成熟、自信，是称职的主事人，阐明目标，促使决策的制定，分工合理	如果发现其他人可完成工作，就不愿亲力亲为	完全信赖团队的努力
完美者	能够激发人的，充满活力，在压力下成长，有克服困难的动力和勇气	易沮丧与动怒	无法以幽默或礼貌的方式平息局面
监控者	冷静，有战略眼光与识别力，对选择进行比较并做出正确选择	有理性的怀疑	失去理性，讽刺一切
凝聚者	协作的、温和的、感觉敏锐的、老练的、建设性的，善于倾听，防止摩擦，平息争端	面对重大事项优柔寡断	逃避承担责任
贯彻者	纪律性强、值得信赖、有保守倾向，办事高效，把想法变为实际行动	坚守教条，相信经验	阻止变化
完成者	勤勤恳恳、尽职尽责、积极投入，找出差错与遗漏，准时完成任务	完美主义	过于执着的行为

根据各方观点来看，一个优秀的创业团队必须包括带头人或领导者。这样的带头人和领导者其实并不靠资金、技术、专利来决定，而是需要团队成员在共事过程中产

---

① 亚历山大·奥斯特瓦德，伊夫·皮尼厄. 商业模式新生代[M]. 毛心宇，严威，王帅，译. 北京：机械工业出版社. 2011.

生发自内心的认可。许多创业团队在很短的时间内就解散了，一个很重要的原因是缺乏一个合格的带头人或领导者。

创新意识非常强的战略决策者，决定企业的未来发展方向。具备较强策划能力的成员，要在初创企业中运用 SWOT 分析法等方法，对企业的优势、劣势、机会和威胁等方面进行分析，对企业的未来进行预测，并对企业的管理和远期规划提出意见；擅长发挥执行力的成员则要发挥自己高效的优势，执行企业的具体事务，例如与供应商洽谈、进行员工培训、负责广告宣传等。

唯有这样，团队成员才能算是比较合格的。一个成员很可能身兼数职，但是，一个团队中不能出现角色重叠。因为只要出现职能重复或职位重复的情况，那么今后必然会有各种矛盾和冲突出现，甚至最终可能导致整个创业团队的解散。

二、创业团队的股权分配

创业过程无疑是艰难的，只有创业团队齐心协力、同舟共济，团队才能稳步向前发展。股权分配是创业团队建立中重要的一环，不仅要明确团队价值观，还要建立明确的规则，最终让各股东达成共识。

随着社会经济的日益发展和法制的逐渐完善，创业者对创业团队内部利益分配的态度也在慢慢转变。因此，旧式的观念如今已经被"股份＋期权"的合约观念所取代。无论是家族企业还是朋友合作创办的企业，能够发展壮大的并不在多数。因此，无论创业团队成员的关系是何种形式，在进行组合的时候，利益分配的问题都需要提前做好详细的约定。对于初创企业来说，创业团队需要扮演管理层和股东两种角色。因此，初创企业无须考虑股东与管理层之间的权益平衡。

在创业团队的股权分配研究中，诺姆·沃瑟曼提出了由团队成员角色、关系和权益三个要素构成的"3R 系统"理论，如图 4-10 所示。"3R 系统"理论详细阐明了创业团队成员之间的角色、关系和权益之间如何联系并互相影响，最终形成一个动态平衡。这里重点介绍"关系"和"角色"是如何影响"权益"分配的。

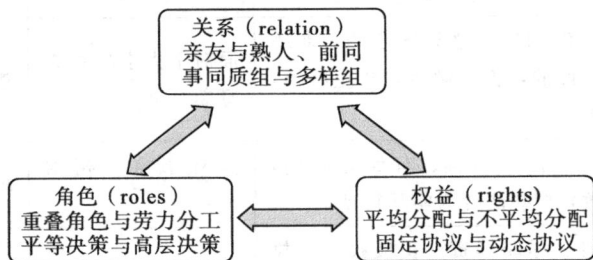

图 4-10　创业团队的"3R 系统"

(一)成员关系对股权分配的影响

团队成员之间的关系不但会影响成员在团队内的职务，还会影响初创企业的股权分配。联合创始人在创办企业之前的差异如果低于一个特定的标准，那么成员之间就会平均分配股权；而这种差异一旦高于这个标准，那么成员之间的股权分配将会不平均。然而，决定这个差异的一个重要因素就是联合创始人在创业之前的关系。股权理论认为，社会因素（关系）和经济因素（权益）之间是有着紧密联系的。根据团队成员在创业前关系的不同，创业团队可以分为社会关系取向和商业利益取向两种类型。社会关系取向的团队更注重维系成员之间的关系，而不把商业利益放在首位；商业利益取向的团队更注重商业利益，而不是个人关系。在谈及股权分配问题的时候，即便成员对团队的贡献不尽相同，前一种类型的团队依然会根据社会关系的逻辑来平均分配股权；而后一种类型的团队会依据个人对团队贡献的大小来分配权益，即他们将分配的优先权给予个人贡献和商业表现突出的成员。由此可见，某种股权分配方式在一个创业团队内非常合理，可是在另一个创业团队内却可能非常糟糕。这是由创业团队的取向所决定的。

对创业前是亲友关系的团队而言，他们倾向于遵循社会关系的原则，因此，平均分配股权才能保证团队的稳定性；对创业前是工作关系的团队而言，他们倾向于遵循商业利益取向的原则，因此，按照个人贡献和商业表现来分配股权才能保证团队的稳定性，如表 4-3 所示。

表 4-3 创业前关系、股权分配和团队稳定性之间的关系

股权分配基础	团队稳定性	
创业前关系	亲友	前同事
平均分配原则	稳定	不稳定 违反商业利益取向
公平分配原则	不稳定 违反社会关系取向	最稳定

（二）成员角色对股权分配的影响

在"角色"不明确（成员分工不明确）的创业团队中，联合创始人往往很难确定成员对团队贡献的大小。因此，团队的股权分配很可能会遵循平均分配的原则。然而，在团队梯级和"角色"很明确的创业团队中，股权分配不平均的可能性便大大增加。例如，创业团队中的 CEO、联合创始人通常比初创企业中的其他人获得股权多。对于后者来说，对名与利的权衡一定是很审慎的。股权分配也会对成员角色起反作用，也就是说，获得较多股权的人可能会对创业团队施加较大的影响。

成员角色和股权分配之间还存在着另一个重要且长期的相互影响。股权是一项稀缺资源，因此，当成员角色分配较为明确的时候，股权分配也会更加合理。为了避免将稀缺的股权交给权利重叠的创始人，初创企业可以用股权去吸引企业缺乏的人才。如此一来，企业的权益架构就会与成员角色的匹配度更高。因此，创业团队内早期的股权不合理分配会为企业日后寻求人才制造掣肘。

初创企业在股权分配问题上不应举步维艰，因为只要创业团队足够重视这个问题，分析自身情况，那么就会发现合理分配股权并非难事。

创业企业的股权分配本质上并不复杂，但创业者确实应该给予相当的重视。若能在前期花费少量时间把相关问题理顺，便能起到事半功倍的效果，助力企业良性发展。

三、常见的创业团队问题与解决方案

创业团队在发展的过程中会遇到各种矛盾和冲突。常见的问题有以下几种。

(一)创业成员之间的信任危机

创业成员之间的相处，信任是基础。随着项目的开展，失误碰壁在所难免，团队之间相互推诿或指责，会不断降低彼此之间的信任，使沟通交流不通畅，进而无法更好地实现团队目标。

(二)创业成员之间创业理念不同

创业成员可能因为各种原因加入团队。或出资或出力，或招聘而来或引入而来，对项目的理解及其创业理念，必然会不一致。创业理念不同，不代表项目无法运转，但是会降低项目的运转效率。这种问题不会对项目形成重大影响，却会使成员之间的稳定性不足。

(三)创业成员信心不足

创业总会面临各种风险和困难，创业成员信心不足将严重打击团队士气。

如何应对和解决这些问题呢？为了发挥创业团队的互补优势，团队内部应该建立成员间相互合作和学习的重要机制。这既有利于创业的成功，又对减少和解决团队内的冲突有着正面积极的作用。正如很多创业案例所描述的，创业能否继续，在很大程度上取决于核心团队成员能否看到其他人的长处，并不断相互学习。因此，为了避免创业团队的问题，在建立和管理团队的时候应该遵循如下原则。

1. 打造合作式创业团队

意见不统一是创业团队内部非常常见的一种现象，而一个合作式创业团队会在不统一的意见中寻求团队合作的可能性。合作式创业团队会主动寻找每个成员的特长，并通过利用他们各自的优点，将团队的最大潜力发掘出来。

2. 避免团队内部不适宜的竞争

创业团队内部之间有意见分歧是正常的，但如果这种分歧演变成了过度竞争而非寻求共识，那么这种竞争就会成为危害团结的负面行为。创业团队的各成员应该观察各自的优点并取长补短，这是团队领袖或管理者在管理团队的时候应该特别注意的。

3. 在集思广益和果断决策之间找到平衡点

创业团队如果广泛地听取每个成员的意见，那么对团队做出正确的决策是非常有利的。但是，如果过度强调团队内的意见表达，那么可能会出现"议而不决"的情况。所以，在团队内部的讨论中，团队领袖或管理者要推进团队内的"决议终决权"。

4. 确立团队的目标

团队的目标不宜太多，否则会令成员很难集中精力完成任务。在确立团队目标时，创业团队可以利用 SMART 原则：

S(specific)——清晰明确，团队的目标要有明确的范围、程度、时间和效果等。

M(measurable)——可量化，团队的目标应该是可以用某种标准来衡量的。

A(assignable)——可分配，团队目标的实现是可以具体分配给某个人或某些人去完成的。

R（realistic）——可实现，团队目标要切实可行，同时要具备足够的资源。

T（time - bound）——有时限，团队目标的实现时间要明确。

5. 适时调整团队构成

就像整个创业过程一样，完善的团队结构建立不是一蹴而就的，而是经过实践不断调整和磨合的。另外，随着企业的不断成长和重新定位等情况，原有的团队组成也有可能不再适应新的企业管理需求。所以，创业团队在任何阶段都有可能不断调整结构、不断进化。在调整的过程中，成员之间的摩擦和矛盾可能会显现出来。此时，需要团队的管理者运用其他原则来避免或减少团队内的冲突。

值得强调的是，创业团队的稳定不是指创业团队一成不变，而是一种"动态的稳定"。创业团队的创建应该遵循"按需组建、渐进磨合"的方式。创业团队的建设也不是一步到位的。一开始就拥有一支成功、稳定的高绩效团队是每个创业者的梦想，但这往往是不现实的。因此，创业者应该根据自身的需求，逐步组建团队，并通过渐进磨合的方式不断完善团队的能力和协作效率。这样才能让团队在创业过程中保持动态的稳定，应对各种挑战和变化。

课堂活动

创业团队组建与评估

一、制作广告

在小组内（也可以小组外）寻找合伙人共同创业，基于前面找到的创业项目创办企业，请拟一份征集合伙人的广告。注意这几个方面：（1）你是召集人，不一定是领导者；（2）创业的初始目标、计划；（3）你掌握的资源及你需要的资源；（4）所需伙伴的数量和特点；（5）你对股权分配、团队管理的设想；（6）有吸引力的回报，以及可能的风险；（7）其他你认为需要说明的问题。

二、三分钟演讲

张贴自己的广告，并用三分钟演讲宣传自身优势，吸引同学加入团队。同学共同评估，选出几位同学做团队创建者，并自愿加入一个团队。

三、评估团队结构

从以下四个方面，分析哪个团队组成更好？每项 25 分，总分为 100 分。哪个队的分数高？落后的队谈谈将如何赶超对方。

（1）团队成员加入的目的；（2）团队成员的知识结构；（3）团队成员的性格、个性、兴趣；（4）团队成员的价值观念。

四、确定团队成员

团队创建者可以根据同学对下面五个问题的解答情况，决定其去留。

（1）团队中唯一权威主管问题；（2）团队成员间的相互信任问题；（3）妥善处理不同意见和矛盾；（4）合理分配股权问题；（5）妥善处理团队成员间的利益。

然后请团队中的一个成员，对本团队做出最后调整（增人或减人）。

五、团队展示

各团队经过讨论，完成下表，并进行集体展示。

创业团队	评估
团队名称	
设计 LOGO	
团队口号	
团队愿景	
创业项目	
团队领导者	
团队成员及分工	
团队管理制度	

六、推选最佳团队

最后，同学们重新评估这几个团队，推选出最佳团队。

课堂 反思

1. 什么样的人适合创业，我适合创业吗？
2. 为什么要组建创业团队？我创业时需要什么样的团队成员？
3. 创业股权平均分配合适吗？

课外 实践

撰写团队介绍报告

从网上查找近两年"互联网＋"大学生创新创业大赛、创青春等大赛获奖创业计划书，学习创业计划书中团队介绍部分，并根据自拟创业项目撰写团队介绍报告。

第五章 识别创业机会

学习目标

知识目标： 了解创业机会的概念、特征、来源及分类；了解创业机会导航的使用方法。

能力目标： 能够发现创业机会；能够使用吸引力地图评估创业机会；能够使用敏捷聚焦战略识别可实施创业机会、备选创业机会及暂时搁置创业机会。

素质目标： 培养学生分析问题、解决问题的能力；引导大学生发掘有价值的创业机会；鼓励学生结合本专业技术技能大胆创意。

案例导入

凌纲："95后"年轻人的创业之路

2018年，凌纲毕业于鲁东大学。在大学时期，凌纲就利用课余时间带领同学积极创业，仅第一年利润就达五六十万元。在满足自己日常开支的同时，凌纲不忘回报父母、回馈母校，给家庭困难的同学最大的帮助和支持，并号召、鼓励同学们抓住机遇、创新创业。

鲁凌国际贸易有限公司自成立以来，仅2019年一年时间就创造了1.1亿元的营收。2020年疫情暴发，给公司带来了巨大挑战，面对困难凌纲并未退缩，政府也及时伸出援手。2020年6月，在烟台保税港区的支持下，凌纲以2500万美元的资金成功注册洋淘国际贸易有限公司，该项目是烟台保税港区升级为综合保税区后引进的第一个外资项目。公司不断提高自主品牌意识，增强自主品牌的研发力度，扩大国际影响力。2021年，公司营业收入突破1.5亿元大关。2019至2021年，在全球疫情笼罩、失业率极高的形势下，他成功带动1.2万余人创业和就业。

谋发展首重经济，而企业就是国家经济发展的前沿阵地，凌纲作为一个"95后"的年轻人，勇敢地站在了跨境贸易的潮头上，用行动为青年人自主创业树立了新的标杆。

第一节 创业机会概述

一、创业机会的概念

创业机会，指那些具有持久吸引力的商业机会。创业者抓住创业机会并利用其创造出可为客户或用户带来价值的产品与服务，同时谋求商业利润。创业机会也指有利于创业的一组条件的形成情况，其形成至少需要以下四个要素。

(1)市场存在或出现了某种持续性需求。

(2)创业者具有满足上述市场需求的新创意或解决方案。

(3)创业者具有对前述创意或解决方案进行开发的能力和资源条件。

(4)创业者可将创意或解决方案转化为具体的产品或服务，且不需要投入过多的人力、物力即可实现商业化运作。

只有以上四个要素都具备，才可认为客观上存在或形成了某种创业机会。

二、创业机会的特征

创业机会具有以下四个特征(图 5-1)。

(一)价值性

创业机会的价值性不仅体现在可以为顾客带来价值，同时也体现在为创业者带来了经济价值和人生价值。一个创业机会往往是收益与风险并存，只有收益大于风险，创业机会才具有价值性。

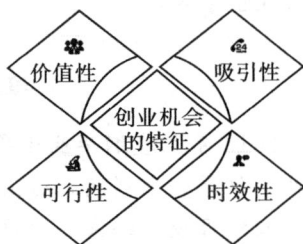

图 5-1 创业机会的特征

(二)吸引性

一个好的创业机会必定对顾客产生强大的吸引力，满足顾客的某种需求，才会有丰厚的收益。如医院的一卡通解决了病人排队等候、医院诊疗卡片过多的问题，受到了顾客的欢迎。

(三)可行性

创业者运用 SWOT 分析方法，对自己的优势和劣势及外部环境的机会和威胁进行充分评估，对创业机会的可行性进行深入的认证。需要重点评估所拥有的人、财、物、时间、信息和技能等能否达到实现创业机会的要求。如果能够达到，该创业机会可行。

(四)时效性

机会存在的时间是有期限的，在存续时间内发现并利用机会才能促进创业成功。前几年共享单车项目风靡全球。但到 2018 年，共享单车市场过度饱和，不少公司纷纷倒闭或转向经营，这就表示共享单车的黄金发展期已经过去，机会之窗越来越小。

三、创业机会的来源及分类

(一)创业机会的来源

1.创业机会来源于环境变化

著名的管理学大师彼得·德鲁克曾将创业者定义为:寻找变化,并积极反应,把它当作机会并充分利用起来的人。变化就是机会,环境变化是创业机会的重要来源。尤其是在今天这个"唯一能够确定的就是不确定性"的复杂动态环境中,蕴含着各种良机。例如,产业结构调整带来的新产业发展契机、顾客消费观念转变带来的新商机等。其变化主要包括宏观经济政策和制度的变化、产业经济结构变化、社会和人口结构变化、价值观与生活理念变化、竞争环境变化、技术变革等。

2.创业机会来源于顾客需求

公司存在的根本目的就是为顾客创造价值,无论环境是否变化,创业机会源于顾客需求都是永恒的真理。因此,创业机会必定来源于顾客正想要解决的问题、顾客生活中遇到的难题、顾客新增的需求等。

3.创业机会来源于创新变革

每一个发明创造,每一次技术革命,通常都会带来具有变革性、超额价值的新产品和新服务,能更好地满足顾客的需求,伴随而来的则是无处不在的创业机会。一方面,创新变革者本身凭借长期积累的技术优势、创新实力,自然会产生来之不易的创业机会;另一方面,即使不是变革者,只要善于发现机会,同样可以抓住来之不易的创业机会,成为受益者。例如,在互联网技术革命时代,创业者无须进军互联网技术革命领域,也可以通过掌握基本的互联网知识和技能,利用互联网平台开设一个网点,成为互联网大潮中的一名普通创业者。

4.创业机会来源于市场竞争

在分析竞争对手时,我们通常都会对自己与竞争对手之间的优势与劣势进行比较、分析,目的是采取扬长避短或者差异化的策略,进而更好地满足顾客需求,拓展市场。因此,在市场竞争中,如果能够针对竞争对手的不足将自己的优势充分发挥出来,采取差异化的产品或服务方案为顾客提供更具价值的产品或服务,那么就找到了竞争夹缝中的绝佳创业机会。

(二)创业机会的分类

根据以上环境变化、顾客需求、创新变革、市场竞争等各类创业机会来源,将创业机会分为问题型创业机会、趋势型企业机会、组合型创业机会三种类型(图5-2)。

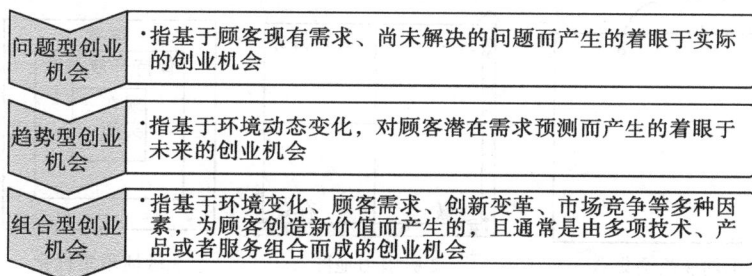

问题型创业机会	·指基于顾客现有需求、尚未解决的问题而产生的着眼于实际的创业机会
趋势型创业机会	·指基于环境动态变化,对顾客潜在需求预测而产生的着眼于未来的创业机会
组合型创业机会	·指基于环境变化、顾客需求、创新变革、市场竞争等多种因素,为顾客创造新价值而产生的,且通常是由多项技术、产品或者服务组合而成的创业机会

图5-2 三种类型的创业机会

课堂活动

结合专业寻找创业机会

分成若干个小组，结合自身实际与所学专业，"从我出发"挖掘创意。按以下思路，小组成员分别写下自己的创业想法，不考虑可行性，尽量多写，将创业想法的关键词填写在表5-1中，梳理归类出创业机会。

表5-1 创业想法构想表

思考角度	关键词
掌握的专业知识技能	
参加的行业实习或专业实践	
与专业相关的兴趣、优势或特长	
专业学习中曾讨论或闪现的	
由接触的专业设备、实物等展开联想	
生活中与专业相关的产品或服务引发的	
可利用哪些专业行业人脉资源	
拥有的市场和销售资源、客户资源、渠道资源、技术资源等	
产业政策导向及行业发展趋势	
汇总本小组成员的创业想法，梳理归类出创业机会	
本组未想到而其他小组想到的创业机会	

▶ 第二节 创业机会导航

一、创业机会导航概述

创业机会导航旨在将复杂的决策制定过程转变为一个清晰并易于处理的任务。它包括一个主设计面板和三张专项工作表。导航的主设计面板又包括三部分，分别是创业机会集合、吸引力地图及敏捷聚焦标靶(图5-3)。这三部分是制定一个明智创业机会战略的关键。

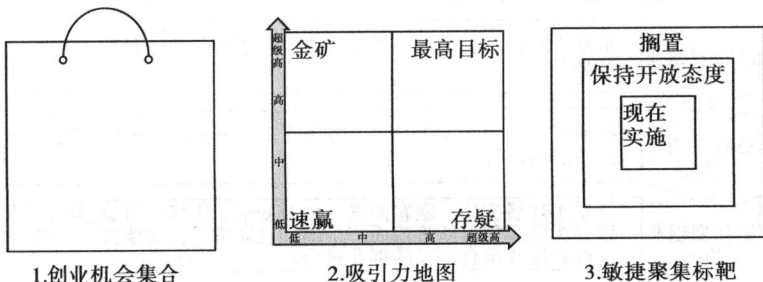

1.创业机会集合   2.吸引力地图   3.敏捷聚集标靶

图5-3 创业机会导航三部分

我们该如何做呢？第一步：生成创业机会集合。找到描述你的核心能力的方式，要注意这些能力与（预想中的）产品无关；这些能力可以开发成不同的功能，那么如何明确这些功能；如何明确需要这些功能的潜在用户。经过这三个问题后，我们就可以得到你的创业机会集合。第二步：评估创业机会的吸引力（吸引力地图）。根据机会的潜力和实现其价值的挑战这两个主要维度对每个机会选项进行评级。经过评级后得到的结果会呈现在吸引力地图上。第三步：设计你的敏捷聚焦战略。在选定主要的创业机会后，如何对可能的备选项和发展机会选项进行评估？通过判断它们的价值和关联性，你可以识别哪些有实施的机会、用于备选的机会，以及暂时搁置的机会？得到的战略（敏捷聚焦战略）会呈现在敏捷聚焦标靶上。

完成以上三步，就可以利用完整的创业机会导航来识别你最具潜力的机会选项。

二、创业机会集合

识别潜在的创业机会并非易事。它要求你能够通过询问、观察、试验和社交等方式去了解用户的需求并满足这种需求。通过以上四种方式，工作表 5－2 会帮助你找出所有潜在的创业机会。用更敏捷的方式思考自己的资源和能力，不受预想产品的限制，也不管你是否已经具备了这些能力或正要培养这些能力。这个结构化决策框架会打开你的思路，预想不同的功能以满足不同用户的不同需求。它可以提高你的认知弹性，这样你对其他具有潜力的机会就会更敏感。

表 5－2　生成你的创业机会集合

步骤	能力		
第一步：列出企业的核心能力或技术要素。（根据它们的功能和特性描述其特点。抛开你预想的产品，对核心能力或技术要素进行概括描述）			
第二步：识别你的创业机会（你的核心能力可以实现哪些功能？哪些用户群需要这些功能？放大每个用户群，对其进一步细分）	功能		用户

表 5-2 可以协助你找到一组创业机会。它包括两个简单步骤：第一，思考企业具备的核心能力或技术要素，不考虑它们在具体产品中的应用。列出这些要素能实现的内容（功能）及它们的主要特征。第二，找出这些技术要素能够实现的不同功能，不管是用不同方式对其进行组合还是加入新技术。除此之外，还要思考需要这些功能的目标用户群，进一步细分这些用户，以识别更多机会。

（一）核心能力和技术

在整个过程的初始阶段，你需要详细了解自己具备的核心能力和技术，因为你具备的核心能力是识别创业机会的基础。想要充分了解你能够利用自身的核心能力做什么，你就需要单独把它们拿出来考虑，用更通用的方式想象它们，也就是说，将它们从你原预想的具体产品或用户需求中抽离出来。

在表5-2的前半部分，你了解了哪些关键要素以组合的形式构成了你的核心能力和技术。例如，核心能力可以是你或你的企业对某一具体过程所掌握的重要的专门技术、一种你已经开发的稀缺资源或一项特殊技能（如生产制作）。根据不同技术的独特功能（如模式识别）或根据不同技术的机构设计（如纳米相机），它们可以"分解"成多个核心要素。

在了解了核心技术和能力要素后，你要简要地描述它们的主要特征和能够实现的功能。在寻找新的创业机会时，这些描述将会是你的重要工具。

(二)功能和用户：发现新的创业机会

发现新的创业机会是生成创业机会集合的基础。在发现的过程中，我们要从两个方面去考虑：潜在功能和潜在用户。连接这两个方面的纽带是"需求"，功能旨在解决特定用户的特定需求（图5-4）。

图5-4　功能和用户

表5-2的后半部分的重点是功能和用户的发现过程。

1. 潜在功能

一旦列出了核心能力和技术要素，就应该开始用创造性思维思考它们，可以尝试用不同的方式对它们进行重组，以识别潜在功能。

2. 潜在用户

产品功能的设计目的是要满足用户的特定需求。因此，当发现潜在功能时，你就应该同时考虑哪类群体会需要这类功能，这就产生了你的潜在用户群。

列出潜在功能和潜在用户，有助于你发现新的创业机会。要以开放的态度尽可能多样化地发现创业机会。每个创业机会集合里有三至五个创业机会为佳。然后，你就可以在创业机会导航的主要涉及面板上描述你的创业机会集合了，并确保你能够清晰地命名每个创业机会。这些创业机会都有可能成为极具价值和发展潜力的机会，但是，这是一个动态过程。如果新的机会引起了你的注意，你可以随时在组合中加入这个机会；如果有些机会失去了价值，那么也可以放弃这些机会选项。

三、吸引力地图

对于你的企业来说，潜在创业机会集合是一项宝贵的资产。然而就像生活一样，当你必须做出选择时，它们就会让你身处两难的境地：哪个选项是主要机会选项，是你全力以赴要抓住的机会？哪些选项是你暂时要搁置的？要做出这个重要决策，首先要评估你的可选项，因为这些机会有不同的吸引力。一个富有吸引力的创业机会很可能具有巨大的潜力，为你创造价值，并且在实现此价值的过程中你会面对相对较小的挑战。

现在，我们将讲述如何利用表5-3评估创业机会所具有的潜力和挑战。根据这两个方面完成对创业机会的评估后，你就可以把它放在吸引力地图上了。这张地图就是你的向导，引导你了解每个机会和整个机会组合的性质。然后，吸引力地图会帮助你更好地权衡、对比现有机会，找出最具吸引力的机会选项。吸引力地图最终会成为你的工具，让你合理地选择主要创业机会。这个选择综合了最关键的数据要点，单靠直觉往往会受到自身偏见的影响。

表 5-3　评估创业机会所具有的潜力和挑战

潜力			挑战		
①购买的必然理由 未被满足的需求； 高效的解决方案； 优于现有的解决方案		低　中　高　超级高	①实施障碍 产品开发的难度； 销售和分销的难度； 筹集资金的挑战性		低　中　高　超级高
②市场容量 当前的市场规模； 预期增长		低　中　高　超级高	②获利周期 开发时长； 产品准备就绪和市场准备就绪之间的时长； 销售周期		低　中　高　超级高
③经济可行性 利润（价值和成本）； 用户的购买力； 用户黏性		低　中　高　超级高	③外部风险 竞争威胁； 第三方依赖性； 产品接受障碍		低　中　高　超级高
综合潜力（y 轴）		低　中　高　超级高	综合挑战（x 轴）		低　中　高　超级高

吸引力地图是一项动态工具，可以帮助你考虑任何可利用的新信息——你可以轻松地更新与创业机会有关的潜力或挑战，必要时，可以重新规划你的机会选项或增加新的机会选项。

（一）开始评估前

充分的准备有助于成功。所以，在根据潜力和挑战对所有选项进行评估前，你需要完成一系列的准备工作。学习并了解：①目标用户的世界；②市场环境；③执行过程中的重要事件。

1. 了解目标用户的世界

"如果你想精通钓鱼，那就应该学会像鱼一样思考。"站在用户的角度考虑问题是了解创业机会本质的关键。你可以给用户带来的价值主张是什么？你想要解决用户的哪些困扰？你的解决方案为什么会优于现有的方案？用户价值会给他们带来哪些影响？哪些重要趋势又会对他们产生影响？只有清楚了解了这些问题，你所进行的评估才能发挥最大的价值。

2. 了解市场环境

你并不是自己一个人在竞争。因为其他竞争者可能会影响你的成功率，所以，你需要详细了解你的"竞技场"。想要评估一个创业机会，你需要了解市场的价值链（一系列企业或竞争者合力满足既定产品的市场需求）。你适合哪类市场？谁会成为你的阻碍？谁有与你合作的动机？事实上，创新想法一般会打断现有的价值链，并彻底改变它们，所以全面了解相关竞争者是非常关键的。

另外，你还需要了解在这个市场中你的竞争者。他们可以提供什么？他们如何反应？与他们相比，你是否具有较强的竞争优势？

3. 了解执行过程中的重要事件

你还需要了解自身具备的资源和能力：你已经有什么及仍需发展什么才能将创造出的产品推向市场？思考你已经具备的核心技术、人力资源、知识产权、盟友、合伙人、资金等。

(二)评估创业机会吸引力

表 5-3 帮助你从潜力和挑战两个方面对每个创业机会进行评估。

每个方面由三个不同因素组成，我们要对每个因素进行独立评级，然后综合得出每个创业机会的最终等级。根据最终等级，将每个创业机会贴到吸引力地图的相应位置。在进行评估时，一张工作表对应一个创业机会。

(三)如何进行评级

如果单个创业机会的综合等级可以通过将六个因素的等级代入数学公式得出，那应该是最简单的，但这种机械式的方法并不能简化决策的复杂性。

在判断创业机会的吸引力时我们会对关键要素进行评估，这些因素就可以让我们对上述关键要素有一个全面的了解。对于创业机会的潜力或挑战涉及的每个因素，以下内容会为你提供一个问题清单，引导你完成评估过程。深入思考这些问题，尽可能收集所有信息，在"低级至超级高"的范围内对每个因素进行评级。结合量化和质化的考虑，最大限度地做到客观公平。团队讨论对于这一步来说有很大帮助。

记住，我们的总体目标是了解每个创业机会的主要优缺点，所以，如果你评估的等级并不是 100% 准确，也不要有挫败感！随着深入地了解每个创业机会，你随时可以调整评估结果。

总之，对创业机会的潜力和挑战这两个方面进行评估有助于你了解所有选项的模式并对它们进行区分……最具潜力的"路径"也会随之浮现。

1. 潜力

创业机会潜力的评估对于机会的整体评估很关键，因为这个评估可以让你了解开发这个机会可能会创造出来的价值。简而言之，就是明确追求这个选择有多大价值。

这个评估指的是机会本身，它并不考虑你自身实现这个机会的能力。（注意：你成功开发创业机会的能力将在"挑战"方面进行评估。）

想象一下，潜在创业机会集合创造出了企业的发展环境。如果创业机会相当于此环境中的一座座山，那潜力这个维度测量的就是山的高度，所以，山越高，它带给你的潜在价值就越大。

一个创业机会的价值创造潜力是由购买的必然理由、市场容量和经济可行性三个重要因素决定的。

1)购买的必然理由

(1)什么是购买的必然理由？

如果没有人想要购买这个产品，那它就毫无价值可言。所以你首先需要了解在某个创业机会下，是否有人真的想要你所提供的产品。如果购买的必然理由不充分，那就是"此路不通"，因为需求并不会因你的产品的出现而大幅上升。

(2)如何进行评估?

深入思考三个主要问题:是否真的存在未被满足的需求?我们是否能够针对这个需求提供有效的解决方案?我们提供的解决方案是否(大幅度)优于现有的方案?

上述三个问题的真实答案可以让你评估潜在用户购买产品的理由的充分程度。以下是一个非详尽问题清单(表5-4),可以引导你找出问题的答案。

表5-4　非详尽问题清单

1. 是否是一个真正未被满足的需求?
■ 需要解决或完成的确切问题/需求/工作是什么?这个需求是功能的、社交的、情感的还是基本的需求?
■ 谁有这样的需求?试着列出一位普通用户的特征。谁是你的经济型买家?谁是你的用户?
■ 目前,他们如何解决这个问题?他们是否真的在努力解决这个问题?
■ 你提供的产品能够带来什么改变?它的主要优势是什么?这些优势是经济的、功能的、情感的、自我表达的还是社交的?如果是经济的(例如,提高关键成功因素的生产率/降低成本)——试着给出价值和投资回报的确切数据。
■ 你提供的产品是"应该有""必须有"还是"愿意有"?
■ 制作和购买的可能性——用户能够自己制作吗?
2. 是否提供了一个高效的解决方案?
■ 你能够解决这些用户的所有需求并提供整套解决方案吗?
■ 你能够为使用你解决方案的用户创造出其他需求吗?这些需求是你目前无法解决的吗?
■ 在解决这个需求或完成这项任务方面,你具备哪些优势?
■ 在解决这个需求方面,你具备哪些影响发挥的劣势?
3. 是否优于现有解决方案?
■ 你的用户目前还面临哪些其他解决方案?
■ 与其他解决方案相比,你具备哪些优势?为什么用户要优先选择你的产品?
■ 与其他解决方案相比,你具备哪些劣势?为什么用户要优先选择其他产品?
■ 你的解决方案具备的优势对用户而言是否真的有价值?

深入考虑了这些问题后,你就能够对"购买的必然理由"这个因素进行评级了。如果你认为这种做法有帮助,你还可以逐一对子因素进行评级,然后综合评估它们的等级,得出最终等级。

2)市场容量

(1)什么是市场容量?

满足一个确实存在的需求是价值创造的重要条件。然而,决定产品销售的范围和产品潜在价值的是市场容量。

在了解市场容量时,你需要估算近期确实有(或可能有)这种需求的用户的数量,以及他们愿意支付的费用。市场规模是预测创业机会潜力的关键指标。虽然市场规模很重要,但如果它可以成为进入更大规模市场的敲门砖,规模不大的市场仍可以是一个不错的备选项。

(2)如何进行评估?

深入思考两个主要问题:当前市场的规模有多大?它有多大的发展空间?

客观地回答以上两个问题是预测市场容量的基础。以下问题可以指导你判断市场容量(表5-5)。

表5-5 判断市场容量清单

1. 当前市场规模
■ 有多少用户需要你的解决方案?根据已掌握的数据,你可以采用自下而上或由上向下的方式预测潜在用户的总数量。 ■ 有多少用户实际使用或购买你的解决方案?这是初步筛选用户的方式。或者,你可以考虑潜在市场规模和可服务市场范围。 ■ 这些用户每年会购买多少产品,每位用户的年收入是多少?结合这两个数据,预测市场总规模,也就是在他们都会购买产品(数量和收入)的情况下,这个市场有多大? ■ 或者,你可以预测问题的规模,也就是用户每年会支付多少钱用以处理你旨在解决的问题?
2. 预期增长
■ 市场是处于成熟阶段还是发展变化阶段?近两年是否有所增长? ■ 接下来的2至5年内,你预计用户需求或数量会增长多少?

深入考虑了这些问题后,你就能够对"市场容量"这一因素进行评级了。如果你认为这种做法有帮助,你还可以逐一对子因素进行评级,然后综合评价它们的等级,得出最终等级。

3)经济可行性

(1)什么是经济可行性?

作为评估创业机会潜力的最后一个因素,经济可行性反映了这个机会可能会为你创造的经济效益。不涉及详细的销售计划或投资回报率,它指的是影响创业机会经济价值的基本因素。

(2)如何进行评估?

在评估的初期,制订详细的财务计划(3~5年的损益估算)并不可行,因为这个计划涉及的大部分信息到目前为止都太模糊。但是,通过考虑以下三个主要问题,你可以得到一个相对清楚的创业机会经济潜力:你是否会有可观的利润?用户是否可以负担既定的价格?用户黏性有多大?

客观地回答以上三个问题有助于了解创业机会的经济潜力(表5-6)。以下问题可以引导你找出答案。

表5-6 判断创业机会的经济潜力清单

1. 利润率(价值与成本)
■ 用户愿意支付的预估价格是多少? ■ 产品或服务的预估成本是多少? ■ 获得每位用户的预估成本是多少? ■ 预估利润是多少(也就是每位用户的经济潜力有多大)? ■ 他们会随时间发生变化吗(由于规模经济、组件的有效性的提高等)?
2. 用户的支付能力

■ 用户是否具有较强的经济能力（总体来说）？ ■ 对于你旨在用产品/服务解决的问题，用户是否有预算（特别是 B2B）？ ■ 是否有人在经济上对预算负责（特别是 B2B）？
3. 用户黏性
■ 用户会多么频繁地使用或重复购买你所提供的解决方案？ ■ 用户使用替代解决方案的难易程度有多大？

深入考虑了这些问题后，你就能够对"经济可行性"这一因素进行评级了。如果你认为这种做法有帮助，你还可以逐一对子因素进行评级，然后综合它们的等级，得出最终等级。

4）潜力：综合评级

完成对购买的必然理由、市场容量和经济可行性这三个关键因素的分析后，将这三个因素的等级进行综合评价得到总的创业机会潜力等级。将这三个等级平均，平均等级也在"低级至超级高"的范围内。平均等级将用于判断这个创业机会在吸引力地图上的位置：价值创造潜力为 y 轴。

注意，平均等级可能会隐藏关于创业机会优缺点的信息。不过更重要的是你已经考虑了评估创业机会潜力时的主要因素。现在，你已经了解了创业机会潜力的优劣势。此外，还需要给不同因素分配权重。

用户得到的价值（购买的必然理由）是一个必要条件，因此也是第一个要分析的内容。如果结果相对较低，不管其他因素有多大的优势，你进入市场的过程中都会出现各种问题。但价值和市场容量可以相互平衡，创造出非同寻常的创业机会（例如，超高价值和较低市场容量，反之亦然）。所以，整体情况还是取决于所有因素。

必要时，可以对不同因素赋予不同的权重。但要慎重行事，如果你确实要使用不同的权重，一定要确保在不同机会选项间保持一致。

2. 挑战

你考虑的每个创业机会不仅涉及其本身具有的价值创造潜力，还包括其价值带来的挑战。了解创业机会的挑战很重要，因为它们决定了你在这个市场获得成功的难易程度。注意，虽然潜力是通过观察创业机会本身来评估的，但这个方面考察的其实是你的成功能力，以及可能面临的主要障碍。

在创业机会的地形图上，每个机会选项就是一个你要攀登的一座山；"挑战"指的就是你爬到山顶的概率，而不是山顶的高度。利用以下三个主要因素就可以判断一个创业机会所具有的挑战。

1）实施障碍

（1）什么是实施障碍？

在你成功进入市场发布和推广你的产品或服务的过程中，创造和交付产品时你会面临各种挑战。评估这些挑战。除了了解已掌握的资源和能力，你还需要了解自己应该开发其他哪些新资源和获得哪些新能力，以保证你在选定的创业机会中获得成功。

（2）如何进行评估？

想要评估实施障碍，你首先需要解决以下三个主要问题：对你来说，开发产品的难度有多大？销售和分销的难度有多大？为这个机会选项筹集资金的挑战有多大？

以上问题的答案可以让你深刻了解实施过程中面临的挑战。利用以下问题找出答案（表5-7）。

表5-7　实施障碍清单

1. 产品开发的难度
■ 必须攻克哪些技术难关？
■ 你是否可能会面对与用户界面和设计相关的挑战？
■ 你是否应该遵守任何规章制度？
2. 销售和分销的难度
■ 为获取用户，需要利用哪种分销渠道（直销、经销、零售等）？
■ 是否有充足的渠道？
■ 建立渠道需要多长时间？
■ 拥有多个渠道是否重要？
■ 经营或利用分销渠道的成本有多高？
■ 是否已存在有效的销售渠道（针对目标用户群）？
■ 让用户了解你的产品或服务并产生兴趣（也就是获得新用户）的成本有多高？
3. 筹集资金的挑战
■ 在用户开始购买产品或服务前，你需要筹集多少资金（也就是总的种子投资）？
■ 筹集足够资金的难度有多大（可用资金等）？

深入考虑了这些问题后，你就能够对"实施障碍"这一因素进行评级了。你还可以逐一对子因素进行评级，然后综合评价它们的等级，得出最终等级。

2）获利周期

（1）什么是获利周期？

正向现金流就像初创企业的氧气。时间飞逝，资金如流水。因此，通过销售产生现金流的速度就是主要的考虑因素。这个因素预测了账户中开始产生现金积累的时长。如果周期过长，那你很可能在创业的路上面临重大挑战，也可能经受巨大的压力，因为主要股东及企业员工会质疑创业思路的可行性。

（2）如何进行评估？

想要预测创业机会的获利周期，首先要考虑以下三个主要问题：预计产品开发时长是多少？产品准备就绪和市场准备就绪之间的时长是多少？销售周期预计是多长时间？

客观地回答以上三个问题有助于了解与创业机会相关的时间因素。以下问题可以引导你找出答案（表5-8）。

深入考虑了这些问题后，你就能够对"获利周期"这一因素进行评级了。如果你认为这种做法有帮助，你还可以逐一对子因素进行评级，然后综合评价它们的等级，得出最终等级。

表 5-8 评估获利周期清单

1. 产品开发时长
■ 在产品准备进入市场前，你需要完成哪些重大任务？（考虑技术开发、设计配件、规章制度等） ■ 完成每个重大任务的时长是多少？ ■ 在产品准备进入市场前的这个阶段需要多长时间？
2. 产品准备就绪和市场准备就绪之间的时长
■ 产品准备就绪后，我们应该或需要在产品推向市场前做什么？（考虑价值链因素、必备的基础设施、互补产品等） ■ 这要花多长时间？ ■ 产品准备就绪和市场准备就绪之间是否存在时间差？这个时间差有多长？
3. 销售周期
■ 谁是购买决策的参与者？为达成交易，你需要与多少人进行沟通或会面？ ■ 是否会有人反对购买此产品或阻碍其进入市场？他们为什么反对（价格昂贵/产品复杂/原系统需要改变等）？ ■ 达成交易的预计时长是多少？ ■ 交易确定后，预计的执行时长是多少？

3）外部风险

（1）什么是外部风险？

外部环境中的许多企业和竞争者会威胁你的企业的成功。而你通常无法控制这种风险，但在判断创业机会价值发挥的难易程度时需要考虑这一点。

（2）如何进行评估？

想要评估创业机会的外部风险，你首先需要考虑以下几个问题：竞争会给你带来多大威胁？你对其他企业或竞争者（第三方）的依赖程度有多大？你的产品或服务的市场接受度如何？遇到的阻力有哪些？你对此有多敏感？

客观地回答以上问题有助于你更深入地了解与创业机会相关的外部风险。以下问题可以引导你找出答案（表 5-9）。

表 5-9 评估外部风险清单

1. 竞争威胁
■ 谁是你目前的竞争者（一一列出）？ ■ 谁会成为你未来的竞争者？ ■ 这些竞争者有多强大？ ■ 对于新入市场者是否有进入壁垒（专利、规章制度、外部网络等）？ ■ 与其他竞争者相比，你是否有明显的优势？ ■ 这种优势是否可持续（独特、难模仿、可持续）？
2. 第三方依赖性
■ 合作创新：为了让你的发明创造成功，谁还需要参与创新？ ■ 生态系统中的哪些参与者会影响你的产品被用户接受？为了让目标用户完全实现价值主张，谁还需要采用你的发明创造？ ■ 制度管理：你对政策制定者和监管机构的依赖性有多大？

续表

3. 产品接受障碍
■ 用户是否能接受新产品？ ■ 你的产品是否和现有方式兼容？和现有规定相容？和现有系统、标准、基础设施相容？ ■ 你的产品有多复杂？ ■ 在购买前是否可以试用？

深入考虑了这些问题后，你就能够对"外部风险"这一因素进行评级了。如果你认为这种做法有帮助，你还可以逐一对子因素进行评级，然后综合它们的等级，得出最终等级。

4）挑战：综合等级

一旦完成了对所有价值获取挑战因素的分析后，你就可以得到综合等级。根据你的分析结果，综合等级是在"低级至超级高"的范围内。综合等级将用来识别创业机会在吸引力地图上的位置：挑战为 x 轴。

注意，平均等级可能会隐藏关于创业机会优缺点的信息，但它提供了一个比其他创业机会更明确的标准。所以，我们一定要注意每个因素的独立分析及最终得到的综合等级的含义。

此外，还要注意给不同的因素分配权重。所有因素是否有相同的重要性？这是个简单的问题，却有着复杂的答案。我们建议你仔细观察不同的因素，明确它们对你的成功所起到的作用。如果你要给每个因素分配权重，一定要注意各个因素间的相互联系性。例如，实施障碍和外部风险会影响获利周期，尽管它们强调了不同的观点和重要的考虑因素。另外，在评估其他创业机会时，要始终保持一致，为同一个因素分配相同的权重。

(四) 吸引力地图四个区域的分析

当你的视角完成从创业机会的个体到整体的转移后，吸引力地图将发挥其最大功能。吸引力地图可以让你发现比较潜在的创业机会、锁定最具潜力的机会，以及设计敏捷聚焦战略。吸引力地图上有四个区域的机会：金矿机会、最高目标机会、速赢机会，以及存疑机会。

1. 金矿机会

这个区域的创业机会具有相对较大的价值创造潜力和较小的价值获取挑战。换句话说：你的梦想会实现！它们位于理想位置，但相对稀少。金矿机会通常是识别出大量未被满足的需求的结果——在此之前从来没有人去解决这些需求，或者，你可能拥有攻克某个难关的关键技术，而其他人不具备这个技术。如果你确定有一个金矿机会，那它就会显现出主要创业机会的特征。

2. 最高目标机会

有一类创业机会，它们具有相对较大的价值创造潜力和较大的价值获取挑战。通常，真正创新的产品或服务都位于吸引力地图的这个区域，也就是高风险、高回报并存。一些投资者认为，如果你相信团队可以克服这类机会所带来的巨大挑战，那这些机会选项很值得你去投资。因此，最高目标选项可以作为你的主要创业机会选项或长期的发展机会选项。

3. 速赢机会

在这个区域里，创业机会具有相对较小的价值创造潜力和较小的价值获取挑战。在风险—收益模式里，它们代表了低风险/低收益的机会选项，它们相对安全地提供了有限的价值创造潜力。这些选项可以为你提供一个非常漂亮的开头，但需要结合其他机会来增强企业的长期发展潜力。很多创新型企业创立时，短期内都会对准这样的速赢机会，以此作为未来最高目标机会的垫脚石。

4. 存疑机会

该创业机会具有相对较小的价值创造潜力和较大的价值获取挑战。所以，这是吸引力地图里最不理想的一块区域。在其他三块区域找到目标创业机会对你来说更有利，你可以先搁置存疑的创业机会，因为条件会随时间发生变化，这类机会在未来某个时间也可能变得更具吸引力。

四、敏捷聚焦标靶

明智的创业机会战略的制定需要考虑"哪些是你应该聚焦的最具吸引力的创业机会？""你如何同时保持聚焦、敏捷和开放的态度？"等问题。利用敏捷聚焦战略，你可以综合上述两个方面制定出最优战略，在商业化过程中获取最大价值。

（一）敏捷聚焦战略：聚焦和敏捷的结合

敏捷聚焦战略通过对其他创业机会持有的开放态度，可以平衡聚焦和敏捷之间的紧张关系：用最小的付出降低风险、提高价值。而且，这个战略可以让你充分利用资源和能力，对其进行更有效的分配，避免陷入可能会导致你失败的死局。

敏捷聚焦战略对你如何建立和设计企业有着重大影响。它能够让你聚焦于最具吸引力的创业机会，同时又对其他机会保持敏捷。

1. 如何同时实现敏捷和聚焦

有很多措施能够让你对其他机会保持开放的态度，并在培养你敏捷性的同时推动你在最具吸引力道路上聚焦！可以开发让自身更具敏捷性的资源。例如，开发便于重组的模块化技术，抛出更广泛的知识产权（IP）或选择可以重新定位的品牌。这些措施无须过多的投入，不需要损害最具潜力的创业机会，但却能够让企业在面对变化时变得更强大。

在创业过程中，对机会选项保持开放态度类似于实物期权分析。相对较小的投资赋予你在未来进一步实施这个机会的权利，而非义务。敏捷聚焦战略建立在实物期权理论的基础上。实物期权理论是在不确定条件下的策略研究的过程中形成的。

2. 如何设计敏捷聚焦战略

完成创业机会的评估和吸引力地图是设计敏捷聚焦战略的基础。它向你展示了全部机会选项的绝对和相对吸引力所在。这个重要信息有助于你选择主要的创业机会——也是你全力坚持实施的机会。

但是，制定明智战略的基础有两点：一是找出最具吸引力的机会，二是要创造出与上述机会相关的机会组合以提高敏捷性。因此，需要从创业机会集合中至少选择一个备选项和一个发展机会选项。

备选项是一个具有吸引力的创业机会，但其不承担与主要创业机会相同的风险。

它可以让你在必要时改变方向。发展机会选项是一个可以让你不断创造新价值的具有吸引力的创业机会。

理想状态下，备选项和发展机会选项应与主要创业机会联系紧密。产品和市场的关联性让你能够充分利用现有资源、能力和人际关系——用最小的付出最大限度地增加你创造的价值，平衡风险。对备选项和发展机会选项保持开放态度（在必要时选择实施它们），或者现在就可以选择它们，与主要创业机会并行。这一投资决策取决于坚持这两个机会选项所需的额外付出，以及它们对企业生存或事业成功的重要影响。这个设计过程的结果就是敏捷聚焦战略，它明确说明了主要创业机会、作为备用或发展的机会选项，以及目前搁置起来的、在这个阶段并不适用的机会。

可以利用敏捷聚焦标靶描述你的战略，利用企业的敏捷聚焦战略轻松评估创业机会并对其进行分类。一张有关创业机会的清晰地图不仅有助于平衡风险，而且有助于应对随时出现的新挑战。

(二)设计敏捷聚焦战略

利用表 5-10 设计敏捷聚焦战略。具体来讲，在完成主要创业机会的选择后，根据机会的吸引力及其与主要机会的关联性，它会协助我们找到最佳的备选项和发展机会选项。

下一步，需要确定将对这些机会选项做什么样的动作：是现在就选择实施它们，与主要创业机会并行，还是对其保持开放态度（也就是未来可能会选择实施）？这个过程的结果就是我们的敏捷聚焦战略，其可以呈现在敏捷聚焦标靶上。

设计敏捷聚焦战略的第一步就是要选择主要创业机会。一旦识别出了主要创业机会，就可以开始计划备选项和发展机会选项的敏捷组合了。

表 5-10 设计敏捷聚焦战略

1. 选择要聚焦的主要创业机会（根据吸引力地图）		（创业机会一）		
2. 从组合中挑选其他具有吸引力的创业机会，识别潜在的备选项和发展机会选项		（创业机会二）	（创业机会三）	（创业机会四）
与主要创业机会的关联性	产品关联性 产品之间在这几个方面的共享程度：技术能力、必备资源、必要的人际关系网络	□无关联 □一定程度的关联 □高度关联	□无关联 □一定程度的关联 □高度关联	□无关联 □一定程度的关联 □高度关联
	市场关联性 用户之间在这几个方面的共享程度：价值和利益、销售渠道、口碑	□无关联 □一定程度的关联 □高度关联	□无关联 □一定程度的关联 □高度关联	□无关联 □一定程度的关联 □高度关联
适合	备选项 其他具有吸引力的创业机会，不承担与主要创业机会相同的重大风险，可以进行方向上的改变	□备用	□备用	□备用
	发展机会选项 可以给企业创造新价值的具有吸引力的创业机会	□发展	□发展	□发展

设计敏捷聚焦战略：至少挑选一个备选项和一个发展机会选项；确定是否有任何机会选项需要现在就实施；搁置其他机会选项	□现在实施 □保持开放态度 □搁置	□现在实施 □保持开放态度 □搁置	□现在实施 □保持开放态度 □搁置

第一步：选择主要创业机会。

主要创业机会是我们准备聚焦的选项，也是你将全力实施的选项。为征服这个机会，我们会利用大量的资源和能力。选择主要创业机会有时就是一个简单、直接的决定，但有时又会让我们陷入两难境地，因为我们要被迫放弃其他看起来很好的机会，而又不确定哪个机会最终会获得关注。

想要做出明智决策，需要先查看吸引力地图，利用在评估过程中收集的所有信息，并根据吸引力地图提供的整体情况，深入了解创业机会的优先顺序。根据它们的潜力等级和挑战等级，对可选项进行对比，选出主要创业机会。

完成对主要创业机会的选择后，需要将它标记在工作表5-10中。接下来，需要选择备选项和发展机会选项。

第二步：查看备选项和发展机会选项。

敏捷聚焦战略的主要目标是用最小的付出来平衡风险，提高价值。为了实现这一点，我们需要选择至少一个创业机会作为备选项，一个创业机会作为发展机会选项，建立以主要创业机会为核心的敏捷机会组合！

有了备选项，可以及时调整方向。它回答了这个问题：如果我们没有成功，那接下来我们该怎么做？有了发展机会选项，就可以创造新的价值。它回答了这个问题：如果我们成功了，那接下来我们该做什么？

为了识别备选项，我们需要再次回到吸引力地图及表5-3完成的评估上。选择其他具有吸引力的创业机会——可以作为备选项、需要继续查看细节的机会——并将它们放在表5-10的指定位置上。

接下来，我们需要确定这些机会选项与主要创业机会的关联度，以及它们是否适合作为备选项或发展机会选项。它们与主要创业机会的关联度越高，将它们作为备选项或发展机会选项时我们就会越轻松。那么，如何评估这些创业机会选项与主要创业机会的关联度呢？

两个创业机会的关联度意味着，为一个机会选项开发的资源、能力、人际关系网络可以有效应用到另一个机会选项上并取得成功。在围绕主要创业机会建立敏捷组合时，备选项和发展机会选项与主要市场的关联度越高越有利。在这种情况下，坚持实施备选项或发展机会选项所需的新的付出就会相对较少。

为了评估将资源和能力从一个机会选项转换到另一个机会选项的能力，我们需要考虑两种关联类型：产品关联度和市场关联度。其中，产品关联度是指开发两种产品所需的资源和能力的相似程度。市场关联度是指两种产品的营销和分销所需的资源和能力的相似程度。两种关联类型同等重要。

1. 评估产品关联度

产品（服务）的开发需要特定的能力、资源和人际关系网络。想要确定与主要创业机会相关的产品和与潜在备用/发展机会选项相关的产品这两者之间的关联度，我们需要考虑以下问题。

这两种产品在以下方面的相似度：

(1)技术能力。(例如,产品的功能和特点依赖于类似的技术,有着共同的制度要求)

(2)必备的资源。(例如,员工、生产设备、知识产权等)

(3)必要的人际关系网络。(例如,供应商、合作伙伴或价值链上的其他成员)

产品的综合关联度可以按照以下三个等级进行评定：产品无共同点(无关联)、产品有某些共同点(一定程度的关联)、产品有很多共同点(高度关联)。

2. 评估市场关联度

相邻市场的用户根据相似的价值做出购买决策,从相同销售渠道购买及在做出购买决策时相互参考。为了解主要市场用户和潜在备用/发展机会选项用户之间的关联度,我们需要考虑以下问题。

这两个用户群在以下方面的相似度：

(1)价值和利益。(例如,从一个市场到另一个市场,都可以利用的品牌和声誉)

(2)销售渠道。(例如,在两个不同市场中,可以使用相同的销售渠道)

(3)口碑。(例如,用户在一个市场中的满意度可以对另一个市场中的产品起到推广作用)

市场的综合关联度可以按照以下三个等级进行评定：用户无共同点(无关联)、用户有某些共同点(一定程度的关联)、用户有很多共同点(高度关联)。

3. 哪些创业机会适合作为备选项

备选项就是"B计划"。在初始机会实施不顺利的情况下,可以利用备选项改变发展方向。备选项应该是与主要创业机会联系最紧密的具有吸引力的机会。但是,因为它们会成为B计划,所以备选项不能与主要创业机会承担相同的风险或依赖于相同假设。简言之,即使在实施主要战略的过程中失败了,我们也能够在备选项上成功。

利用吸引力地图和在表5-2中完成的所有评估,思考主要创业机会承担的主要风险和可能遇到的障碍,并与其他机会进行比较。如果主要创业机会的成功在很大程度上取决于规章制度,那备选项就应该不受这种规章制度的限制。

熟知主要创业机会的弱点和主要风险,这一点非常重要,否则在遇到问题时你很可能会猝不及防。选择一个合适的备选项,平衡可能出现的问题,你就可以自如地应对风险了。在表5-3的指定位置标记适合作为备选项的机会。

4. 哪些创业机会适合作为发展机会选项

发展机会选项可以提高价值创造潜力。在主要创业机会潜力较低的情况下,我们可以同时实施发展机会选项和主要创业机会选项,还可以选择在未来实施发展机会选项。

但不管在什么情况下,我们所寻找的机会选项都应该是具有高吸引力、"高"潜力、"低"挑战,以及与主要创业机会联系最为紧密的机会,这样,在实施发展机会选项时才不必付出更多的努力。把发展机会选项看作通向成功的战略路线图。例如,选择速赢的机会作为初始目标,那发展机会选项就应该是最高目标机会。

例如,面向大众市场且价格适中的特斯拉电动汽车就是一个典型的发展机会选项,埃隆·马斯克(Elon Reeve Musk)(特斯拉的创始人之一兼首席执行官)最初选择的是豪华跑车市场而不是电动汽车市场。

查看所有机会，在表 5-3 的指定位置标记一个或更多适合作为发展机会的选项。有时，一个创业机会既可以作为备选项，又可以作为发展机会选项。如果创业机会集合中包括一个与主要创业机会联系紧密且具有吸引力的机会，而又与主要创业机会承担不同的主要风险，那这个机会就既可以作为备选项，又可以作为发展机会选项。在这种情况下，我们就不需要再选择两个不同的机会了。

第三步：确定敏捷聚焦战略。此时，我们已选出了主要创业机会，也完成了对不同备选项和发展机会选项的评估，接下来，我们需要确定敏捷聚焦战略。这时需要做出这两个决策：在已经完成评估的创业机会中，哪个可以最终作为备选项和发展机会选项？我们计划在这些机会选项中投入多少精力？

做完决策后，我们就能够确定哪个创业机会适合现在实施，哪个创业机会适合保持开放态度，哪个创业机会适合搁置。

综合所有重要的考虑因素后，就可以实现制定敏捷聚焦战略了，在聚焦于最具吸引力的创业机会的同时保持敏捷。

(三)成果——敏捷聚焦标靶

现在可以在创业机会导航中描述敏捷聚焦战略了。利用标靶标记主要创业机会选项、备选项或发展机会选项及搁置起来的机会选项。我们可以利用敏捷聚焦标靶对战略进行描述，与团队成员、员工和其他股东进行讨论。

战略一旦确定，就不容易改变。但是，敏捷聚焦思维模式帮助我们形成了认知弹性，在必要时可以做好调整的准备。在前进、扩大影响和获得新想法的过程中会不断出现新的机会。在这种情况下，我们需要回到表 5-2 的评估过程，将新的创业机会放到吸引力地图上的适当位置。然后，慎重考虑这个机会是否需要我们调整战略，不管这个机会是作为主要创业机会还是备用/发展机会选项。导航是我们的学习伙伴，帮助我们处理新的发展方向。一方面，我们不要仓促选定新方向；另一方面，如果改变和调整可以改善我们当前的状况，那我们也应该勇敢接受。

课堂活动

发现并评估你的创业机会

我们学习了如何运用创业机会集合法发现创业机会，运用吸引力地图评估所有创业机会具有的潜力与挑战。现在，通过填写表 5-11，生成你的创业机会。

表 5-11　生成你的创业机会

步骤	能力	
列出企业的核心能力或技术要素		
识别你的创业机会	功能	用户

填写表 5-12，具体评估你的创业机会是否为好的创业机会。

表 5-12　创业机会评估

评估方面	购买的必然理由	市场容量	经济可行性	实施障碍	获利周期	外部风险
创业机会 1						
创业机会 2						
创业机会 3						
……						

课堂 反思

1. 创业机会的内涵与特征是什么？
2. 大学生的创业机会主要来源于哪些渠道？
3. 在发现新的创业机会过程中，我们要从哪两个方面考虑？
4. 如何评估创业机会的吸引力？

课外 实践

撰写创业机会分析报告

通过以上学习，你已经结合专业，寻找到自己的创业机会，并通过吸引力地图和敏捷聚焦标靶的方法锁定了你的创业机会。现在，请根据你的寻找和评估分析结果，撰写你的创业机会分析报告（表 5-13）。

表 5-13　创业机会分析报告

分析项目	分析内容	
机会识别	通过创业想法构想表识别的创业机会	
	通过创业机会识别法识别的机会	
机会评估	机会具有的潜力	
	机会面临的挑战	
机会锁定	金矿机会	
	最高目标机会	
	速赢机会	
	存疑机会	
机会选择	最终选择的机会	
创业机会最优战略		

第六章 整合创业资源

学习目标

知识目标：了解创业资源的种类及创业所需的关键资源；了解创业启动资金分类；了解股权融资与债权融资；了解常见的融资渠道。

能力目标：能够利用不同渠道获取创业资源；能够测算创业启动资金；能够利用有限资源开展创业活动。

素质目标：积极寻求创业资源和创业资金，对有限的资源进行创造性地利用。

案例导入

创业融资不容易

一口京腔十足的普通话，1.86 米的高大身板，顶着一头与 90 后极不相符的花白头发，会时不时交叉揉搓着双手……这就是段刘文。他是"中关村之父"段永基之子，他弃医从商，独立创业，短短几年，将 50 万元的"小作坊"打造成市值数亿元的大企业，成为从富二代到"创二代"的经典案例。

段刘文和几个朋友在中关村北理工留创园创办了汉朗光电，公司的启动资金大部分来自中关村留学人员创业基金的资助。2018 年，公司还成功申请到科技部中小企业创新基金，并成立了汉朗光电南京生产中心。

整个创业过程中，段刘文有条原则：凡是跟自己家沾上点儿关系的人，他们的钱就坚决不要。这个原则看似不像出自一位精明的商人，但段刘文有自己的观点："生意就是生意，VC(风险投资)的钱也不是自己的，他们后面还有 LP(有限合伙人)。投资者像秃鹫，眼睛盯着回报，如果你不能给他创造价值，他不会管你是谁。中国人做生意讲究私人关系，西方人做生意注重法律合同。在这一点上，我的理解是做生意应先理智客观地选择商业伙伴，而不要把私人关系掺杂进来，但在日后的合作中要与对方发展良好的私交，这样的合作既稳固又理智。"

创业公司发展的速度永远比不上烧钱的速度。2019 年，公司的资金已经非常紧张，融不到钱就得破产。段刘文从不接受家族或者熟人的钱。而吸引风险投资一开始并不容易。

最后打动投资方的正是公司的专业特长。2019 年，段刘文为了融资跑了 20 多家 VC 未果。最后，段刘文遇到了软银，它们几乎是最苛刻也是最有实力的。当时，汉朗光电已经在液晶屏上做出黑白汉字，对方说："我们不看汉字，只看图片。"段刘文和他们解释，汉字和图片在工程原理上是一样的。但软银的人却回答："技术原理只是基础，实际功能才是我们最关心的。如果显示不了图片，对我们来说意义就没有那么大了，我们明天就要走了。"当天夜晚，段刘文和团队一起，熬了整整一个通宵。第二天早上，他和孙刚博士来到软银门口等候时竟不知不觉睡着了。软银投资人见到此景很奇怪，后来，段刘文拿着做好的图走上前："您要的图片，我们做出来了。"软银被他们的专业和诚恳打动，很快便融资成功。

段刘文认为，相比老一辈企业家，二代所处的经济环境更开放，成功的机会也更多，关键是把心态摆正，脚踏实地，当然还要经得起诱惑，没有父辈的帮扶，我们一样可以生活得精彩。

（有删改①）

▶ 第一节　创业资源概述

一、创业资源的内涵与种类

（一）创业资源的内涵

创业资源指企业在初创与后续成长中所需要的各种生产要素和支撑条件，包括有形资产和无形资产。

从某种程度上看，创业就是不断地投入人、财、物等资源，以生产市场上所需要的产品并提供服务，从而实现价值增值的过程。企业在盈利的同时，又给社会创造了价值。因此，创业资源充足与否是企业能否成功运转的基础，它在企业生产经营的各个环节都不可或缺，是大学生创立企业并顺利运转的保证。

创业与生产活动一样需要运用资本、土地、人力、知识等生产要素。创业实际上是一种资源组合活动，即通过资源的有效组合实现创造价值的目标。基于资源禀赋的差异，在创业资源组合的过程中各种资源本身的价值、地位和作用各不同。有些资源高度稀缺，具有不可替代性，对创业发挥着核心支撑作用。如果失去这种资源，企业的商业逻辑就难以成立和实现。有些资源相对容易获得，对创业发挥一般支撑作用。显然，发挥核心支撑作用的资源就构成了企业的战略资源，也就成为企业的核心依托。

大学生在创业之初，一定要明确自身需要哪些资源，尤其是核心资源，并进一步明确自身所拥有的资源。

（二）创业资源的种类

创业资源基于不同的角度可以有多种分类方式，例如，基于来源可以分为自有资源和外部资源，基于存在形态可以分为有形资源和无形资源，基于对生产过程的作用可以分为生产型资源和工具型资源等。

结合大学生创业的特点及资源在企业初创过程中所发挥的作用，这里将创业资源

---

① 徐俊祥. 大学生创业基础：知能训练教程［M］. 北京：现代教育出版社，2014.

分为物质资源、资金资源、人才资源、技术资源、社会资源、管理资源、政策资源七大类[①]。

1. 物质资源

物质资源指企业的有形资产，包括厂房、软硬件设备、原材料等。除了某些稀缺产品，物质资源的缺乏一般可以通过资金来解决。

2. 资金资源

资金资源指企业运营所需要的资金支持情况。资金的形式可以是现金、资产和股票等。开发新的产品、产品的营销以及市场推广活动需要充足的资金支持，并需要完备的财务预算。在创业初期，几乎所有企业都面临着资金匮乏这个难题。大学生在读书期间几乎没有收入来源，虽然有些学生会利用业余时间在外兼职赚取收入，但对于初创企业来讲这远远不足。

3. 人才资源

人才资源指企业在生产、销售、物流、财务、管理等环节中素质层次较高的那一部分人的拥有量。在知识经济时代，人才资源是企业的核心，是企业可持续经营的关键资源。人才既可以通过外部招募获得，也可以通过内部的筛选与培养获得。在现代企业可持续发展中，高素质人才的获取和开发是关键，对于一些技术含量高的新兴产业或高科技的创业企业，因为知识与技术在竞争中起着决定性作用，所以人才资源往往更为重要。

4. 技术资源

技术资源指对企业具有商业价值的科技成果、生产工艺过程或作业程序等。在创业初期及企业运行中，技术资源是指与实际问题、软硬件设备等有关的知识。由于大学生思维活跃，有较强的成就动机，有专业的学科背景，因此在技术创新方面具有较强的优势。

5. 社会资源

社会资源又称社会资本，是指企业所拥有的各种社会关系，包括创业者个体以及创业成员的社会关系。大学生的社会关系网络相对较弱，大学生在校期间与社会的联系较少，因此，他们在创业之初主要依靠亲戚、朋友以及学校的支持，社会资源形式比较单一。

6. 管理资源

管理资源指企业中实存的组织运行机制、管理制度、工作规范、作业流程、质量系统以及创业者或管理者所拥有的管理经验、管理知识和管理能力。企业的运转以及各部门之间配合得高效与否，其关键在于管理。拥有完善的管理资源，可以较好地调度与使用资源。大学生接触社会较少，在校期间侧重于对专业知识的学习，在企业的运营和管理方面缺乏知识经验。企业创立之后，如果不能及时转换角色，在管理企业的过程中将会表现得过于理想化。

7. 政策资源

创业政策是由政府及相关部门制定并出台的鼓励新企业创立、成长的政策和措施，

---

① 王达林．创业天下[M]．北京：清华大学出版社．2009．

其目的是促进创新和创业，是初创企业最好的外部资源之一。创业者一方面可以为初创企业筹集创业资源，另一方面能够在一定程度上提升初创企业的社会形象。对于创业的大学生而言，由于自身资源有限，更要学会充分利用创业政策。

二、创业资源的获取途径

创业资源的获取途径分为市场途径和非市场途径。当创业所需的资源有活跃的市场，或者有类似的可比资源进行交易时，可采用市场交易的途径，其他情况下则可采用非市场交易的途径。

(一)通过市场途径获取资源

通过市场途径获取资源的方式包括购买、联盟和资源并购等。

1. 购买

购买是指利用财务资源进行市场购入以获取外部资源，包括购买厂房、装置、设备等物质资源，购买专利和技术，聘请有经验的员工等。需要注意的是，诸如知识尤其是隐性知识等资源虽然可能会附着在非知识资源之上，通过购买物质资源(如机器设备等)得到，但很难通过市场直接购买，因此，需要初创企业通过非市场途径去开发或积累。对创业者来说，购买资源可能是其最常用的资源获取方式，大部分资源尤其是物质资源、技术资源、人力资源等，都可以从市场上购买得到。

2. 联盟

联盟是指通过联合其他组织，对一些难以或无法自己开发的资源进行共同开发。这种方式不仅可汲取显性知识资源，还可汲取隐性知识资源，但前提是联盟双方的资源和能力互补，有共同利益，而且能够对资源的价值及使用达成共识。通过联盟的方式共同研究、开发和获取技术资源也是创业者经常采用的方式，尤其是对高科技企业来讲，通过与高等院校和研究机构的联盟，可以在不增加设备投入的同时，得到企业发展所需要的技术资源，从而保持企业可持续发展的后劲。

3. 资源并购

资源并购指的是两家或者更多的独立企业、公司合并组成一家企业，通常由一家占优势的公司吸收一家或者多家公司。并购的内涵非常广泛，一般是指兼并和收购。企业并购的过程实质上是企业权利主体不断变换的过程。并购是一种资本经营方式，通过并购可以帮助创业者缩短进入一个新领域的时间，从而及时把握商机，实现创业目标。

(二)通过非市场途径获取资源

非市场途径获取资源的方式主要有资源吸引和资源积累等。

1. 资源吸引

资源吸引是指发挥无形资源的杠杆作用，利用初创企业的商业计划，通过对创业前景的描述，利用创业团队的声誉来获得或吸引物质资源(厂房、设备)、技术资源(专利、技术)、资金和人力资源(有经验的员工)。创业者在接触风险投资或技术拥有者的过程中，可以通过对创业前景的描述或团队良好声誉的展示，获得资源拥有者的信任和青睐，从而吸引其主动将拥有的资源投入初创企业。

2. 资源积累

资源积累是指利用现有资源在企业内部通过培育而形成所需要的资源。包括自建企业的厂房、装置、设备，在企业内部开发新技术，通过培训来增加员工的技能和知识，通过企业自我积累获取资金等。创业者常采用资源积累的方式来筹集企业所需的人力资源或技术资源。通过资源积累的方式获取人力资源也是一种激励方式，这种资源积累一般采取内部晋升的制度来激发创业团队或企业员工的工作积极性，提高员工的工作效率。通过资源积累的方式获取技术资源，则可在获得核心技术优势的同时保护商业机密。

课堂 活动

小组比赛：矿泉水瓶的用途

请同学们以身边的普通矿泉水瓶为例进行小组讨论，看看矿泉水瓶除了做容器之外，还有哪些用途？想得越多越好。

反思：矿泉水瓶代表大家身边的资源。如果换个思路和视角，同学们将会发现其会有意想不到的价值和功用。突破资源限制，从创新思维开始。

▶ 第二节　启动资金预测与融资

一、启动资金预测

创业需要启动资金，如果启动资金不足，则需要进行融资，因此创业者在创办企业前理应科学地预测企业启动所需的资金，通过合理地推算，了解并尽力获取融资的金额，从而保证企业在启动阶段业务的顺利运转，在企业业务经营达到收支平衡之前，有足够的资金支付各种费用。

(一)启动资金的分类

企业的启动资金一般是指自确定企业构思到企业开始运转后的前3～4个月，企业必须购买的物资开支和必要的其他开支，简单的理解就是项目的前期开支。企业所需的启动资金由投资和流动资金组成。

1. 投资

投资包括为开办企业购置的固定资产和一次性支出费用。开办企业投资是必需的，但不同的企业投资的多少是不同的，有的企业需要大量的投资才能启动，有的企业只需要少量的投资就能启动。但无论投资多少，创业者都应该合理地将投资降到最低限度。

2. 流动资金

流动资金是指企业日常运转所需支出的资金。这里启动资金的分类不是严格按照财务管理中的会计科目进行分类的，而是站在小微企业的角度，便于大学生创业者区分和理解而做出的一般分类，以便大学生创业者在实际创业时能够知道使用什么方法和思路去粗略估计企业的启动资金。

(二)投资预测

开办企业，投资需要的资金是必需的开支，并且要等到企业运营一段时间后，才能回笼资金，因此，开办企业前，必须要预测投资所需的资金。不同的是，有的企业需要支出所有项目的费用，有的企业只需支出部分项目的费用，但总的来说，投资分为两种，一种是固定资产投入，另外一种是一次性费用支出。

1. 固定资产投入

固定资产投入一般是一项比较大的资金投入，是指企业为生产产品、提供劳务或经营管理而购置的使用寿命较长、价值较高的资产，可概括为企业用地和建筑、设备这两类资产。

(1)企业用地和建筑。开办企业需要有合适的场所和建筑，可以是一间小的工作室，也可以是一个大型工厂或一个小店铺。当创业者清楚需要什么样的场地和建筑时，也可以选择新建建筑或购买、租用现成的建筑。如果是将自己的家改造为企业办公场所，则可减少这一部分投资。

(2)设备。设备的投资是指创办企业所需购买的机器、运输工具、电子设备以及其他与生产经营活动有关的器具、办公家具等。对于需要大量使用设备的制造企业和服务企业，则需要非常清楚地知道自己生产产品、提供服务需要哪些设备。

2. 一次性费用支出

一次性费用支出包括创办企业所需的无形资产投入、开办费和其他支出。

(1)无形资产。无形资产是指企业拥有或控制的没有实物形态的、可辨认的非货币性资产，如大型软件、专利权、特许经营权、土地使用权及商标权等。

无形资产是一项特殊财产，企业持有的无形资产通常来源于合同性权利或是其他法定权利，而且合同或法律规定有明确的使用年限。因此，预测无形资产首先需要考虑购买无形资产的合法性，其次需要明确无形资产的法定有效期限。

(2)开办费。开办费是指企业筹备期间的支出费用，包括开业前的市场调查费、培训费、差旅费、印刷费、注册登记费等。通常，开办企业的借款费用也可计入开办费项目。

(3)其他支出。开办企业的其他费用支出包括装修费、经营场所的转让费等。表6-1所示为某小型餐饮店店主开办餐饮店前进行的投资预测。

表6-1　投资预测表

投资项目		费用估算(元)
器具、家具和工具	餐桌(椅)	7000
	厨房设备	45000
	碗筷	1000
	清洁用具	100
	消毒器材	1500

续表

投资项目		费用估算（元）
交通工具	三轮车	5000
	电瓶车	1500
开办费	市场调查费	200
	培训费	3000
	差旅费	500
其他投入	前期装修费	12000
投资合计		76800

（三）流动资金预测

流动资金预测就是预算企业正常运转后流动资金的需要量。一般情况下，企业开张后需要运转一段时间才会有可观的销售收入。例如，制造企业开业后必须购进原材料才能进行产品生产，批发商和零售商必须购进并存储商品，服务企业在提供服务之前需要购进各种办公用品和材料，农业企业则需要更长的时间才能产生效益，且所有企业都要支付水电费等日常费用。流动资金具有周转期短、形态易变的特点，拥有较多的流动资金，可以在一定程度上降低企业的财务风险。企业的流动资金预算一般至少要能够支付3个月的费用。企业需要的流动资金包括如下费用。

（1）原材料或商品存货：制造企业需要预测销售前购买生产产品的原材料资金，服务企业在提供服务前也需要某些材料，贸易企业在营业前需要储存商品，并且库存量越大，需要的流动资金也就越多。

（2）租金：如果企业购买了经营场所，就无须支付租金。而大多数企业为了降低资金投入，往往选择租赁房屋来实现自己的经营，因此企业在进入运营前，就需要支付租赁经营场所的租金，一般按年限签订协议，签订的年限越长，企业一次支付的租金就越多。

（3）工资：雇用员工就需要支付员工工资。

（4）保险费用：企业需要为员工购买社会保险，包括养老保险、医疗保险、失业保险、工伤保险和生育保险。有些企业还会购买企业财产保险等商业保险，以避免企业的贵重设备在遭受火灾等自然灾害时造成的损失全部由企业自己承担。

（5）促销费：企业开办运营后，需要通过各种手段和途径对自己的产品与服务进行促销。企业的大小不同，促销费用相差很大，有的企业只需简单地进行宣传，如通过微信、微博等自媒体发布广告和开展促销活动；有的企业则会选择多种方式进行促销，如通过员工与顾客面对面交流来促销，在电视、广播上投放广告等。

（6）其他日常开支：企业在日常运营中，还需要支付水电费、通信费、网络宽带费、交通费，以及购置办公用品的费用。

表6-2所示为某小型餐饮店店主进行的流动资金预测。这里的预测是在假设前3个月没有任何销售收入的情况下计算出来的，只有支出没有收入，不能准确地体现现金流动情况，同时也可能存在遗漏的支出项目。当企业在运营一段时间后，可根据实

际的流动资金支出和收入调整原来的流动资金预测，使流动资金的估算更加准确和完整。

另外，流动资金预测表中原材料费用的开支是需要建立在市场调研数据上的，因此对企业原材料成本的假设和预测要科学合理。如新开一家面馆，该区域内原本已经有两家面馆在经营，A 面馆一天能卖 15 千克面，B 面馆一天能卖 35 千克面，顾客的需求总共是 50 千克面。假设你新开的面馆分 A、B 面馆一半的销量，也就是每天卖 25 千克面，这种预测是不合理预测，因为总的需求量是 50 千克面，你卖了 25 千克面，也就是另外两家面馆加起来每天只能卖出 25 千克面，这明显是不切实际的。充其量你可能只分去 B 面馆的 7.5 千克面，因为 B 面馆的销量很大，说明 B 面馆很有优势，你很难分到较多的销量，而 A 面馆的销量本来就少，如果你分去较多的销量，A 面馆的生意就无法做下去了，因此你可能分去 A 面馆的 2.5 千克面，最终你的面馆每天能卖出 10 千克面，或者稍多一些。

表 6-2　流动资金预测表

流动资金项目		前 3 个月的费用支出(元)
原材料	米	2000
	蔬菜	13500
	肉类	18000
租金(1 年)		24000
工资		18000
保险费(一个月试用期)		3200
促销费(每月 240 元)		720
水电费(每月 300 元)		900
电话费(每月 200 元)		600
宽带费(一年)		720
办公用品购置		100
其他支出(如打包盒等)		500
流动资金合计		82240

二、创业融资

《新帕尔格雷夫经济学大辞典》对融资的解释：融资是指为支付超过现金的购货款而采取的货币交易手段，或为取得资产而集资所采取的货币手段。从狭义上讲，融资即一个企业资金筹集的行为与过程，也就是说，企业根据自身的生产经营状况、资金拥有状况以及企业未来经营发展的需要，通过科学的预测和决策，采用一定的方式，从一定的渠道，向企业的投资者和债权人筹集资金，组织资金的供应，以保证企业的正常生产和经营管理活动需要的理财行为。企业筹集资金的动机应该遵循一定的原则，通过一定的渠道，以一定的方式进行。广义上讲，融资也称金融，就是货币资金的融通。

　　这里讲的创业融资是狭义的融资，是指创业者为了将某种创意转化为商业现实，通过不同渠道，采用不同方式筹集资金，以建立企业的过程。创业者应该根据初创企业在不同发展阶段的资本需求特征，结合创业计划和企业发展战略，合理确定资本结构及资本需求数量。

（一）创业融资的原则

　　创业者在开展创业融资活动时，应在所能接受和承担相应风险的基础上，尽可能以较低的成本及时足额获得创业资金。一般来说，创业者在融资时，应遵循以下几个原则。

　　1. 合法性原则

　　创业融资作为一种经济活动，影响着社会资本及资源的流向和流量，涉及相关经济主体的经济权益，创业者必须遵守国家的有关法律法规，依法依约履行责任，维护相关融资主体的权益，避免非法融资行为的发生。

　　2. 合理性原则

　　创业的不同时期，创业资金的需求量是不同的，能够采用的融资渠道和方式可能也不同。创业者应根据创业的整体规划和计划，结合创业企业不同发展阶段的经营策略和实际情况，运用有效的财务手段，合理预测资金需要量和需求时间，详细分析资金的筹集渠道和方式，确定合理的资本结构（包括股权资金和债权资金的结构），以及债权资金内部的长短期资金的结构、数额和时限等情况，为创业企业持续发展提供资金保障。

　　3. 及时性原则

　　当今时代，创业机会稍纵即逝，为谋求先发优势，创业者必须能够及时筹集所需资金，将创意想法转化为现实的创业行动。由于融资成功往往需要一定的过程和周期，创业者要根据创业的实际资金需求状况，尽量提早启动融资活动，以保证融资的资金及时到位，规避资金风险。另外，创业者还应考虑创业活动的具体安排，使融资和投资协调一致，防止资金过多造成闲置和浪费，将资金成本控制在合理的范围之内。

　　4. 效益性原则

　　创办和经营企业的根本目的是获得一定的经济利益，所以，创业者应在深入成本效益分析的基础上决定资金筹集的方式和来源。鉴于投资效益是影响融资需求与成本的主要因素，投资收益和融资成本的对比便是创业者在融资之前要做的首要工作。只有当投资的回报率高于融资成本时，融资才有利于创业者实现创业目标，获得收益。另外，投资所需的资金额度决定了融资的数量，因此，创业投资资金的合理估计是决定融资方式和测算融资成本的依据之一。总之，创业者应在充分考虑投资效益的基础上，确定最优的融资方案。

　　5. 杠杆性原则

　　创业融资对创业活动来说具有杠杆作用，可以使创业者利用获得的资金撬动更多的资源，在保障正常活动开展的同时取得更大的经济效益。通常情况下，创业者融资的目的一方面是获得所需资金，另一方面是获得资金提供方背后的各种资源。创业者在筹集创业资金时，应选择有资源背景的资金，以便充分利用资金的杠杆效应，在关键时候为企业发展助力。大多数优秀的投资人或投资机构往往在企业特殊时期会与企业家一起，将有效的资源进行整合，如选择投行、券商，进行路演等，甚至还参与到企业的决策中来。这种资源是无价的。因此，创业者不能有盲目的"拜金主义"，找到一个有资源背景的资金更有利于企业的持续快速发展。

(二)创业融资的方式

创业融资主要有两种方式：股权融资和债权融资。股权融资，这里是指创业者出让部分所有权"换取"相应资本资源的融资方式。股权融资，会引入新的股东并引起总股本的增加。债权融资，这里指的是创业者通过借钱举债获得资本资源的融资方式。债权融资，不会引起股东人数和股本的增加。

无论是股权融资还是债权融资均具有一定的优点，也都存在着一定的不足。创业者要权衡不同融资方式的利弊，考虑不同情况下的融资成本，以便做出科学的融资决策。

通过股权融资方式获得的资金既可以充实企业的营运资金，也可以用于企业的投资活动。通过债权融资所获得的资金，企业首先要承担资金的利息，借款到期后要向债权人偿本付息。

股权融资和债权融资的优缺点比较，如表6-3所示。

表6-3　股权融资和债权融资的比较

比较项目	股权融资	债权融资
本金	永久性资本，保证企业最低的资金需要	到期归还本金
资金成本	根据企业经营情况变动，相对较高	事先约定固定金额的利息，较低
风险承担	低风险	高风险
企业控制权	按比例或约定享有，分散企业控制权	无，企业控制权得到维护
资金使用限制	限制条款少	限制多

债权融资的资金成本较低，合理使用还能带来杠杆收益，但债务资金使用不当会带来企业清算或终止经营的风险；股权的资金成本由于要在所得税之后支付，成本较高，但由于在企业正常生产经营过程中，不用归还投资者，是一项企业可永久使用的资金，没有财务风险。创业者在筹集资金时应对债务资金、股权资金的优缺点进行比较，并考虑企业的资金需要量，资金的可得性，宏观理财环境，筹资的成本、风险和收益，以及控制权分散等问题来进行综合分析。

(三)融资名词

1. 直投

直投英文简称PE，是指投资机构以购买公司股权为主要目的的投资方式，投资机构购买股权后期望在将来获得增值收益。

2. 风投

风投英文简称VC，风投是从直投中细分出来的，主要指投资那些初创型的公司，因为初创型的公司往往具有很大风险，所以就把这种投资叫风险投资。

3. 私募

私募是相对于公募而言的，公募指针对不特定的广大人群募集资金的行为，比如银行卖的基金；而私募要针对特定的人群来募集，并且不能公开广告。国外对私募的要求是资产 100 万元以上，国内目前还没有明确的法规来规范。

4. 上市公司

上市公司是指所发行的股票经过国务院或者国务院授权的证券管理部门批准在证券交易所上市交易的股份有限公司。所谓非上市公司是指其股票没有上市和没有在证券交易所交易的股份有限公司。上市公司是股份有限公司的一种，这种公司到证券交易所上市交易，除了必须经过批准外，还必须符合一定的条件。

5. IPO

IPO 是 initial public offerings(首次公开发行股票)的缩写。企业第一次向公众发行股票被称为 IPO。即企业通过一家股票包销商以特定价格在一级市场承销其一定数量的股票，此后，该股票可以在二级市场或店头市场买卖。

三、常见的融资渠道

融资渠道，这里是指创业者融资的来源和通道，指明了筹措资金的方向和目标。从大的方面来分，融资渠道主要有两种：内部渠道和外部渠道，其中内部渠道是指从创业团队及创业企业内部进行资金的筹措；外部渠道是指从创业企业外部开辟资金来源。了解创业融资各种渠道的特点和适用性，有利于创业者合理选择和开发利用有效的融资渠道，有利于提升融资的效率，降低融资成本和风险。目前我国常见的创业融资渠道有以下几种。

(一)私人资本

1. 个人资金

个人资金成本最为低廉，而且还因为创业者在试图引入外部资金时，外部投资者一般都要求企业必须有创业者的个人资金投入其中。所以，个人资金是创业融资最根本的渠道，几乎所有的创业者都向他们初创办的企业投入了个人资金。

创业者可以通过转让部分股权的方式，从合伙人那里取得创业资金，将个人合伙人或个人股东纳入自己的创业团队。利用团队成员的个人资金是创业者最常用的筹资方式之一。

2. 亲友资金

除了个人资金，身边亲朋好友的资金是最常见的资金来源。亲朋好友由于与创业者个人的关系，愿意向创业企业投入资金，因此，亲友资金是创业者经常采用的融资方式之一。

在向亲友融资时，创业者必须要用现代市场经济的游戏规则、契约原则和法律形式来规范融资行为，保障各方利益，减少不必要的纠纷。创业者在向亲友融资之前，还要仔细考虑这一行为对亲友关系的影响，要将日后可能产生的有利和不利方面告诉亲友，尤其是创业风险，以便将来出现问题时对亲友的不利影响降到最低。

3. 天使投资

天使投资指个人出资协助具有专门技术或独特概念而缺少自有资金的创业者进行创业，并承担创业中的高风险和享受创业成功后的高收益；或者说是自由投资者或非正式风险投资机构对原创项目构思或小型初创企业进行的前期投资，是一种非组织化的创业投资形式。

天使投资分为两类：一类是有行业背景的天使投资，另一类是没有行业背景的天使投资。这两类天使投资，从行为及预期到和创业团队的合作，都非常不一样。从资本的角度来说，这两类投资人都是非常好的来源。倘若创业团队早期并非单纯缺乏资金，则需寻找具有行业背景的天使投资会更好。

(二)机构融资

机构融资的途径有以下几种。

1. 银行贷款

适合创业者的银行贷款形式主要有抵押贷款和担保贷款两种。抵押贷款指借款人以其所拥有的财产作抵押，作为获得银行贷款的担保。在抵押期间，借款人可以继续使用其用于抵押的财产。抵押贷款包括不动产抵押贷款、动产抵押贷款、无形资产抵押贷款几种形式。无形资产抵押贷款是一种创新的抵押贷款形式，适用于拥有专利技术、专利产品的创业者，创业者可以用专利权、著作权等无形资产向银行做抵押或质押，以获取贷款。担保贷款指借款方向银行提供符合法定条件的第三方保证人作为还款保证的借款方式。其中较适合创业者的担保贷款形式有自然人担保贷款、专业担保公司担保贷款、政府无偿贷款担保。

2. 非银行金融机构贷款

非银行金融机构指以发行股票和债券、接受信用委托、提供保险等形式筹集资金，并将所筹资金运用于长期性投资的金融机构。根据法律规定，非银行金融机构包括：经银保监会批准设立的信托公司、企业集团财务公司、金融租赁公司、汽车金融公司、货币经纪公司、境外非银行金融机构驻华代表处、农村和城市信用合作社、典当行、保险公司、小额贷款公司等机构。

3. 交易信贷和租赁

交易信贷指企业在正常的经营活动和商品交易中，由于延期付款或预收货款所形成的企业间常见的信贷关系。企业在筹办期以及生产经营过程中，均可以通过商业信用的方式筹集部分资金。例如，企业在购置设备或原材料、商品的过程中，可以通过延期付款的方式，在一定时期内免费使用供应商提供的部分资金；在销售商品或服务时，采用预收账款的方式，免费使用客户的资金等。

创业者也可以通过融资租赁的方式，筹集购置设备等长期性资产所急需的资金。融资租赁是指实质上转移与资产所有权有关的全部或绝大部分风险和报酬的租赁。融资租赁是集融资与融物、贸易与技术更新于一体的新型金融业务。

4. 从其他企业融资

一些从事公用事业业务的企业，或者已经发展到成熟期的企业，现金流一般会比较充足，甚至会有大量资金需要通过对外投资的方式实现较高收益。对于有闲置资金的企业，创业者既可以吸收其资金作为股权资本，还可以向这些企业借款，形成债权资本。

(三)风险投资

根据美国风险投资协会的定义，风险投资是指职业的金融家投入到新兴的、迅速发展的、有巨大竞争潜力的企业中的股权资本。在我国，对于风险投资尚未形成统一的看法，比较普遍的观点是：风险投资是由专业机构提供的投资于极具增长潜力的创业企业，并参与其管理的权益资本。

1. 创业者寻求风险投资的步骤

一般来说，创业者寻求风险投资需要经过十个步骤：（1）创业者了解自身的资金需求；（2）了解、分析创业投资市场和相应机构；（3）确定寻求创业投资的可能性，初步确定寻求融资的目标创业投资机构；（4）准备创业计划；（5）联系接洽创业投资机构，提交创业计划、执行总结；（6）最终确定关键的创业投资机构；（7）接受创业投资机构的尽职调查；（8）就企业价值和投资的股权架构进行谈判；（9）确定最终投资协议；（10）获得创业投资，投资方参与企业发展。

2. 创业者获得风险投资的渠道

创业者获得风险投资的渠道，主要有以下几种。

（1）给投资人发邮件。获得风险投资最简单的方法就是给投资人发邮件。一般的风险投资都有自己的网站，上面公布有邮箱。创业者可以将自己的创业想法或者商业计划书发到公开的邮箱中，期待能够得到投资者的关注，并最终获得投资。采用这种方式的成本最低，但效率也最低，成功融资的概率只有 1%。

（2）参加相关行业的会议或者创业训练营。这些会上或训练营上会有很多投资人，创业者可以利用茶歇或者休息的时间尽可能地接触较多的风险投资者，或者接触自己感兴趣的投资者。这种方式的优点是在短时间内能够见到很多的投资者，但由于时间短，不一定有机会认识或结识他们。此外，这种场合对创业者的说服能力要求较高。

（3）请朋友帮忙介绍。如果身边有朋友做过融资，或者已经得到风险投资，可以请他们帮忙介绍。这种方式较前两者成功的概率稍大，毕竟接受过风险投资并且取得经营成功的人的介绍本身就是一种名片，投资者可以通过介绍人的介绍对创业者或创业项目有一定的了解，通过对介绍人的了解对创业者给予初步的肯定。但是，这种方式接触的面可能较窄，朋友认识的投资者可能并不是我们需要的类型，而真正适合的人未必是朋友认识的人。

（4）聘用投行帮助做融资。通过投行或融资中介的帮助寻找风险投资的成功率较高。第一，他们对中国活跃的投资人很了解，能够帮助创业者和投资者进行沟通；第二，信誉高的投行本身就为创业者的项目成功性增加了砝码；第三，投行会运用自己的经验帮助创业者挑选更合适的投资人。但是，采用这种方式的成本也较高。

（四）政府扶持基金

创业者还可以利用政府扶持政策，从政府方面获得融资支持。政府的资金支持是中小企业资金来源的一个重要组成部分。政府的资金支持一般能占到中小企业外来资金的 10% 左右。资金支持方式主要包括：税收优惠、财政补贴、贷款援助、风险投资和开辟直接融资渠道等。常见的政府扶持基金有以下几种。

1. 再就业小额担保贷款

目前，再就业小额担保贷款的适用范围包括：年龄在指定范围内（一般为 60 岁以内，各地政策可能有所不同），有创业愿望和劳动能力，诚实守信，有《下岗证》或者《再就业优惠证》的国企、城镇企业下岗职工；退役军人；农民工；外出务工返乡创业人员；大中（技）专毕业生；残疾人员；失地农民等符合条件的人员。

2. 科技型中小企业技术创新基金

科技型中小企业技术创新基金于 1999 年经国务院批准设立，为扶持、促进科技型中小企业技术创新，用于支持科技型中小企业技术创新项目的政府专项基金，由科技部科技型中小企业技术创新基金管理中心实施。创新基金重点支持产业化初期（种子期和初创期）、技术含量高、市场前景好、风险较大、商业性资金进入尚不具备条件、最需要由政府支持的科技型中小企业项目，并将为其进入产业化扩张和商业性资本的介入起到铺垫和引导作用。根据中小企业和项目的不同特点，创新基金通过无偿拨款、贷款贴息和资金投入等方式，扶持和引导科技型中小企业的技术创新活动，促进科技成果的转化。

3. 中小企业国际市场开拓资金

中小企业国际市场开拓资金是由中央财政和地方财政共同支持中小企业开拓国际市场的专项资金。市场开拓资金用于支持中小企业和为中小企业服务的企业、社会团体和事业单位（以下简称"项目组织单位"）组织中小企业开拓国际市场的活动。该资金的主要支持内容包括：举办或参加境外展览会，质量管理体系、环境管理体系、软件出口企业和各类产品的认证，国际市场宣传推介，开拓新兴市场，组织培训与研讨会，境外投（议）标等方面。市场开拓资金支持比例在原则上不超过支持项目所需金额的 50%，对西部地区的中小企业，以及符合条件的市场开拓活动，支持比例可提高到 70%。

4. 天使基金

政府有关部门和社会各界有识之士还纷纷出资，设立了鼓励和帮助大学生自主创业、灵活就业的一些天使基金。例如，北京青年科技创业投资基金是由北京科技风险投资股份有限公司出资设立的，与共青团北京市委员会、北京市青年联合会和北京市工商局共同管理的一项基金。

5. 其他基金

科技部的 863 计划、火炬计划等，连同科技型中小企业技术创新基金一起，每年有数十亿资金用于科技型中小企业的研发、技术创新和成果转化；财政部设有利用高新技术更新改造项目贴息基金、国家重点新产品补助基金；国家发展和改革委员会设有产业技术进步资金资助计划、节能产品贴息项目计划；工业和信息化部设有电子信息产业发展基金等。

各省市为支持当地创业型经济的发展，也纷纷出台政策支持创业。主要有人力资源和社会保障部设立的开业贷款担保政策、小企业担保基金专项贷款、中小企业贷款信用担保、开业贷款担保、大学生科技创业基金等。

创业者应结合自身情况，利用好相关政策，获得更多的政府基金支持，降低融资成本。

(五)知识产权融资

知识产权融资也是创业者值得关注的融资方式，在国内外已有诸多成功案例。知识产权融资可以采用知识产权作价入股、知识产权抵押贷款、知识产权信托、知识产权证券化等方式。

课堂活动

预测创业固定资产投入

根据自拟创业项目，从房租、办公设备、生产设备等方面预测其固定资产投入。

▶ 第三节 创业关键资源

关键资源是初创企业所需资源中最重要的，有别于其他创业项目的具有优势的资源，是创业机会识别、机会筛选和机会运用几大阶段的主线。关键资源包括技术资源、管理资源和人力资源。

一、技术资源

技术资源主要包括创业所需的科技成果、专利技术、研发生产流程和工艺等。技术资源可分为三个层次：一是各种生产流程、工艺方法、专业技能和技术等；二是生产工具、平台和设备；三是创业与企业管理相关的知识经验和流程方法等。技术资源与人力资源的主要区别在于，后者主要依附于拥有的人而存在，而前者大多依附于有形物质资源以无形资产形式存在，可以知识产权等法律手段予以保护。

技术资源是一种积极的机会资源。它在创业初期起着最关键的作用。第一，创业技术是决定创业产品的市场竞争力以及获利能力的重要因素；第二，创业技术的核心程度影响着所需创业资本的大小；第三，是否具有独特的核心技术影响着初创企业能否在市场中取得成功。对于创业团队来说，主动寻找并引进具有商业价值的科技成果，是创业团队的核心竞争力所在。创业企业的首要任务就是寻找一种成功的创业技术。

二、管理资源

管理资源，亦即创业者资源，代表着创业团队的领导人本身对机遇的识别、把握能力和对其他资源的整合能力。这些能力都直接影响创业的成败。管理资源对创业企业的成长有着十分重要的作用。管理是对企业的资源进行有效整合以达成企业既定目标与责任的动态创造性活动。实践证明，一个企业在不增加物质资源和人力资源的情况下，只要加强管理，就能提高企业的经济效益。因此，管理也是一种资源。企业经营者要像重视物质和人力资源一样，重视管理资源的开发，向管理要效益。

三、人力资源

人力资源主要包括创业者及其创业团队，以及其拥有的知识信息、管理经验、智慧能力、格局胸怀和价值愿景等，也包括所招募的人员及其拥有的专业技能、工作经验和素质能力，甚至还包括创业者、创业团队所拥有的社会人际关系网络。创业者是创业活动最重要的人力资源，是创业活动的主要推动者。合适的员工也是创业人力资源的重要组成部分，包括各种高素质的技术、销售和生产等人员，他们也是推进创业活动并使创业企业持续发展的重要力量。

人力资源是一个企业创新的源泉，是企业的财富。一个创业团队在成长的过程中，需要不断地发现、挖掘高素质人才，为团队注入新的活力。

课堂活动

资源获取游戏

1. 目标：通过资源获取游戏，了解如何获取和利用创业资源。
2. 时间安排：20分钟。
3. 活动进程：

步骤一：在3分钟内，尝试找到拥有资源的人，让那个人在你的资源获取表（表6-4）上签他的名字。尽你所能，尝试获取尽可能多的资源。注意：不能让同一个人在你的表单上拥有多种资源，但是同一个人可以在多张表单上就同一种资源签名；你还可以将自己作为一种资源。你可以在课堂内走动，但不要大声喧哗。

表6-4 资源获取表

序号	获取资源	签名
1	运营过一个社交账号	
2	曾独立生活过	
3	懂一门外语	
4	尝试过发明创造	
5	擅长一项运动	
6	积蓄超过500元	
7	有拉赞助的经验	
8	有创办社团的经验	
9	在企业实习过	
10	了解其他专业的知识	
11	在某项竞赛中获过奖	
12	有驾照	
13	有100多个微信好友	
14	有一款智能手表	
15	擅长或爱好平面设计	
16	参加过创业大赛	
17	会一种乐器	
18	发表过文章	
19	有一个或多个证书	
20	善于下棋	

步骤二：3分钟后，活动结束。请汇报：

(1)你获取了多少资源？

(2)哪些资源更难获得？为什么？

(3)哪些资源是最有价值的？"价值"是否明显？

(4)你的资源获取战略是什么？先易，先难，还是混合战略？

(5)你是否交换签名？你是否高声喊叫？你是否听到别人的喊叫？

(6)你将自己置于教室的哪个位置？

(7)本活动是否有病毒性特征(人们来回走动时，信息就传播开了)？

(8)3分钟时间限制影响了你的资源获取方法吗？

(9)在资源清单所有的名目中，哪些类型的资源是有代表性的？

(10)你最先获取的是哪种类型的资源？最想获取哪种类型的资源？

步骤三：教师总结本次课堂活动并评价学生的表现。

课堂 反思

1. 大学生创业者创业需要哪些资源？哪些创业资源对大学生创业者尤为重要？

2. 哪些渠道可以获取创业资金？哪些资金对大学生创业者比较友好，容易获得？

课外 实践

预测自拟创业项目启动资金与融资金额

创业项目启动资金由固定资产投入、一次性费用支出、流动资金等组成，分析自拟创业项目，并填写创业项目启动资金预测表(表6-5)。

表6-5 创业项目启动资金预测表

启动资金	投资项目	费用估算
固定资产投入		
一次性费用支出		
流动资金		

第七章

开发新产品

学习目标

知识目标：了解用户痛点、用户洞察等概念；了解头脑风暴法、六顶思考帽概念及其运用步骤；了解最小可行性产品、产品原型等概念；了解获得用户反馈的方式。

能力目标：能够运用工具挖掘用户需求；能够运用头脑风暴法、六顶思考帽等创新方法构思创意解决问题；具备制作最小可行性产品及产品原型的能力；掌握用户测试工具并能够根据用户测试创新迭代产品。

素质目标：具备用户思维，认识到产品开发应以用户需求为导向，并能用精益创业思维指导产品开发。

案例导入

鼠标的发明

恩格尔巴特在加利福尼亚大学伯克利分校获得博士文凭后，在斯坦福研究所组建了一个研究小组，开始从事新式的人机交互和互联网方面的研究。

20世纪60年代初，恩格尔巴特在参加一个会议时掏出随身携带的本子，画出了一种在底部使用两个相互垂直的轮子来跟踪动作的装置草图，这便是鼠标的雏形。1964年，他再次对这种装置进行完善并制作出了原型，即用丢弃在桌旁的一个滚珠，加上一个小木盒制作了一个简易鼠标。

1968年12月9日，恩格尔巴特在全球最大的专业技术学会——IEEE（Institute of Electrical and Electronics Engineers，电子和电气工程师协会）会议上展示了世界上第一款鼠标，这场展示令在场的数千名计算机专家惊叹不已，成为科技史上重要的里程碑，被誉为"展示之母"。

后来也有人受恩格尔巴特的启发，做出了众多发明，苹果公司创始人乔布斯就是其中之一。鼠标发明多年后，施乐帕克研究中心有一位叫艾伦·凯的科学家，他将鼠标应用于奥托电脑中。1979年，乔布斯拜访施乐帕克研究中心时，看到奥托的技术备受震撼，意识到使用鼠标的重大意义，便将其用于麦金托什机上，使鼠标得以流行。1981年，苹果公司推出第一只商业化鼠标，即机械滚球鼠标，但仍旧是单键。

随后微软公司对鼠标进行了改进，加入了左、右击键。而我们所熟悉的三键鼠标雏形则是由IBM（International Business Machines Corporation，国际商业机器公司）设计推出的，只不过中间键并不是滚轮，而是带有点击下拉功能的单键，如今此种型号的鼠标依然在使用。

鼠标的发明对IT历程有重大的影响作用，在不断地改造和创新发展过程中，部分科技企业也因此得到了发展。创新能够激发我们的内在潜能，向着更高层次的人生发展。我们也要积极参与创新实践，创造新的产品，丰富生活，提升生活质量，同时，让世界更加美好。

▶ 第一节　洞察用户需求

一、找准谁是真正的用户

很多创业者容易犯的错误是先把产品研发出来，再去市场上寻找用户。在确定用户愿意购买产品之前，就投入大量的资源对产品进行开发。因为没有找到真正的用户，产品销售困难，导致创业失败。而精益创业认为，在开发产品之前，要通过用户痛点，找到谁是真正的用户。

所谓的用户痛点，就是用户迫在眉睫又无法得到满足的需求。这也是很多创业者正在寻找的销售产品的突破口。那么如何通过用户痛点找准真正的用户呢？这里列出了几点建议，如图7-1所示。

(一)寻找用户痛点

用户没有得到需求的满足，说明行业目前还没有找到完美的解决方案，但是用户又迫切地希望能够满足需求，这就是创业者需要解决的真正的用户痛点，也是创业者潜在的市场。

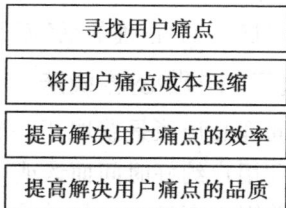

寻找用户痛点
将用户痛点成本压缩
提高解决用户痛点的效率
提高解决用户痛点的品质

图7-1　通过用户痛点找准真正的用户

(二)将用户痛点的成本压缩

在解决用户痛点的时候，创业者要将用户痛点的成本压缩到最低，通过提供便宜的产品和服务为公司赢取利益，以此扩大公司的规模，即用有限的资本将产品提供给更多的用户。

(三)提高解决用户痛点的效率

提高解决用户痛点的效率在很大程度上是为了节省用户的时间，提高用户的体验感，这样才能更快地找准需要产品的真正用户。

(四)提高解决用户痛点的品质

提高解决用户痛点的品质，就是提高产品的用户体验。用户体验得到提升，自然而然就会扩大用户的体验数量。如果有越来越多的用户体验产品，那么找到真正用户的概率就会越大。

二、什么是用户洞察

用户洞察主要用于收集用户需求背后的原因，挖掘出他们内心真正的需求，用户需求包括两层：显性的功能性需求和隐性的情感性需求。功能性需求，反映了用户的基本需求，是理性的、具体的、表面的。如点外卖看餐品、价格、送餐速度等。而情感性需求，反映了用户内心深层次的需求，是感性的、抽象的、心理深层次的需求。如这家酒店让我感觉很自在，前台服务人员就像好朋友一样。

而在实际的工作中，我们更多关注的却是功能性需求。好的设计，应该同时满足用户的功能性需求和情感性需求，要关注用户说出来的需求，更要关注没有说出来的需求。调研法和同理心访谈法是洞察用户比较有效的方法。

(一)调研法

用户调研方法大体可分为两类，定量型调研和定性型调研。

定量型调研即从大量信息中提炼用户的共性需求。常见方法有问卷调研和后台数据分析。

问卷调研的优点是容易上手；缺点是内容单一，不能追问下去，且用户配合度低(容易失真)。后台数据分析的优点是可以通过数据分析用户的行为模式；缺点是受限于技术，且都是行为层面的显性数据。

定性型调研，是从用户视角触发，找到个人内在的一些真实想法、情绪、喜好等，追求质量而非数量。常见方法有体验产品和焦点小组。

体验产品的优点是可以得到一手的真实反馈；缺点是样本数量有限，且主观性较强，每个人会受限于自己的认知、喜好。焦点小组的优点是可以兼顾数量和质量，一次可得到多人反馈，且彼此间可以互动，容易得到深入的想法；缺点是参与者容易被彼此干扰，说"正确的话"而非"真实的话"。

(二)同理心访谈法

同理心访谈是获取用户情感性需求的一种访谈方式。做法是准备一份问题清单，然后和用户约好时间面谈或电话访谈。

关键点有三：一是关注人，以空杯心态，对访谈充满好奇心，并以积极的心态去倾听；二是不断追问，对一个话题深入追问；三是留住情感表达，理解对方的感受，并能够准确地描述出来。

三、识别真实需求的关键点

(一)客户调查

创业者在企业创办前一定会进行客户调研，从而对商业模式、客户需求进行决策，但往往实际情况和创业者的设想存在差距。在进行客户调查时，创业者可能根据个人的经验和想象对客户进行分析，不够客观，且没有数据所支持。另外，客户调研信息来源不全面，创业者容易犯"以偏概全"的错误。例如，大学生创业进行客户调研时，所填写的问卷信息大部分来自大学生，虽然创业者身边的人群大多数为大学生，但实际上大学生的比例只能占总数的一部分。这类市场调研结果只适用于了解大学生的真实需求，而不是所有客户的真实需求。了解客户需求的第一步是调查客户的现状，通过客户的生活态度、方式、历史等方面了解客户，实时记录准确和全面的客户相关信息(包括基本资料、特征、业务状况、交易状况等信息)，进而把握市场动态，分析客户需求。

(二)客户分析

创业者需要了解客户对产品的反馈，从而知道该从哪方面提升以满足客户需求。首先，企业需对客户满意度进行调查，记录客户对产品和服务的感受，且通过不定期回访的方式长期跟踪客户。其次，当企业的产品或服务确实损害客户利益时，需要帮助客户解决问题。创业者应该建立客户投诉制度，给客户一个投诉发泄的渠道，也给公司一个了解自身不足的途径。再次，创业者不仅需要关注已成交客户的状况，也需要关注流失客户的状况，寻找客户流失的主要原因（价格太高、服务不好、实用性不强，还是创意不够），从而改进产品，减少客户流失。因此，建立一个完善的客户反馈体系有助于企业进行产品和服务的升级。当获取了客户的真实需求后，创业者也可以对客户进行分类管理，针对不同类型客户群体的需求特性，对不同类型的客户群体采取不同的管理和营销方案。基于上述针对客户真实需求的分析，不仅有助于初创企业的生存，也能为企业的长远发展奠定基础。

(三)产品迭代

在创业者对客户信息和反馈进行有效的统计之后，更为重要的是挖掘客户的真实需求，促使产品迭代。创业者需要根据公司初期的客户信息和反馈，包括客户的个人信息以及对产品定价、质量、功能的评价，分析得出客户的真实需求，加快产品迭代，使企业的产品和服务更符合实际情况，满足客户需求。

一般来说，创业者可根据客户的购买意愿和购买力对客户的真实需求进行评估。购买意愿即客户对某种产品的需求程度，创业者需分析所生产的商品或提供的服务是否为客户的生活必需品，市场上是否存在替代品，是单次消费还是多次消费。对客户购买力的评估即客户的经济状况以及愿意为产品花费的金额等。客户对于产品价格是否敏感？对产品的支出占生活总支出的百分比是多少？产品所面向的客户群体的经济条件如何？基于客户的真实需求，创业者才能选择产品或提升服务方向，明确市场定位和定价，制定有效的产品迭代策略。

四、挖掘用户需求的工具

SPIN（顾问式销售技巧）是一种提问的技巧和挖掘用户需求的工具。通过依次提出四个问题，即背景问题、难点问题、暗示问题和需求-效益问题，引导用户自己发现问题，同时扩大问题的严重性，让用户自己说出明确的需求，而这个明确需求恰恰是我们能满足，其他人满足不了的，从而为用户解决问题。为什么要购买？因为用户遇到问题而且后果很严重。为什么一定要从你的公司购买？为什么一定要向你购买？因为你能解决用户的问题，而其他人解决不了。

(一)需求的开发

如图 7-2 所示的需求开发过程，隐含需求是指潜在用户对难点、困难和不满的陈述，但还不是销售中的购买信号。典型的例子如"这车跑山区明显动力不足"。明确需求则指的是潜在顾客对愿望和需求的具体陈述，是销售中的购买信号。典型的例子如"我需要一辆四轮驱动的越野车"。

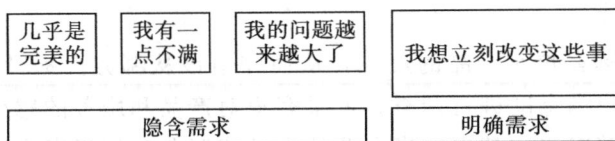

图 7-2 需求开发的过程

SPIN 的基本思路是：发现并理解买方的难题和不满。比如，客户对质量和服务的抱怨，把客户的问题或缺陷放大再放大，增加客户的痛苦，痛到足以让客户愿意付钱来购买新产品或寻找替代的新供应商，而你的产品或服务又可以解决客户的痛苦（最理想的是你的竞争对手无法解决），这就是 SPIN 的逻辑过程。人为将需求开发过程缩短，加速让客户的隐含需求变为明确需求，比如，原来从隐含需求到明确需求的自然过程需要半年的时间，通过 SPIN 的方式也许只需要一天甚至一个小时就够了。

(二)SPIN 问题的策划

SPIN 四个问题分别是背景问题、难点问题、暗示问题和需求-效益问题。这四个问题是需要事先策划的，策划前首先要列出：①潜在客户可能的难题（你的产品和服务可以解决的，最好竞争对手无法解决）；②产品和服务能提供的潜在利益。

1. 现状问题（背景问题）

找出现状问题的目的是了解用户可能存在的不满和问题，因为用户不可能主动告诉销售人员他有什么不满或者问题。了解用户现状问题的途径就是提问，比如可以询问一个厂长"现在有多少台设备，买了多长时间，使用的情况怎么样"之类的问题，以此去引导他发现工厂现在可能存在的问题。

现状问题是各种问题中最基本的一种，是用于收集有关用户现状的事实、信息及其背景数据。找出现状问题是推动用户购买流程的一个基础，也是了解用户需求的基础。但使用时要特别小心，现状问题问得太多，容易使用户产生反感和抵触情绪。因此，询问时要把握两个原则：一是数量不可太多；二是目的明确，问那些可以开发成为明确需求，并且是你的产品或服务可以解决的难题。销售人员会问很少的现状问题，但他们每问一个都会有偏重、有目的。在见面之前他们会多方面思考，制订出会谈计划，排除许多可能让买方厌烦的刨根问底的问题。

2. 困扰问题（难点问题）

困扰问题就是询问客户有什么不满意、担心和困难之处。困扰问题越多，会谈成功的概率就越大。在小生意中的表现更为明显。例如：(1)对于现在的产品你是否满意？(2)你们正在用的办法有什么缺陷吗？(3)有没有考虑过产品的可信度问题？(4)现在的产品效率如何？

困扰问题为订单提供了许多原始资料，因为这类问题有一定的风险性，所以许多缺乏经验的销售人员很难把握提问的时机。针对困扰的提问必须建立在现状问题的基础上，只有做到这一点，才能保证所问的困扰问题是用户现实中存在的。如果见到什么都问有没有困扰，就很可能导致用户的反感。

在传统销售中，提的困扰问题越多，用户的不满就会越强烈，就越有可能购买新的产品。而以用户为中心的现代销售并非如此，它所提的困扰仅仅是用户的隐藏需求，不会直接导致购买行为，所以询问困扰问题只是推动用户购买流程中的一个过程。

3. 暗示问题

所有 SPIN 问题中最有效的一种，即销售人员所提的暗示性问题。在 SPIN 技巧中，暗示问题或牵连性问题是最困扰的问题，运用前应策划一下。比如："打印机老是出错会增加您的成本吗?""复印机的速度太慢会影响你的工作效益吗?""碎纸机的声音会影响你们的工作吗?"问这类问题是为了扩大用户的问题、难点和不满，使之变得清晰和严重，并能够揭示出所潜伏的严重后果，使其大到用户足以付诸行动的程度。

在规模较小的企业中，如果你可以发现问题并证明有解决问题的能力，那么你将非常成功。因此以现状问题和困扰问题为基础的模式对规模较小的企业就很有效。但是许多人将这种模式应用于规模较大的企业中，结果无效。因此，对于大订单的销售，暗示问题更为关键。

提出暗示问题的目的有以下两个。

第一是让用户想象一下现有问题将带来的后果。前面已经提到，只有意识到现有问题将带来严重后果时，用户才会觉得问题已经非常急迫，才希望去解决。引出牵连性问题就是为了使用户意识到现有问题不仅仅是表面的，它所导致的后果将是非常严重的。比方说电脑病毒这个问题，在没有爆发之前，用户很可能不会意识到它的严重后果。但是经过销售人员的提醒，用户就会对后果进行一番联想，于是觉得这个问题非常迫切，应该立刻清除病毒，否则后果不堪设想。

第二是引发更多的问题。当用户了解到现有问题不仅仅是一个单一的问题，它会引发很多更深层次的问题，并且会带来严重后果时，用户就会觉得问题非常严重、非常迫切，必须采取行动解决它，那么用户的隐藏需求就会转化成明显需求。也只有当用户愿意付诸行动去解决问题时，才会有兴趣询问你的产品，去看你的产品展示。

询问暗示问题的困难在于措辞是否恰当和问题的数量是否适中，因为它往往使潜在客户心情沮丧，情绪低落。如果还没有问处境问题和困扰问题，过早引入暗示问题往往使潜在用户产生不信任之感甚至拒绝。因此，你在提问前必须做认真的准备。我们以电脑病毒爆发为例，你不可能临时想出很多合适的问题，要提出一系列符合逻辑并足够深刻的问题，需要在拜访之前就认真准备。当暗示问题问得足够多的时候，用户可能就会出现准备购买的行为，或者表现出明显的意向，这就表明用户的需求已经从隐藏需求转为明显需求，引出暗示问题已经成功。如果没有看到用户类似的表现，那就证明用户仍然处于隐藏需求阶段，说明所问的暗示问题还不够多，不够深刻。

4. 产品的价值问题(需求-效益问题)

销售人员描述可以解决用户难题的对策，然后让用户主动告诉你，你提供的这些对策让他获利多少。比如"比针式打印机更加安静的激光打印机对你们有什么帮助吗""如果每天可以减少 50 页的废纸量能让你们节约多少成本"，等等，这些都是产品的价值问题。问这类问题的目的是让用户深刻地认识到，并说出我们提供的产品或服务解决方案能帮他做什么。这样可以使用户把注意力从各种问题转移到解决方案上，并且让用户感觉到这种解决方案将给他带来的好处，把用户的情绪由对现有问题的悲观转化成积极的渴望和憧憬。

行为心理学家研究发现，人们是不喜欢被别人说服的，基本上只会被自己说服。因此，哪怕我们心中已经有解决方案，也不要直接告诉用户，而是要利用价值问题来引导用户说出问题之解决会给他们带来的价值、实际意义、回报及重要性。明确价值问题就给用户提供了一个自己说服自己的机会——当用户从自己的嘴里说出解决方案，即新产品将给他带来的好处时，他自己就已经说服自己，那么用户购买产品也就水到渠成了。

这样做最终的目的是使用户把他们的明确需求说出来，然后销售人员便可以更准确、有效地展示产品，而成功率也会大大提升。用户对价值问题问得越多，他说服自己的概率就越大，对新产品的异议就越小。

课堂活动

与用户共情洞察用户需求

抢占自习室一直是大学中的热门话题，尤其是快要期末考试时或遇考研季，图书馆的自习室几乎一座难求。如果你的自拟创业项目是校外共享自习室，请根据本节所讲方法，通过填写用户共情行动地图（图7-3），洞察用户需求。

第一步：选定目标用户群体。

第二步：现场访谈同学，记录其对自习室的需求有哪些。

第三步：整理问题并完成下图。

第四步：洞察大学生对共享自习室的需求。

原始问题	利益相关者		为谁设计
	潜在合作者	潜在竞争者	
他是谁？		他在哪里？	
他需要什么？		他遇到了什么困境？	
关于他的一些事实		在专业用户的情况下是这样的？	
我的感受			

图7-3 共情行动地图

▶ 第二节 定义问题与创意构思

一、如何做好问题定义

问题定义就是在发现问题的基础上，找到问题的本质，并将其陈述出来。把问题的定义弄清楚，是解决问题的第一步，也是艰难的一步。定义问题出错，导致后面的步骤也会出现问题，最终没有解决问题，甚至造成损失。因此定义清楚问题的关键就变得尤为重要，一个清晰的定义将指导团队朝着正确的方向努力。那该如何准确定义问题呢？

做好问题定义的第一步是找到问题，也就是问题识别。如何找到问题，这本身就是一个问题。一些传统的方法，如市场调查、访谈法、观察法等，虽然可以获得一些数据，但只是用户的陈述和抱怨，并不代表用户深处的需要，因为用户往往也不知道他们的真正需要是什么，所以需要我们去"翻译"和转化。

一种比较好的站在用户生活和内心世界去体验用户问题的方法是共情。共情是一种社交和情感技能，能帮助我们感受并理解他人的情感、境况、意图、思想和需求，这样我们就能够和用户进行有效沟通，提供有效支持。我们可以通俗地将共情理解为"善解人意"。创业者是用户问题的识别者与解决者。通过共情，创业者就能够感受和识别用户真正的需要。

通过共情，我们识别了用户问题，但依然没有触及问题的本质，需要对问题进行进一步分析。问题分析最基本的方法是洞察。洞察从质疑开始，往往表现为不断追问，不断问为什么。例如 A 先生到处问客户："您需要一个什么样的更好的交通工具？"几乎所有人的答案都是："我要一匹更快的马。"一般人听到这个答案，往往马上就会去寻找"跑得更快的马"，以满足客户的需求。但 A 先生并没有这样做，而是接着往下追问为什么。

A 先生：你为什么需要一匹更快的马？

客户：因为可以跑得更快。

A 先生：你为什么需要跑得更快的马？

客户：因为这样我就可以更早地到达目的地。

A 先生：所以你要一匹更快的马的真正用意是什么？

客户：用更短的时间更快地到达目的地。

所以最终 A 先生选择了制造汽车去满足用户的需要。

通过不断追问为什么，我们基本上触碰到了问题的本质。上述问题的本质不是客户想要一匹更快的马，而是客户想要在更短的时间内到达目的地。

定义问题的最后一步是将问题陈述出来，精确地陈述问题比解决问题还要重要。然而，人们在陈述问题时，往往会出现各种问题。例如，问题的主体不明确，问题发生的情境描述不清楚，把现象、问题和原因混为一谈等。产生这些问题的原因在于人们在陈述问题时缺乏一个系统的框架。一般可以用问题画布陈述问题。

二、定义问题的方法

(一)共情图

共情图(图7-4)是一个能够站在用户角度发现问题、提出问题的工具。人们在遇到问题的时候，常常忽略问题本身而直奔解决方案，在尝试了多个解决方案后却发现大多数并没有太好的结果，其本质原因是没有找到真正的问题。而共情图可以帮我们结构化地发现真实而有效的问题。在运用共情图时，我们要解答以下问题：

谁的问题？

他的感受和想法是什么？

他看到了什么？

他听到了什么？

他说了或做了什么？

他的痛点是什么？

他期望的收获是什么？

通过对以上问题的解答，站在用户角度，找到真实、有效的问题。

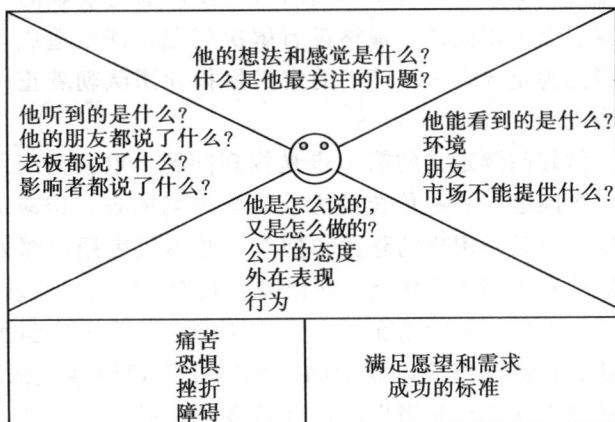

图7-4　共情图

(二)5why分析法

5why(5个为什么)分析法起源于日本，由丰田自动织机制作所的创始人丰田佐吉提出。自提出以来，丰田汽车公司把连续提问5个为什么当成一种查找制造过程中存在的根本性问题的测试工具。比如，有一个有瑕疵的汽车零部件出厂了，这时候就要问：

1. 为什么汽车零部件有瑕疵？

因为装配线上的员工犯错了。

2. 为什么装配线上的员工犯错了？

因为员工培训不足。

3. 为什么员工培训不足？

因为培训资金不足。

4. 为什么培训资金不足？

因为公司没有对培训资金优先安排。

5. 为什么公司没有对培训资金优先安排？

因为培训不是公司需要解决的最重要问题。

反复追问5个为什么，就会发现汽车零部件瑕疵的真正原因是公司资金使用原则的问题。而如果没有追问为什么，仅就员工犯错问题进行处理，那么以后类似的问题还会再次发生。

5why分析法本质上是要通过不停地追问来探寻问题的本质。

(三)问题画布

问题画布(图7-5)是陈述问题的通用语言和工具。问题画布由7个要素构成：谁的问题(who)、什么时候发生的(when)、在什么地方发生的(where)、问题是什么(what)、问题的紧急性(how urgent)、问题的重要性(how important)及问题的本质原因(why)。问题画布左半部分的三个要素是对问题情境的描述，通过发生时间(天)、发生地点(地)和问题对象(人)3个要素，就可以很清晰地聚焦一个问题。右半部分的3个要素是对问题的分析，包括问题的紧急性、重要性及其深层次原因。画布最中间的要素是在以上6个元素的基础上提出的一个问题——问题是什么(what)。

谁的问题 （who）	什么时候发生的 （when）	问题是什么 （what）	问题的紧急性 （how urgent）	问题的本质原因 （why）
	什么地方发生的 （where）		问题的重要性 （how important）	
问题情境		问题分析		

图7-5　问题画布

三、激发创新思维的策略

(一)注重创新个性

个性是指一个人在后天活动中逐步形成的习惯和行为方式，它包括一个人的处事原则、对事物的态度和活动方式三个基本要素。创新个性就是一个人在对待事物的态度方面，能够具备从事创新活动所必需的、正常的、健全的心理。创新人才应具备以下几种个性心理品质：(1)有高度的自主性和独立性，不肯雷同；(2)富于幻想，敢于大胆假设，勇于冒险，善于抓住机遇不放；(3)思维灵活、敏捷；(4)有旺盛的求知欲和强烈的好奇心，兴趣广泛；(5)具有坚韧不拔的毅力和科学的探索精神等。

大学生可以从以下几个方面努力培养自己的创新个性。

(1)树立远大理想和抱负，提高创新欲望。大学生要胸怀远大理想，要有立志为国家、社会做贡献的创新渴望。同学们的创新欲望越强烈，越有利于激发创新激情与创新意识。

(2)坚信自己具有创新能力。培养提高创新能力的首要心理条件，就是充分坚信自己具有创新潜能。坚定的创造信心，有利于大学生增强锐意进取、百折不挠的意志，促进创新思维和创新想象的活动。

(3)培养探索问题的敏感性。大学生要培养自己对新生事物的好奇心和观察问题的敏锐性，逢事多问几个"为什么"，不要对所有事情都习以为常，要能及时发现和抓住新生事物的苗头，把握创新机会。

(4)善于开动脑筋，保持思维的独立性，养成独立思考问题、解决问题的习惯。缺乏独立思考能力的大学生是很难有创新意识和创新作为的。爱因斯坦曾指出：发展独立思考和独立判断的能力，应当始终放在首位，而不应把获得专业知识放在首位。由此可见，独立思考能力对于创新具有重要意义。倘若没有独立思考，便不会有爱因斯坦的"相对论"。

(5)保持良好的竞争心态。大学生应该在日常的学习生活中积极参与竞争，在竞争中进行自我激励。

(二)消除主观障碍

影响大学生创新思维发展的障碍包括受传统观念的束缚、不加批判地学习和固执己见等诸多方面，这些都是大学生需要克服和消除的。

传统的理论、观点和方法，往往束缚着人们的思想。大学生在思考问题时，总是过于轻信教科书，迷信学术权威的观点，不加甄别地一味纳入别人的思维轨道，容易阻碍自己的创造性思维发展。因此，大学生在学习探索活动中，要突破传统观念的束缚，敢于对传统学术观点提出质疑。

任何创新都是在继承的基础上进行的，广博的知识基础能促进人的创新思维活动。但如果大学生在学习过程中，只机械地照搬别人的知识，将极大地阻碍自身创造性思维的发展。因此，大学生应保持批判性思维，在学习前人的知识时做到批判地继承，这也意味着创新活动的真正开始。

固执己见、偏见和过于依赖、谨慎、谦虚等都不属于健康的心理，会阻碍大学生创造性思维的发展，大学生应对此加以克服。

(三)优化知识结构

知识是人类进行观察、思考和想象的基础。没有丰富的知识支持，就不可能产生丰富的想象力。想象力在创新能力的内在形成机制中起着十分重要的作用，虽然知识的多少和创新能力不成正比，但必要的知识储备是创新活动的重要前提。

任何创新都是对旧的水平、理论、方法、规范的突破，如果一个人对前人的知识、技能不能很好地继承，达到融会贯通，便很难在此基础上有所"突破"，更谈不上提出自己新的思想、观点和方法。正如著名生理学家巴甫洛夫对青年人所说：你们要在攀登科学顶峰之前，把科学的初步知识研究透彻。刚刚步入大学校园的大学生，应更加注重知识结构的构建与优化，优化的方法可以参考以下几个方面。

(1)努力学习和掌握渊博的基础理论知识，力求融会贯通、化知为智。

(2)在努力拓宽知识面的同时，强化知识的系统性和整体效应。大学生除了要学好专业知识，还应对社会、经济、政治、人文、管理等方面的知识有所了解，掌握与专业相关的学科知识和技术要领，并注重各学科知识间的交叉、渗透与综合。

(3)不断进行大容量的新知识储备。大学生要注重对最新理论、最新技术和最新信息的了解，不断探求新的知识，努力掌握社会、文化、科技发展的最新动向。

(四)掌握创新方法

学习和掌握科学的创新理论和方法，是培养和提高大学生创新能力的关键。科学的创新理论和方法是科学家们在长期的科学创造实践中探索总结出来的，对大学生创新能力的培养提高具有很强的指导意义。对大学生来说，首先，要掌握辩证唯物主义世界观和方法论，遵循辩证唯物主义的认识路线，用正确的认识论指导自己的实践，避免在创新活动中走弯路、误入歧途；其次，要学习有关创造学原理，掌握创新活动的内在机制、基本过程和内容，同时还应掌握从事学科研究的一般方法、技能和规律，提高自身的科研能力；再次，还要学会运用创新思维方法，如求异思考、求同思考、反向思考、联想思考、类比思考等创新思维方法。最后，大学生还要学会掌握创新技法，如移植创新法、逆向创新法、外向创新法和极端化创新法等一些科学的创新技法。

(五)参加创新实践

社会实践是指人类能动地改造自然和社会的活动,人类的实践活动具有能动性、客观性和创造性等特点。一切创新的内容都来源于社会生活,来源于社会需求。在校大学生应充分认识社会实践对创新活动的重要意义,多途径参加社会实践活动,如积极参加社会调查活动、社会实习活动、课外兴趣小组活动,以及亲自参与科研课题的研究工作等。

大学生参加社会调查活动,有助于了解和掌握现实生活中出现的新问题、新情况和新需求;参加社会实习则有助于大学生发现现有的理论、观点和研究方法在现实条件下遇到的新挑战,为寻找"创新点"、确立"创新选题"创造条件;亲自参加科研课题的研究,有助于大学生对学过的知识进行综合与深化,在科研中进一步提升自己。

此外,大学生在实践方法上,一方面要坚持实践内容和形式的多样性,以实现多侧面、多领域锻炼;另一方面要强调实践的创新性,提高实践的层次,每一次实践不能只简单地重复过去,只有在内容和形式上都比过去有所发展、有所突破,才能有所创新。同时,大学生还应注意提高对每次实践活动的利用效率,注重在群体实践活动中相互学习、取长补短,提高自己。

四、构思创意的方法

(一)头脑风暴法

头脑风暴法,也称智力激励法,指的是一种激发思维的方法,目的是通过小型会议的组织形式,让所有参加者无限制地自由联想和讨论,以此来产生新的观念,激发创新设想。

使用头脑风暴法时,必须遵守以下实施原则。

(1)禁止批评。所有提出来的设想都不允许马上进行评价,禁止挖苦和表现出相关的肢体语言。当然,发言人的自我批评也包括在禁止之列。

(2)追求数量。会议的目标是尽可能获得更多的设想,追求更多不同观点的创意是会议的首要目的。

(3)自由思考。允许异想天开的意见,设想看起来越是荒诞可能越有价值。参与者不受任何条条框框限制,从不同角度大胆展开想象,尽可能标新立异地提出独创性的想法。

(4)独立思考。参与者们要保持自我的独立思考,不要进行私下交谈,以免干扰到别人的思维。

(5)对设想进行组合和不断改进。除了参与者本人提出的设想之外,参与者还可进行不同设想之间的组合,并对他人的设想提出改进建议。

(6)参与者一律平等。要将每一位参与者的各种设想全部记录下来。

按照这样一种实施原则,参与者们都能够积极地提出自己的观点和看法。在具体开展头脑风暴会议的过程中,一般可以按照以下流程来实施。

1. 会前准备阶段

(1)确定主题,即准确定位本次会议所讨论的问题。(2)确定会议主持人、记录员及与会人员，参加人数 5 至 10 人为宜。(3)确定会议的地点、日期及具体的会议流程安排。

2. 会议实施阶段

(1)主持人需要积极调动并引导与会人员进行自由联想和讨论。(2)每个参与者依次提出建议，循环进行。(3)每人每次只提一个建议，力求简明扼要地表达设想。(4)自由畅谈阶段的时间可由主持人灵活掌握，一般以不超过 1 小时为宜。

通过此阶段，人们对所要解决的问题大都会提出 30 条以上的设想，由此可转入评价选择阶段工作。

3. 评价选择阶段

头脑风暴结束后，主持人应组织专人对各种设想进行分类整理，并交给决策者进行评价和选择。

头脑风暴法可以形成自由探讨、相互激励的会议氛围，但会议程序并非一成不变的，可根据问题性质和实际条件加以变化和灵活运用。头脑风暴法是一种令人愉悦的活动，通常被参与者欣然接受，它适合运用于像广告创意、营销方法等这些相对比较简单的问题。对于复杂的问题，运用此法可能无法立即想出解决方案，但可能会引出解决方案的方向。

(二)六顶思考帽

在创新的过程中，我们经常会遇到一些挑战或是一些需要改进的项目流程，需要大家集思广益一起讨论，但讨论过程中经常会在某个环节或者某个问题上争论不休，有时就偏离了主题，浪费了大量时间，在最终总结时发现讨论的效率非常低。针对这种问题，有个行之有效的工具——六顶思考帽。

运用博诺博士的六顶思考帽，将会使混乱的思考变得更清晰，使团体中无意义的争论变成集思广益的创造，使每个人变得富有创造性。

六顶思考帽借助不同的观点帮助创新项目组评选出最佳的创意。这个方法特别适于难度高、富有争议的题目，如开创新的业务模式。因为六顶思考帽使得项目组有时间从主观和客观的角度评估创新的优缺点。六顶思考帽是一个操作极其简单且经过反复验证的思维工具，它给人以热情、勇气和创造力，让你的每一次会议、每一次讨论、每一个决策都充满新意和生命力。这个工具能帮助我们做到：(1)增加建设性产出。(2)充分研究每一种情况和问题，创造超常规的解决方案。(3)使用"平行"思考技能，取代对抗型和垂直型思考方法。(4)提高企业员工的协作能力，让团队的潜能发挥到极限。

六顶思考帽既可以用于产生新的创意，也可以用于从众多的创意中遴选出可行的创意。在联系过程中，参与者角色扮演代表不同思考方式的比喻性帽子。

蓝色：代表天空、冷静，以流程为基础的思考，在整个过程中一直由组织者戴着。白色：代表中立、客观，表示我们有什么信息，我们需要什么信息。绿色：鼓励创造性的思考，专注于新的创意、可能性和选项。黄色：代表乐观的、积极向上的，探索创意正面的价值和利益。黑色：对事物负面的考虑、评估和判断，探索创意的困难、危险和陷阱。红色：代表情绪上的感觉、直觉和预感，没有结束或判断。

在采用六顶思考帽练习时，某个参与者戴上白色帽子时，所有的建议、评语、讨论都要以事实为依据，以数据为准绳。在这期间，参与者不能表达激情的(红色帽子)、判断的(黑色帽子)、乐观的(黄色帽子)或独特的(绿色帽子)观点或想法。六顶思考帽不仅给项目组带来乐趣，而且充分发掘了每位参与者的智力和经验，鼓励富有建设意义的批评。其结果是提高了项目组的成效。

采用六顶思考帽的步骤如下。

1. 活动组织者确定活动规则

在整个六顶思考帽活动期间，活动组织者一直戴着蓝色帽子。组织者的任务是组织会议、保持中立、引导与会者。在活动开始时，组织者介绍讨论的主题、宣布活动的规则。(1)本次活动的主题和目的，需要研究客户未被满足的需要、客户要完成的任务。(2)确定每顶帽子所代表的角色。(3)使用帽子的顺序。该顺序取决于所讨论的主题和参与者对主题和其他参与者的熟悉程度。一般而言，笔者推荐按白色、绿色、黄色、黑色、红色、蓝色的顺序使用这些帽子。(4)使用各顶帽子的时间，一般为10分钟。红色帽子的使用时间在1分钟左右。邀请一位书记员记录活动期间的讨论和结果，或准备一叠粘贴纸让参与者填写他们的观点，随着活动的进展，将写就事实或观点的粘贴纸贴在墙上。

2. 陈述问题事实(白帽)

戴上这顶帽子的与会者需要列出要讨论的问题，用事实、数据、图表完整描述问题。该阶段，不要花费时间核实或争论事实。在活动的后期，参与者们再进行核实。

3. 提出解决问题的建议(绿帽)

绿色代表创造力。在这个阶段，与会者根据会议的主题和事实，提出解决问题的方法、途径和新的创意。

4. 评估建议的优缺点：列举优点(黄帽)；列举缺点(黑帽)

在黄色帽子阶段，与会者深入探索创意中积极的一面。除了强调在绿帽阶段提出的创意的价值，与会者对这些创意提出改进意见和新的方向。可提出的问题包括：(1)这个创意可以给客户和企业带来的利益？(2)我们为什么喜欢这个创意？(3)采纳这个创意后可能产生的最佳结果？戴黑帽的与会者提出实施创意可能面临的风险和负面影响。这个阶段成功的关键是谨小慎微、逻辑思考。(4)这个创意的负面影响有哪些？(5)这个创意的弱点有哪些？(6)如果实施这个创意，可能出现的差错有哪些？

5. 对各项选择方案进行直觉判断(红帽)

红帽阶段给了与会者一个机会：表述自己对创意的直觉。与会者无须为自己的观点提供佐证的依据。关键的问题是"你对这个创意的感觉？"也可以在这个阶段对创意进行投票。

6. 总结陈述，得出方案(蓝帽)

在这个阶段，活动组织者(蓝帽)确定下一阶段的工作，分配任务给与会者，提出下次会议的时间、地点。蓝色思考帽作为组织者一定要控制好场面，否则会很容易回到原来的状态。

在会议开始时，大家可能不适应这种方法，经常忘记自己的角色。遇到一个感兴趣的话题，各角色有时会错位。活动组织者时刻提醒自己要控制局面，把大家拉回到自己的角色中。会议中有时也会发生冷场现象，需要活动组织者给予提示。慢慢地大家逐渐适应了自己的角色，会议将会比较有条理性，整体效率也提高了，同时这种六顶思考帽方法在会议中也给大家充分思考的时间。不同角色发言时，会引导大家的思路。

拓展阅读

用六顶思考帽构思、筛选创意

几年前，一家诞生没多久的互联网家电企业由于砍掉了传统渠道等中间环节，将一款款设计精良、性能优异的"爆品"通过线上进行销售。在很短的时间内，竟领先同行竞品夺得市场第一的份额。但不久之后，一些市场问题凸显出来了：销量下滑、投诉增加，甚至很多地方开始出现了假货、仿冒品。公司给出的创意解决方案是，提升多样化的线下体验和购买方式。于是，该公司围绕"是否开设线下销售和线下体验服务来解决投诉问题？"展开讨论。

蓝色帽子：宣布主题"是否开设线下销售和线下体验服务来解决投诉问题？"

白色帽子（陈述事实）：

(1)一个月内，"A"产品在线销量下滑了40％；

(2)在投诉量的统计上：线上、线下投诉的占比分别是35％和65％；

(3)线下投诉的70％是中老年人，大多数原因是功能使用不当造成的；

(4)"400"电话接到投诉最多的两个问题是线上"抢"不到产品、线下被骗而买到假货两类；

(5)多家自媒体发布视频指责公司搞"饥饿营销"；

(6)广东省某一个用户在当地数码市场买到假货，充电时短路造成重大损失。

黄色帽子（开设线下销售的积极作用）：

(1)开设线下销售可以满足一部分不会使用在线购买的中老年用户的需求。

(2)开设线下销售可以向客户推荐配件或其他产品，提高客单价，提升毛利。

(3)有了线下体验环节，线下顾问可以协助用户指导客户使用产品，避免因使用不当造成的客户投诉。

(4)线下终端和门店可以帮助客户进行免费验货，免费维护和保养，提升用户体验。

(5)开设线下销售可以提高企业的形象和影响力，提高口碑。

黑色帽子（开设线下销售的消极影响）：

(1)如果开设线下商店，租金成本、运营成本将大大增加。

(2)人力资源储备不够，一下子招募不到足够的人手满足线下销售和体验支持。

(3)公司定位是"互联网公司"，大规模开设线下渠道销售会与公司定位矛盾。

(4)线下渠道投资增加，最终成本转嫁到价格，用户利益将严重受损。和经营理念不符合。

(5)进一步开放线下销售，可能会使黄牛更加猖獗。

绿色帽子（新的想法）：

(1)储备一部分货源在原有的城市服务网店销售。（不增加额外租金成本）

(2)要求购买产品实名制，一张身份证可购买一个产品。（防黄牛）

(3)每一个服务网点增设若干产品体验师，专职指导用户使用产品。（提升用户体验）

红色帽子(发起投票)：会议发起者组织大家投票，90%的参会者同意执行开设线下销售服务。

蓝色帽子(拿出行动方案)：

经过六项思考帽的思考方式决定如下。

(1)在原有的数百家服务网点开通部分产品进行线下销售，满足部分客户需求。

(2)用户凭身份证限购，严格管理。防止黄牛炒货。

(3)服务网点员工进行定期培训，以轮岗的形式服务每一位客户。

该公司通过线上销售、线下服务的 O2O 模式，满足了不同用户群体的需求。在不增加运营成本的前提下，用已有的直营与授权服务网点进行部分开放销售，增加客户体验师的投入和培养，大大地提高了用户的满意度，原来困扰大家的客户投诉问题也得到了缓解。

课堂活动

头脑风暴——为某男士品牌洗面奶设计一句广告语

1. 活动目标

锻炼学生头脑风暴的应用能力。

2. 活动主题

设计一句男士洗面奶的广告语。

3. 活动要求

(1)此广告语不能超过 10 个字。(2)此广告语要朗朗上口，便于记忆。(3)突出该洗面奶具有控油、保湿的特点。

4. 活动进程

(1)根据班级人数进行分组，每组 6～8 人。(2)每组选出一名主持人，主持人先说明会议的主题和议事原则，简洁、明确、扼要地介绍需要解决的问题。然后随便谈点轻松、有趣的话题，让小组成员的思维处于轻松和活跃的状态。(3)小组成员进行头脑风暴，进行头脑风暴时应注意以下问题：一是只谈自己的想法，不去评论他人发言；二是不私下交谈，以免分散注意力；三是不应阻碍他人发言。在发言阶段，主持人只主持会议，对每位发言者不做评论，认真记录每一个设想。(4)通过投票的方式筛选出最具创意的广告语。

▶ 第三节 制作最小可行性产品

一、什么叫最小可行性产品

最小可行性产品(MVP)是针对天使用户的最小功能整合。第一，天使用户指的是产品针对的一些极小的用户群。这些用户对产品有着比较高的需求和服务，创业者将生产出来的最小产品原型投入到这群用户中进行测试，能得到较高的反馈意见，从而对产品进行修改完善。第二，所谓的最小功能整合是指最小可行性产品，无论是在市场端还是在产品端，都处于最简状态，然后一步一步地进行加法，从"0"到"N"的复制，根据用户的需求，不断地给产品增加功能，最终得到一个满足用户需求的成型品。在了解了最小可行性产品的基本定义后，下面将介绍制作最小可行性产品的三个基本步骤，如图 7-6 所示。

图 7-6　制作最小可行性产品的步骤

(一)设计最小可行性产品

做任何产品之前，都要将自己脑海中的假设设计成图形，然后根据图形对产品的功能精心调整和修补。在设计最小可行性产品的过程中，最主要的任务在于把产品功能排序和用户排序对应起来。因为制造产品就是为了满足用户的需求，在设计过程中将产品功能排序和用户排序相对应，能够有效地节约时间和资源，而时间成本和资源的有效利用又是创业者进行创业的本质要求。

(二)测试产品和收集数据信息

创业者按照设计好的图形制作出最小可行性产品的原型后，就要将最小可行性产品投放到天使用户群中去进行测试，然后不断地收集天使用户反馈的需求信息，根据信息对产品进行修改完善，将修改完善后的产品投入到天使用户群中进一步测试并收集数据，再将收集到的数据信息和原来的数据进行比较，最后决定是否要对最小可行性产品进行调整。

(三)获取认知，快速迭代

最小可行性产品是一个完整并不完美的产品，创业者只有在测试产品的过程中不断获取认知，反复试错，才能不断修正完善产品，在这一过程中实现对产品的快速迭代，摒弃产品不合时宜的功能，加快对产品功能的创新。

生产最小可行性产品是一个对产品认知的循环过程，起始于最小可行性产品的设计，然后对产品不断进行测试验证，通过对收集的数据信息不断进行比较，反复试错，最后获取认知，实现对产品的快速迭代。

二、利用有限资源做产品原型

初创公司在创业初期，往往各种条件不够充足：不具有充足的资源、人才等。在这种不利的情况下，只有为公司创造有利的条件，才能将公司做大做强。

由于创业者在做产品的时候资源有限，因此就必须重视产品的阶段性。既要将想法打造成可用型产品，进一步获取用户的反馈，测量产品在市场中的价值作用，又要不断地构建公司的各个方面，将有限的资源进行充分利用。创业者不能仅仅因为要研发未知的产品而盲目地投入所有的资源，因为没有了资源，就没有了公司。产品不成功可以从头再来，资源要是没有了，那么公司所创造的一切都会瞬间化为乌有。

资源是一个公司的生命线。精益思维告诉创业者，打造产品并不需要创业者筹集多么大的资源，而只需要在小小的一部分资源甚至几乎不花费成本的情况下，就能打造出可用型产品，与用户进行亲密接触，从而真实地验证自己的想法。这种方式就是利用有限的资源去打造精简的产品原型（最简可行产品），开发产品的核心功能用于用户验证，从而证实自己的想法是否切合实际。

（一）以精简原型开发核心价值产品

很多创业团队认为，用户都会被完整又完美的产品吸引，开发者只有开发出功能齐全、外观美丽的产品，才能在投放到市场后获得用户的反馈信息。实际上，只要开发者将产品模型的核心功能开发出来，简单地组装在一起，并将产品投放到一定规模的用户群中供用户使用，就能获得有价值的反馈信息。

创业者不要认为精简的原型产品得不到用户的青睐，其实用户很乐意与一些精简产品进行互动，并提供有价值的需求信息。制定产品的精简原型，能有效地验证产品的设计是否有效，从而为初创公司真正进行大规模研发产品奠定基础。

开发产品的精简原型过程，就是创业者把想法变成实际产品的过程，通过投入有限的资源和最小的精力，研发出一款能体现核心价值的产品，就好像特种部队在与敌人进行一场生死搏斗时，只有在最短的时间内有效地占领高地才能取得最后的胜利。精简产品与传统产品相比较，就是充分利用有限的资源和时间进行竞争，以最快的速度投入到市场当中，不断地小规模测试，获得用户反馈信息，进而不断地更新迭代，完善产品。

利用有限资源做产品原型，创业者要做的就是对产品的阶段性重点进行划分，然后在每个测试阶段设计添加一些满足用户现有需求的、与众不同的功能，从而不断地形成用户基础。创业者必须在每个产品阶段中创造出用户需要并喜爱的产品，不断地完善产品，不断地测试并获取用户的反馈信息，然后持续地扩大用户基数，活跃用户度，提升用户增长率，时刻考虑如何才能从新产品或者新服务中得到更大的利润。

要知道，创业者在早期打造产品的时候不可能考虑到全部因素后再去执行，而是应该先利用有限的资源去打造一个简单的产品原型，通过小步快跑、快速迭代的方式，不断让产品满足市场需求，然后进行不断迭代优化，努力促使产品达到用户心目中的完美产品。

创业者在制定产品的精简原型后，如何才能通过产品的精简原型了解产品在市场上的可行性呢？下面给创业者提供几条思路，如图 7-7 所示。

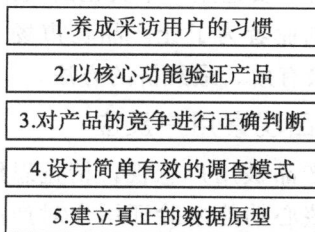

1. 养成采访用户的习惯

2. 以核心功能验证产品

3. 对产品的竞争进行正确判断

4. 设计简单有效的调查模式

5. 建立真正的数据原型

图 7-7 通过精简原型检测新产品在市场上的可行性

1. 养成采访用户的习惯

创业者制作出精简的产品后，要走出去，通过寻找产品的潜在用户收集有价值的数据来验证产品的设计，通过与用户交流不断地完善产品的解决方案，对于这种方法，也许创业者早已耳熟能详了，并且也认可这种做法，但是说起来容易做起来难，能够坚持下去的创业者几乎没有几个人，更何况将它培养成习惯呢！

很多超大型公司之所以能变得强大，坚忍的意志是不可或缺的，良好的习惯也是后天培养的，创业者只要养成用户采访的习惯，也就加快了成功的步伐。

2. 以核心功能验证产品

其实，创业者要想迅速了解自己设计的产品是否可行，只需要将精简产品的核心功能突显出来，将拥有核心功能的精简产品投放到市场上，通过用户点击使用核心功能的数据就能得知是否应该继续完成这种产品的动能，产品如果在市场上得不到认可，就要及时地调整产品的方向，如果确定了产品的可行性，就要对产品进行调整和优化，继而进一步提高与用户的互动性。

3. 对产品的竞争进行正确判断

当初创公司设计一款新产品时，要对未来与该产品进行竞争的其他产品进行假设，或者借鉴现有的竞争产品对新产品的功能进行判断，判断哪些功能有价值，哪些功能毫无意义或者将会失去意义。但是如果对竞争产品判断错误，就有可能给新产品增添花哨功能。

因此，创业者可以将同行的竞争产品看作免费的参考原型，通过观察用户如何使用产品，对产品的哪些功能爱不释手，从没有用到过哪些功能，产品的哪些功能遭到用户的反感等，对自己新产品的设计、营销方案做出调整。

4. 设计简单有效的调查模式

调查问卷在当今的网络上是一个很实用的方法，但是要想取得良好的效果，需要设计一份好的调查问卷。因此，创业者在设计调查问卷时，要尽量与产品的研究内容紧密结合。比如，创业者想为新产品设定一个合理的价格时，就可以在产品上设定一个弹窗，通过弹窗式的调查问卷来收集产品定价方面的有关信息，而不是给每位用户发送电子邮件进行长篇大论式的询问，然后进行复杂的收集整理。

5. 建立真正的数据原型

利用精简的产品原型去获得用户的反馈是一个良好的开端，但是在建立整合产品的过程中，创业者可能会获得很多内容。此时，创业者可能有想开发真正产品的冲动。其实，开发一款真正的产品需要的投入和资源远远超乎创业者的想象。所以，创业者要想更快地大规模生产产品，就需要建立一个真正的数据原型。

作为一家精益创业公司，创业者为了让产品在市场上通行，必须考虑所有的学习方法，然后从中找到最快速、最有效、最经济的方法。

(二)利用极简功能的产品观察用户反应

为了防止自己生产出来的产品被用户忽视，精益思维强调，创业者要将想法打造成精简产品，通过测试产品的核心功能来验证用户对产品的反应。这种利用产品的极简功能来观察用户反应的过程，在精益思维中被称为产品测试。产品测试能够有效地判断产品的价值在哪里，产品应该具有什么样的价值才会得到用户的认可。

最简可行性产品体现了产品的五大重要特质，如图 7-8 所示。

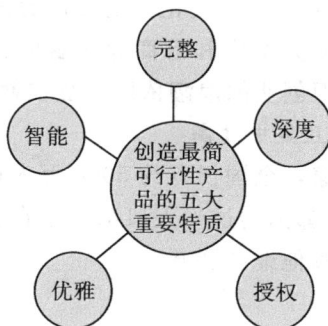

图 7-8　最简可行性产品的五大重要特质

1. 完整

最简可行性产品在设计产品的初期阶段，就能打造出完全可用的产品。

2. 智能

最简可行性产品创造的产品特性能让用户及时发现产品有哪些问题，从而让创业者恍然大悟。

3. 优雅

最简可行性产品创造出了直观的用户界面，并且可以根据用户所理解的方式去运行。

4. 授权

最简可行性产品被创造出来后能观察用户的反应，激发用户对产品的反馈，激励用户去扩散产品，以帮助更多需要帮助的用户。

5. 深度

最简可行性产品的创造能够一步一步地创造具有良好功能水准的产品，而不是一股脑儿地创造出完整性的产品，却对用户没有丝毫帮助。

创业者既然要创业，就不要害怕迅速遭受失败的现实。最赚钱的方法也许就是在不断的产品测试中发现的。

（三）Kakao Talk 的"4-2 原则"

Kakao Talk 是一款来自韩国的由中国腾讯担任第二大股东的免费聊天软件，类似于 QQ、微信的聊天软件，是可供智能手机之间通信的应用程序。该应用程序可用实际电话号码管理好友，借助推送通知服务，可以与亲友和同事间快速收发信息、图片、视频，以及语音对讲，即使好友不在线，也能接收 Kakao Talk 的消息，就跟发送短信一样。

Kakao Talk 刚开始上线的时候，也只是一款精简的移动 IM（实时传讯）产品，随着之后的不断高速迭代，久而久之，积累起了庞大的用户群体。在迭代速度方面，2013年，中国的移动社交软件——微信总共进行了 9 次更新换代，而 Kakao Talk 的更新换代则达到了 19 次。

如今，异军突起的 Kakao Talk 发展规模异常庞大，仅在移动 IM 产品上的市场份额就占据韩国本土的 93%。在移动游戏市场方面，苹果的 App Store 和 Google Play Store 的渠道总合也不过只占据 Kakao Talk 渠道规模的 15%。

Kakao Talk 的强大不仅体现在其功能的即时性和多元性上，还贯彻到了公司内部体制和创新文化上。Kakao Talk 的公司文化才是真正的核心竞争力。

在如今的韩国，虽然有很多大学生和有商业头脑的打工者开始抛弃按部就班的稳定生活，选择走创业的道路，但创业的浪潮依旧无法在韩国掀起。其原因主要有三点。

1. 韩国的人口数量少，而且集中度高

韩国是一个地域狭小的国家，全国仅有约 5000 万人口，而首尔的商业圈人口基数就达到了 2500 万，也就是说，韩国的过半人口都集中在首尔。高度聚集的人口造成了很多细分需求根本没有办法在其他地区展开。

2. 风投资本不活跃

韩南大学有教授曾经在报告中指出，由于金融危机和投资回报率不断下跌，有些基金甚至以亏损告终，致使投资方在投资时有很大顾虑。

3. 公司垄断市场十分严重，创业门槛极高

2012 年，韩国四大集团在市场上的总销售额达到了 7145 亿美元，相当于韩国国内生产总值的 61%。在互联网方面，NHN 集团是韩国国内股价最高的游戏集团，在韩国的搜索市场上占的份额达到了 80%，同时还涉及各个垂直领域。细分市场的创业者几乎找不到任何空间领域。

Kakao Talk 的创始人金范秀除了在技术上进行改造，还从公司的组织文化着手，对公司进行彻底的改革。Kakao Talk 公司共拥有 500 多名员工，公司级别却比较简单，分别是首席执行官（CEO）、部长和组员。

扁平化的组织架构在韩国传统的公司中是很难实现的。如果公司内部的一名老员工在被提拔为部长之后又被降职了，那么在人们的传统观念中，这相当于变相开除，而且在韩国传统的公司中，新员工不可能在短时间内得到提拔。而在 Kakao Talk 公司，员工似乎已经将这种职能更换看作是一种惯性，尤其是技术和产品部门，根本就没有固定的组织机构，当一个新的项目组成立时，组长如果只熟悉项目的相关技术，就会被降职为组员，而组长则由提出新产品概念的组员去担当。

在 Kakao Talk 公司里，员工并不会对此心怀不满。为了让公司的所有员工都能够和平共处，Kakao Talk 公司的员工几乎都用英文名称直呼对方。比如，公司的员工都会直接称呼创始人金范秀为 Brian，即使刚刚到任不久的新员工，也可以直接向社长或首席执行官表达自己的观点和建议。

Kakao Talk 公司的内部陈设也深刻地彰显了自由平等的精神。Kakao Talk 公司的办公区只有 6 层，而且竟然有 2 层被咖啡馆占据。在办公区内，员工会围绕着一张张木桌展开激烈的讨论，完全看不出是一家高速运转的移动互联网公司。创始人金范秀仅有的一间独立办公间也被当作会议室使用。

Kakao Talk 公司的另一个成功秘诀就是速度快。在移动互联网时代，快速迭代已经成为企业经营的不二法则。公司在建立初期，就奉行所谓的"4-2 原则"，意思就是：一个小组总共包含 4 个人，分别是 1 个产品经理、2 个程序员和 1 个设计师，集中精力研发项目，2 个月后如果看不到显著效果，就自动放弃，立即挑战下一个项目。

Kakao Talk 就是利用这种快速迭代的进程研发出来的。Kakao Talk 的联合创始人李帝范指出"通过迅速行动和反馈，修改战略再次挑战，这是 Kakao Talk 的经营文化。在有着多种机会和危险因素的情况下，与筹划蓝图相比，这种运行方式的成功率更高"。

　　Kakao Talk 公司奉行的另一个准则就是"不要用主观去断定用户需求"。这是为了避免远离用户的反馈信息而造成闭门造车的后果。依靠"4－2原则"和"不要用主观去断定用户需求"这两条准则，Kakao Talk 公司成为全球最早发现精益创业模式的移动 IM 公司。

　　当然，在国内，用户对腾讯 QQ 的收费表情服务十分熟悉，但是在韩国的移动 IM 领域中，Kakao Talk 公司通过收集大量用户的反馈信息，发现"聊天表情"这个商业途径。2011 年 11 月，Kakao Talk 表情商店上线，通过收费表情服务，让 Kakao Talk 狠狠地赚取了一大把利润。

　　2012 年，Kakao Talk 公司研发了一款 Kakao Game 的游戏应用软件，该移动游戏的挖掘引发了用户的尖叫。单一的移动 IM 软件通常是为了加强朋友或者与其他人的社交关系，这在韩国市场上已经形成了激烈的竞争。Kakao Game 应用软件最初推出两款游戏，相当于国内的"天天跑酷"和"天天爱消除"。两款游戏上线不到一个月就风靡整个韩国，成为韩国本土的"国民游戏"。

三、产品原型的价值

(一)用户测试

　　原型制作的一个主要目的就是用低精度的概念原型探索创意实现的各种可能性，然后迅速进行二次迭代。通常，我们首先需要考虑这个原型制作的目的是展现和讨论哪个方面，哪些变量我们想要加深理解，我们对得到的创意还存在哪些问题，然后在原型制作时尽量突出需要测试的方面，创建出一个低精度的原型以及用户与之交互的简单场景。这里之所以强调仅仅制作低精度的原型，是因为低精度原型会有助于探索多个不同的方向，而不是在早期就把所有精力都专注在一个创意上。

　　盖里公司合伙人 Jim Glymph 曾经警告说：如果你过快地把一个想法固定下来，你会沉迷于它；如果你过早地去细化它，你会被它束缚住，这将使你很难继续探索，以寻找更好的方案。要有意保持早期原型的粗糙状态。因此我们希望尽量将原型用简单的方法制作出来，遵循 3R 原则(rough，rapid，right)，而不是花太多精力去将一个原型做得尽善尽美。我们可以制作多个原型来探索设计空间的多种可能，每个原型在制作时都应该有明确的目的，比如是进行合意性测试、可用性测试、实用性测试还是可行性测试？尝试从要测试的多个要素中分离、抽取出某个具体要素，进行有原型制作。

　　在一次旨在提升老年人生活乐趣的设计挑战中，设计团队发现在北京、上海、广州、深圳这样的大城市，有许多老年人是为了帮助子女减轻抚育第三代的压力，远离老家，跟随在大城市的子女一起生活。他们许多人还年富力强，会使用手机、iPad 等电子设备，也重视家庭关系和个人生活质量。于是，设计团队给他们设计了一款做菜的产品"今天吃什么"。团队成员找来一个口香糖的包装盒当作抽签筒，然后在口香糖的两面贴上食材和二维码标签，扫描二维码就可以得到一款用该食材制作的菜谱。现在老年人只需要打开冰箱，看看今天有什么食材，并把标注相应食材的口香糖投进抽签筒进行晃动，摇出来的就是今天要做的晚餐了。此外，同样的食材可能有好几个不同的二维码，代表不同的做法，如果想要更多选择，可以多投入几枚代表食材的口香糖。

　　这个原型设计受到了这些老年人的欢迎，因为他们跟子女生活在一起，是买菜做饭、照顾孩子，以及照料家庭生活的主要力量，然而他们却常常为做菜不合孩子口味发愁。这个抽签筒虽然看起来简单粗糙，但在测试中我们发现很多老年人都将抽签的权利让渡给小孩，由孩子们抽签来决定今天吃什么，从而定下一天的菜谱。根据这个新的发现，设计团队在后期进行了进一步的完善，使外包装变得更加卡通化，更符合孩子的认知习惯，通过抽签筒这样的游戏方式也增进了祖孙之间的情感交流。

(二)更深刻的共情

提到原型制作目的，很多人认为是为了获得用户反馈，但事实上也可以通过制作原型获得更深度的共情。

一种显而易见的情形是，不论在什么语境下对用户进行测试，我们都可以同时获得两类信息：一类是针对产品本身的，另一类是关于被测试者的。比起普通采访和实地观察来说，原型能够获得一些不同类型的信息，这也是在原型阶段进行深度共情的基础。有时候人们会创建一个仅仅为了深度共情的原型，而不是为了测试任何功能或者外观。我们将这种共情称作积极共情，因为你已经不是一个简单的观察者，而是一直致力于创建某种环境和条件以获得更多洞察。制作共情原型时，首先要界定设计团队想在哪个方面取得更深入的洞察，获得突破，针对挑战中的某个方面是否能够了解得更多？然后组内讨论或者通过头脑风暴找出制作共情原型的方法。例如，可以制作一个桌面游戏，使用户在参与游戏的过程中做出的选择与设计团队想要了解的信息相关，或者制作一个六七斤的沙袋绑在肚子上来体会孕妇在生活中面临的真实情境。由此可见，共情原型不仅是面向终端用户的一个工具，也可以用在设计团队内部，帮助我们加深对创意命题的理解。

(三)探索和激发灵感

"做"是"想"的延伸，反过来也是"想"的源泉，因此我们也常常把做原型的过程称作"用手思考"。手能思考吗？这是一个有趣的问题。我们实际上是指心手合一，想到哪里做到哪里，做到哪里想到哪里。例如，有的成员观察到每当下雨的时候某些城市路面的积水严重，尤其是在立交桥下，几乎寸步难行，于是大家设想是不是能让自行车变身，适合通过这种严重积水的路段。究竟如何变身呢？很多骑自行车的人告诉我们，他们在通过这种路段的时候不敢往前骑，因为不知道水有多深，而且看到汽车陷在那里不能动，就更没有信心。于是可以做出几个不同的原型：将自行车的轮胎进行加强，做成更粗大、结实的轮胎；给自行车加装一个类似方向盘的外设，以便车技不好的人有更多控制感；抬高自行车坐垫和脚踏，使人的脚离地面更远一些，避开被水淹到的风险。

(四)尽早失败

我们自幼就被期待成为一名成功者，教育中对竞争的强调远远多于合作，其中一个最显著的标志就是家长、学校以及整个社会都依据学生成绩的高低或者竞赛获奖的名次来判定学生是否优秀。所有这一切都是在向年轻的心灵潜移默化地传递应该在社会阶梯中如何通过竞争获胜，成为成功者的信号。因此人们在情感上天然地喜欢"成功"这个词语，而规避"失败"。

IT行业，早期的瀑布模型是直到开发完毕才能看到结果，整个大周期就像瀑布流水一般只能顺流而下，这样的结果就是耗时长，修正难。而现代 IT 企业越来越强调敏捷开发，精益管理，在过程中先进行假设，然后不断开发原型进行验证、迭代。IT 行业的精英们非常清楚，原型不是一个完美的解决方案，它只是一个过程性作品，失败发生得越多越早，越有利于最终产品的成功。爱迪生是灯泡的发明者吗？我们常常误解了，他实际上是找到了钨丝作为发光的最佳材料。然而在找到钨丝之前，爱迪生尝试过上万种材料，经历过无数次的失败，他曾说过一句对人们深有启发的话：我并没有失败，我只是找到了 10000 种行不通的方法。

四、产品原型制作的几种类型

(一)纸质模型

制作纸质模型是常见的原型制作方法。如果是动态演示，可以移动用纸张制作的物体，使大家可以更清楚地了解需要讨论的主题、想法。

纸质模型具有的特点：(1)工具简单。纸质模型需要用的工具极为简单，通常只需要纸、笔、剪刀和胶水。(2)携带轻便。纸质模型通常以纸制品为原料，携带起来非常轻便。(3)立体化呈现。相较于绘制草图，纸质模型能够将原型立体地呈现在用户面前。(4)绿色环保。可回收、可循环利用，不会对环境造成污染。

(二)故事板

故事板的概念来源于影视行业，是指用一系列的照片或手绘图纸表述故事。在影视行业中，故事板相当于一个可视化的剧本，它会标出主要的镜头、每个镜头的长度、对白、特效等。由此可见，故事板是导演在影片制作中与剧组人员沟通的重要工具，演员、布景师、特效师等都可以通过故事板对影片建立起较为统一的认知。

借用这样一个概念，故事板也可以用来表示各个角色、场景、事件是如何串联在一起的，从而给人们带来一个完整的体验。比如在一次保险产品创新的过程中，目标用户是 25 岁左右的年轻人，他们刚刚从学校毕业不久，开始从事人生的第一份工作，正处在从上学时期父母缴纳保险到自己购买保险产品的过渡期。这样的用户普遍缺乏购买保险产品的经验，对保险产品并不熟悉。于是保险公司通过绘制故事板，列出新顾客购买保险时的典型场景：例如，在机场起飞之前收到旅游险购买短信，从而决定下单，或者年底接到车险续费的电话，促成了车险产品的再次交易等。在后续的测试过程中保险公司发现，在这些场景里，购买决策比传统的方式迅速很多，因此保险公司决定开发一种简单、便捷、标准化的快速承保产品，以适应新的顾客需求。

故事板具有以下几个特点。

(1)交互性。故事板用特定的、脚本连贯的分镜头，来展示一系列的交互动作。

(2)突出关键任务。突出现实某个关键交互动作，从而使整个用户体验中相对应的某个关键任务得以凸显。

(3)突出关键用户。故事板能够在呈现流程或服务的同时，找到产品的用户群。

(三)物理模型

利用各种颜色的彩纸、乐高、橡皮泥、3D 打印机等一切可利用的材料，将想法变成直观的立体模型。通过功能展示让所有参与者充分理解创意的真正含义。

物理模型具有以下几个特点。

(1)更为精准的立体化。与纸模型一样，物理模型也是创意的立体化，只不过物理模型使用的材料更多元，在功能的呈现上更精准。

(2)耐用性较高。物理模型比前面两种原型更坚固、耐用。

(3)情境交融。调用一切可利用的物品，能够创作出让人容易接受的、简单的物理情境。

课堂 活动

纸质原型

大学生宿舍空间小、物品多，如果不能有效收纳衣物、洗漱用品、化妆品、运动设备、零食等，宿舍会显得比较凌乱，请根据本宿舍的具体情况，用方便面箱、瓦楞纸等硬纸板做一个能够收纳上述物品的纸质原型。

▶ 第四节　用户测试与体验修正

一、测试准备

(一)测试概述

测试是任何新产品或新服务在上市之前的必经阶段，因为新产品或新服务的成功，很少有一蹴而就的，几乎都是在产品和服务的发展过程中不断完善，不断修正，并结合自身的独特优势才最终获得成功的。在越来越激烈的市场竞争及企业资源争夺白热化的情况下，企业正式投入市场的产品和服务就不能出现方向性错误，必须最大限度地规避策略上的失误和偏差。因此在企业正式发布新产品或新服务之前就需要进行必要的测试，从而使其在正式上市之前就能够进入到一个逐渐调整、完善和合理化的过程之中，努力使最终推出的产品或服务尽量接近市场的真实需要。

(二)测试准备

为了得到用户的真实反馈，测试人员应该在每次见用户之前都精心准备，包括设计测试任务、聚焦测试对象，以及构建测试环境等。

1. 设计测试任务

测试任务是根据阶段划分的，不同的阶段有不同的测试任务。

首先，要进行概念测试。概念测试的目的是要在众多产品或服务概念中选出最合适的一个，思考这个概念是否能满足目标消费者的潜在需求，初步评估它能够带来的商业价值。

其次，要进行样品测试，样品测试的目的是知道最终的产品或服务是以什么状态呈现的，要了解原型的功能是否满足用户的需求，产品原型外观或服务是否具有吸引力，产品或服务的设计可能会带给用户怎样的感觉。这个阶段要发现当前设计中存在的不足，精准定位目标市场，并进一步思考和评估商业价值。

再次，要小范围进行试销测试。样品测试完成后，并不意味着马上就可以进入全面上市的阶段了。很多企业除了进行样品测试之外，还会在小范围内对新产品进行试销测试，进一步预测该产品的销售前景和利润。例如，麦当劳餐厅在北美地区广受欢迎的奶酪通心粉在被安排为儿童乐园餐中的主菜之前，就是先在俄亥俄州克利夫兰的18家餐厅进行测试的。此外，这样的试销还可以验证或修订新品的营销策略。麦当劳刻意突出了奶酪通心粉只包含200卡路里的热量，是一种非常健康的食品，这对消除大众对麦当劳汉堡加薯条的刻板印象也产生了一定的正向影响。

在不同阶段制订不同的测试任务。战略活动阶段进行概念测试，确保选出符合企业资源和市场需要的产品和服务；规划活动阶段进行样品测试，确保产品和服务符合前期概念且具备市场优势；战术活动阶段进行试销测试，确保产品和服务正式执行的时候无偏差，能够实现既定的商业价值目标。

2. 聚焦测试对象

测试对象的选择关系着最终的测试结果，测试对象选择失误会给整个测试造成误差。在测试中，一方面要关注有启发性的用户反馈，另一方面也要大胆地剔除误差。

3. 构建测试环境

构建测试环境包括物理上和心理上两方面的准备。一般来讲，构建测试环境时，会将测试空间布置得友好而有暗示性，使测试人员来到这个空间的时候能够很容易感受到项目氛围，从而自然地将自己带入到项目角色中来。

二、用户测试的工具

如何测试产品，并有效地获取用户的反馈是一门复杂的学问。以下是五种常见的用户测试方法：建立社群、用户访谈、众筹、投放线上广告、小规模用户测试。

(一)建立社群

每个明星，都有自己的粉丝群体，这些粉丝会自发地建立类似后援团、论坛、群组等各种类型的交流平台，这些都可以理解为社群。初创企业也可以建立自己的社群，社群中的成员，有可能就是顾客或潜在顾客。通过社群，一方面可以近距离地跟自己的用户进行沟通，了解用户对自己产品的评价，哪些地方比较满意，哪些地方被吐槽得较多，深入挖掘使用者的意见，获取用户最真实的反馈。在创业过程中，没有严格的定理、定律，只有各种不同的意见和假设，而初创企业验证各种假设是否正确的途径，就是与真实的用户进行沟通，向用户解释产品的功能，询问用户对产品不同部分的重要性是如何排序的，然后根据收集到的信息再对产品进行调整。

(二)用户访谈

用户访谈就是访谈者在与被访谈者进行互动后，了解被访谈者对主题和问题的认识，从而深入挖掘访谈者需要的信息的过程。简而言之，用户访谈就是获取用户需求信息的一个途径。

用户访谈的两种方式：线上和线下。线上主要通过微信、微博等社交媒体与用户进行互动交流，以此来获得用户的需求信息；线下主要通过与天使用户进行当面交流，用最直接的方式获得最有效的用户反馈。

（三）众筹

目前市面上的众筹网站为初创企业进行用户测试提供了很好的平台。初创企业通过发起众筹的方式募集资金，可根据人们对创业想法的支持情况，判断人们对产品的态度。此外，众筹平台还可以成为打通产品和客户之间信息的通道，帮助初创企业接触到对产品有浓厚兴趣的天使用户，进而打造专业的社交圈子，增加客户的黏性，形成用户规模，为产品成功助力。

（四）投放线上广告

投放线上广告也是验证市场对产品反应的有效方法。我们可以通过各大网络广告平台将广告投放给特定的人群，看看访客对早期产品有何反馈，看看到底哪些功能最吸引他们。这种方法主要依靠网站监测工具来收集点击率、转化率等数据，从而获得最真实的用户感兴趣度。

需要注意的是，线上广告位的竞争非常激烈。所以，投放广告的主要目的在于验证市场对产品的态度，不要一味地追求曝光量，用户对于产品真实的反馈才是无价的。

（五）小规模用户测试

小规模用户测试是指假定某个产品已具备预期的功能，但却为小规模客户提供个人化的人工服务，以此检验企业的商业假设。一般情况，对创业企业而言，缺乏必要的资金和精力去进行大规模测试，通过简便易行的小规模用户测试，快速地给予决策者有价值的反馈。小规模用户测试对全新解决方案而言特别有效，在降低成本和验证可行性的同时，也大幅度提高了初创企业的成功率。

三、获得用户反馈的方式

当今时代是用户的时代，产品在研发过程中如果不与用户接触，就不能解决用户在实际生活中出现的问题。不能满足用户实际的生活需求，再完美的产品在用户眼中也终将毫无价值。所以，精益创业理念一直在强调用户反馈的重要性。创业者在研发产品的整个过程中都不能离开用户，要将每一个阶段研发出来的产品都投放到市场上，经过用户测试，获取用户的反馈信息，经过不断调整并修改产品，才能进行下一阶段的开发研制。由此看来，用户反馈贯穿产品的整个使用周期，对产品的发展方向起着决定性的作用。

对于这种产品的研制方法，创业者有三种获取用户反馈的方式：现场使用、实地观察及定性检验。

（一）现场使用

从 2014 年的"微信内容，搜狗一下"到 2015 年的两者聚合首页，从微信公众号和文章的独家珍藏到与腾讯的深度合作，搜狗搜索向其他企业验证了强强联合的重要性。

在 2015 年的某一天，搜狗搜索的微信搜索和微信头条在四川成都举办活动，打响产品系列线下沙龙活动的首次战斗。活动当天，邀请数百位新闻媒体、合作者和网友，与产品负责人面对面地交流深谈，让广大用户更加深入地了解产品的独特之处和功能，从而实现搜狗搜索产品的深度推广。

活动中，搜狗搜索的两位产品负责人韩异凡和汪保安向用户详细介绍了微信搜索和微信头条的功能和特点，把微信公众号和文章结合起来呈现在搜索平台上，通过微信搜索能阅读到众多微信公众号中的文章内容，可以让用户在较短时间内获得更全面、更深度的文章内容。搜狗搜索在线下产品活动获取反馈信息的方式，与搜索引擎"搜索—反馈"的方式不同，这种获取方式能给用户展现出主动的推荐结果，用户不需要进行搜索，就能看到想要看到的文章内容。

另外，微信搜索还允许用户在电脑端观看文章的同时，还可以通过使用手机扫描公众号的二维码进行观看，不仅让用户感到互联网时代资讯的精准性，还可以让用户把文章上传到朋友圈，感受资讯的时效性。不仅如此，电脑端还能帮助自媒体提升高质量文章内容的曝光度，提高用户留下来的足迹和阅读黏性。最关键的是，微信搜索产品能更快、更便捷地发现抄袭文章，为原创内容做了有力的保障。

搜狗搜索的另一款产品"微信头条"则为用户打造了个性化的阅读体验，不但能提高文章在朋友圈的传播效率，还能帮助用户快速得到感兴趣的文章内容。负责人汪保安指出，"微信头条"的亮点就是"个性化""让热点投你所好"，用户浏览高质量文章内容、热点内容时产生极致的阅读体验。另外，"微信头条"给用户推送的文章内容都遵循了原创、热点、深度三大原则，更加精准地把用户和文章内容连接到一起。

两位负责人在详细地介绍完产品之后，活动现场邀请的新闻媒体和网友都提出了非常有价值的问题。这些问题也正是搜狗搜索进行更新迭代和需要改进的地方。对于文章推荐的排序问题，产品负责人也进行了深度的讲解。通过互动，产品负责人更加了解用户在实际生活中的真实需求，从而对搜狗搜索进行不断地改进，明确产品的优化思路，打造出更加极致的产品。

（二）实地观察

实地观察是获得用户反馈的重要方式之一。实地观察能更好、更准确地了解用户是谁，用户有什么爱好和需要，用户对产品具备什么样的认知。商业圈十分流行的一句话就是"走出办公室"。在这句话的驱动下，创业者开始进行实地访谈，走访潜在用户，通过观察用户在实际生活环境中遇到的问题，为产品设计解决这些问题的方案，并根据用户的反馈信息来思考产品的设计方法。

实地观察之所以能成为获得用户反馈信息的重要方式之一是因为它有很多优势。实地观察的最大优势在于它的直观性，与直观性相辅相成的另一个重要优势就是它具有可靠性。

实地观察主要是观察者进行的单方面观察探访。在观察过程中，一方面观察者可以不与用户进行语言交流，也不与用户进行人际交往，这种方法对一些不需要用语言解决的社会现象有很大的直观性，能排除因语言沟通或人际交往带来的误会和干扰；另一方面可以驱使观察者直接与用户接触，有利于观察者在群体活动中与用户建立起感情，从而增加用户的信任度，并在这个基础上深入细致地了解用户在实际生活中的状况，充分体现了实地观察的可靠性。

另外，实地观察还具备简单便捷、适应性强、运用灵活等优势，因此，成为创业者经常使用的调查方式。

每种有效的方式除了具备优势之外，还有一些缺陷，这也是很多创业者必须注意的地方。创业者只有搞清楚这些缺陷，才能在实际操作中避免不必要的风险。实地观察的最大缺陷就是具有表面性和偶然性。

实地观察还受时间有限、空间有限等一些客观因素的限制，在观察对象和观察范围上也有很大的局限性。在观察过程中，观察者会因为一些主观因素而对实际产生一定的观察误差。此外，创业者在运用实地观察时，需要耗费较多的物力、财力和时间，有时也会出现获得的数据信息不利于进行定量研究的现象。

创业者在了解了实地观察的一些基本信息和优缺点之外，就需要知道应该如何去做才能减少观察误差。有效的实地观察方式有五种，分别是：正确选择观察者，认真进行思想教育，做好必要的知识准备，充分利用科学仪器，努力控制观察活动。

1. 正确选择观察者

一个合格的观察者必须具备实地观察的一些条件。其中，最基本的两个条件为：(1)观察者的感觉器官要正常，尤其是视觉器官要有独特的观察优势；(2)观察者要有实事求是的精神，观察到的现象是什么就是什么，必须如实记载，一定不能根据自己的主观因素更改数据，更不能歪曲现象，捏造事实。

2. 认真进行思想教育

观察者在进行实地观察之前，要接受思想教育培训。思想教育培训最重要的两个方面是：(1)培养观察者认真负责的态度，教育观察者要严格根据观察提纲、表格或卡片的要求对实地进行考察和记载；(2)观察者要认识到相关观察课题的重要性，要及时培养和提高对观察课题的兴趣。

3. 做好必要的知识准备

观察者要具备一定的知识储备：(1)观察者应该认真学习观察课题方面的专业理论知识；(2)观察者应该对观察对象以往的历史和目前的状况有一定的了解；(3)观察者要具备一定的观察方法并会使用一定的观察工具，要具备一定的实地观察经验和技能。

4. 充分利用科学仪器

观察者在实际观察的过程中，要学会充分使用现代科学工具，如各种测量仪器、显微镜、录音机等，还要学会使用各种度、量、衡等工具，并充分发挥这些仪器和工具的各种功能。

5. 努力控制观察活动

在观察活动中，观察者要尽量控制自己的观察方式，减少或避免观察活动给被观察对象造成的影响，这也是减少观察误差的重要方式之一。

(三)定性检验

产品品质是公司的生命线，可以展现公司的综合素质，并体现公司的整体实力。在市场经济环境下，用户对产品品质提出了越来越高的要求。产品品质的优劣是公司在市场中站稳脚跟的重要步骤，直接决定着公司的效益。因此，公司必须意识到产品品质的重要性，对产品进行定性检测，保证品质的优质度，提高公司的竞争力。提高产品品质的重要性具体表现在以下几个方面。

第一，产品品质不仅可以体现公司的道德文化，保证用户群体的信誉，还会影响产品的品牌度和公司的社会地位。信誉度对公司是非常重要的，它不是公司做出口头上的极力保证就能实现，而是通过为用户提供优质的产品服务、为用户兑现承诺才能获得的。

第二，提高产品品质能增加产品的经济性。不断优化产品品质有利于为公司节省资金，从而增加公司的利润，加大对产品品质的管理就是为公司增加利润。这是因为有效的质量管理能降低公司生产产品的成本，提高公司生产产品的能力，为公司创造更大的利润。

第三，产品品质的优质保证是赢取用户信任的第一要诀。用户一旦信任了产品的品质，就会认定产品的价值。很多用户在购买产品时，要考虑的第一要素就是产品的品质。比如，某款手机刚问世的时候，在很多方面都不如其他手机性能好，但是使用该款手机的用户络绎不绝。究其原因，很多用户的一致回答是该款手机"耐摔"。"耐摔"就意味着一款产品的品质在某方面做得十分到位。

四、如何优化用户体验

优化用户体验首先要获取用户的反馈信息，一般用户反馈的关键信息有用户对产品的整体感觉，用户不喜欢或不需要的功能点以及理由，用户认为需要添加的新功能点和用户对产品的改进意见，之后再根据反馈信息快速迭代出新的产品以优化用户的体验。

快速迭代是针对客户反馈的意见以最快的速度进行调整，并将其融合到新的版本中。互联网时代，速度比质量更重要，客户需求快速变化，有时不需要我们追求一次性满足客户的需求，而是通过一次又一次的迭代不断让产品的功能更丰满。正因如此，微信才会在面世第一年就发布了 15 个版本，创造 QQ 保镖 3 周上线的记录。

快速迭代的特点是成本低、浪费少、速度快、风险低、成功率高。Meta（原 Facebook）是精益创业的典型代表。实际上，2003 年，当这个企业最初创办的时候，全球市场已有多家类似的网站。然而 Meta 最为成功之处在于它能够在上线的第 1 个月，哈佛大学就有超过半数的学生注册，成为其用户。3 个月内 Meta 就拓展到美国所有常春藤盟校。这让众多慧眼识珠的顶级投资人看到，这家小公司早已成功地完成了精益创业的实验，赢得了市场的充分认可。随后的一年，Meta 快速渗透到全美 3000 多所高校，并在当年年底进军欧洲。

要把科学的方法论运用到初创企业中，我们必须找出哪些假设是需要测试的。其中最重要的两个假设是"价值假设"和"增长假设"。每一次的产品无论是成功还是失败，都能够让我们在认知上产生一个飞跃。

课堂活动

纸飞机竞赛

1. 活动准备

以个人或小组（不超过 4 人）为单位，设计并创造一架纸飞机，这架飞机需要能够承载 1 元的硬币，并在空中飞行尽可能长的时间（图 7-9）。注意事项如下。

（1）你可以单独工作或组成最多 4 人的小组，与小组相关的唯一要求是你们的飞机在设计时必须使用与小组人数相等的标准尺寸纸张

图 7-9 纸飞机

（例如，一个 4 人小组必须在其设计中使用 4 张纸）。

（2）飞机必须设计来可以运输 1 元的硬币，你可以选择使用硬币的数量和面值，唯一的限制是它们的总价值必须正好是 1 元。

（3）你或小组人员需要准备两分钟的演讲，来说服你的同学相信你的设计最佳。

2. 活动过程

（1）学生发表各自的创意，时间严格限制在两分钟内。

（2）为你认为会在每个指标（距离和时间）上表现最佳的设计投票。每个指标只允许投票给一个小组，但不要求在每个指标上都投票给同一个小组；注意不能投票给自己设计的飞机。

（3）实际飞机测试。每个小组找一个人投掷飞机，记录下飞行的时间和距离。

（4）邀请飞行表现不同的几个小组分享他们的设计流程和心得。注意他们是如何把局限转化成机会，又是如何从失败中得到教训的。

①你如何看待硬币的问题？将其视为负面局限吗？为什么？将其视为一个机会并纳入设计可以改进飞机的性能吗？②你如何努力使自己的设计具有差异化？③你试图在时间或距离上优化飞机或者二者兼得吗？④你制作原型并进行测试设计了吗？

（5）讨论有效推销的特点。需要理解创业者，以及对投资者推销的重要性。对于初创企业来说，投资者一般会注意创业者及其推销创意的能力，以及其演讲的能力和信心。

①努力将你的设计推销给同学，感觉如何？最大的挑战是什么？②你如何决定投资他们的设计？他们展示概念的方式有多重要？信心有多重要？演讲或创业者引人入胜的地方是什么？③你如何看待投票或不投票给你的设计的人？为了改进你的演讲，你会做什么？

课堂 反思

1. 你是如何理解创新的？为什么需要创新？
2. 如何识别客户的真实需求？
3. 如何做好问题定义？
4. 怎样制作最小可行性产品？
5. 如何进行产品用户测试？
6. 如何优化用户体验？

课外 实践

撰写自拟创业项目产品分析报告

从创青春、互联网＋创新创业大赛等网站下载与自拟创业项目相似的创业计划书，阅读产品介绍模块，并以此为模板，撰写自拟创业项目产品的分析报告。

第八章 设计商业模式

学习目标

知识目标：了解商业模式的含义及常见的商业模式类型，了解构建商业模式的步骤；了解预创型企业的 RTVN 框架；了解初创型企业的精益画布及成长型企业的商业模式画布。

能力目标：能够分辨出什么是好的商业模式；分析不同商业模式的利弊；具备设计商业模式的能力，能够根据创业不同阶段设计合适的商业模式；根据环境变化，适时对商业模式进行调整。

素质目标：认识到商业模式在创业中的价值。

案例导入

唐磊：小贤才招聘显神通

2022 年 5 月初，鲁东大学的学生们突然发现，"小贤才"的校招启事在学校就业创业网占据着醒目的位置。这虽然只是一则商业广告，但是让该校大学生感到既亲切又骄傲。

这是因为，鲁东大学是"小贤才"的创始人——2016 届计算机科学与技术专业学生唐磊开启创业之路的起点。也是将"小贤才"从一个大学生创业项目孵化成省内第一家大学生校园招聘挂牌企业的参与者和见证者。

"选择这个创业项目，就是因为毕业找工作的时候感到非常困难，也走了不少弯路。招聘渠道和信息来源很杂乱，很多在校学生和我一样不知道该从哪儿入手。""小贤才"校招平台创始人唐磊介绍说："那时候也没想做多大，就想趁着国家对大学生创新创业的好政策，再加上学校的大力扶持等坚强的后盾，想着能帮学弟、学妹们做点儿事，让他们都能找到一份自己心仪的工作。"

2020 年春季招生之时，刚好是共同抗"疫"的特殊时期，该平台团队成员积极应对，开发了在线直聊、视频面试等功能，让企业和毕业生在疫情期间，做到线上面试"无接触，零距离"。上线了"百校联合"九大专场线上招聘会，包括济南地区专场、青岛潍坊地区专场、烟台威海地区专场、淄博东营地区专场、知名企业专场、教育行业专场，以及 IT、新材料、制造类联合专场等。同时，协助山东理工大学、鲁东大学、德州学院、济南工程职业技术学院、济南护理职业学院、东营职业学院等高校举办了超过 24 场高校线上双选会。

第一节 商业模式概述

一、商业模式的含义

商业模式是创业领域的一个"热词",所有关注创业的人都津津乐道于"商业模式"。很多人说,有一个好的商业模式,就等于成功了一半。那么,商业模式到底是什么呢?

商业模式是指为实现客户价值最大化,把能使企业运行的内外各要素整合起来,形成一个完整的、高效率的具有独特核心竞争力的运行系统,并通过最优实现形式满足客户需求、实现客户价值,同时使系统达成持续盈利目标的整体解决方案。简单来说,商业模式就是一个企业通过什么途径或方式来赚钱。比如说,早餐店通过卖早餐来赚钱,快递公司通过收发快递来赚钱,网站通过点击率来赚钱,通信公司通过话费和流量来赚钱等。但需要注意的是,这个赚钱的方式其实包含了一套复杂的机制。以两家早餐店为例,如果一家专门做互联网外卖,而另一家以堂食(店内消费)为主外卖为辅,这就决定了他们的成本结构、销售渠道等各方面的不同,也就是说,他们赚钱的方式——商业模式是不同的。

二、什么是好的商业模式

一个好的商业模式肯定是具有创意的,但没有经过设计的商业模式并不是商业计划。好的商业模式必然是企业战略的核心部分,它的创新意味着整个企业的变革,也将为企业带来持续的盈利能力。

(一)好的商业模式应具有的特点

1. 具有创新性特点

一个成功的商业模式不一定在技术上有突破,而是在某一个环节有改进,或是对原有模式的重组、创新,甚至是整个游戏规则的颠覆。商业模式的创新形式贯穿于企业经营的过程,贯穿于企业资源开发、研发、制造、营销、市场流通等各个环节。也就是说,企业经营在每一个环节上的创新或变革都可能成为一种成功的商业模式。

2. 具有盈利性特点

在充分的市场竞争中,企业要凭借其独到的商业模式,成功进入阳光下的利润区,并在利润区停留较长时间,创造出长期持续的、高于行业平均水平的利润。

3. 具有客户价值挖掘能力

除了盈利能力,企业还需要关注对客户价值的把握。对于企业来说,暂时的盈利或亏损都是正常的。一家具有好的商业模式的公司并不是不会亏损,而是亏损之后依然有能力站起来。

4. 具有风险控制能力

好的商业模式要能经得起风险的考验。设计得再精巧、修筑得再伟岸的大厦都有一个必要前提,那就是稳定性,否则大厦将倾,其他都无从谈起。

5. 具有持续发展能力

好的商业模式不是靠抓住偶然的机会"一不小心"成功的。把一朝成功的偶然当成必然，是经不起时间考验的。即使是"一招鲜，吃遍天"，也要找到得到这样机会的核心逻辑，从而完善商业模式。

6. 具有整体协调能力

一种商业模式的成功，需要在企业内部与企业的经营管理系统有机地进行整合，并与企业自身状况融为一体，形成内外匹配、行之有效的模式。商业模式的子模式之间必须有内在联系，这个内在联系把各组成部分有机地关联起来，使它们互相支持、共同作用，形成一个良性的循环。

7. 具有行业领先优势

在市场上处于一定的领先地位并拥有话语权，是企业能够持续盈利的先决条件之一。好的商业模式是企业持续竞争的优势之源，商业模式的建立和维护对确立企业的市场领导地位和竞争力极为重要。

(二)成功商业模式的特征

1. 能提供独特的价值

独特的价值有时候可能是新的思想，而更多的时候，它是产品和服务独特性的组合。这种组合要么可以向客户提供额外的价值，要么使得客户能用更低的价格获得同样的利益，或者用同样的价格获得更多的利益，或者让顾客享受到更超值的服务等。

2. 难以模仿或复制

企业与众不同，如通过对客户的悉心服务、无与伦比的实施能力等来提高行业的进入门槛，从而保证长期稳定的利润来源。比如，戴尔公司长期采用直销模式，人人都知道这种模式如何运作，但却很难成功复制戴尔的模式，原因在于"直销"的背后，是一套完整的、极难复制的资源配置和生产流程。

3. 对自身和环境有客观认识

企业要明确自己的特色优势、主营业务、市场群体等，科学有效地开发、维护和管理不同的客户群体，做到量入为出，收支平衡。这些看似不言而喻的道理，要想年复一年、日复一日地做到，却并不容易。现实中，不管是传统企业还是新兴企业，他们可能对自己的钱从何处赚来，为什么客户看重自己企业的产品和服务，有多少客户实际上并不能为企业带来利润，反而在侵蚀企业的收入等关键问题，往往不甚了解。

三、商业模式的常见类型

商业模式有很多分类，根据奥斯特瓦德的分类方法，主要类型有长尾式商业模式、多边平台式商业模式、免费式商业模式和开放式商业模式等，各种类型的商业模式具有不同的特点。

(一)长尾式商业模式

1. 概念

长尾式商业模式是指企业由向大量用户销售少数产品，到销售满足庞大类别客户需求产品的转变，而每种产品都只产生小额销售量，简单而言就是多样少量的商业模式。该模式有两个核心点：第一点是多样、少量，非常多的品种，但每种的量非常少；第二点是多样的产品满足不同的细分市场，而每个细分市场的需求量都不高。

2. 典型案例——乐高的商业模式画布式样

乐高是丹麦的一家积木型玩具公司，创立于1932年，至今已有90多年的发展历史。乐高积木以其独特的创造性和趣味性而风靡全球，其品牌LEGO意为"play well"（玩得好），这一核心价值理念也获得世人的好评。随着国家生育政策的放宽、教育行业的蓬勃发展，乐高玩具的教育理念在国内得到了进一步的推广。

2008年，乐高在日本推出了乐高创意平台——LEGO IDEAS，并于2011年推出全球版。在网站上，用户能够很方便地注册一个账号，提交自己设计的方案说明（提交的方案必须非常详细，包括图片、说明等内容），粉丝将对这些业余设计师的新套件创意进行投票。任何获得10000张选票的创意都会进入审核阶段，然后乐高会决定哪些可以进入生产阶段。乐高也积极和外部合作，如麻省理工学院媒体实验室（The MIT Media Lab），借助外部的研发力量缩短开发时间。乐高把被动的客户变成了主动的设计者，让每一个人都有可能成为产品设计师，参与到乐高的设计体验中。这样一个开放式的顾客共创平台，成功缩短了产品开发时程，将时间由原来的24个月降至9个月，同时也大大提升了顾客的满意度。乐高创意平台的商业模式画布式样如图8-1所示。

重要合作	关键业务	价值主张	客户关系	客户细分
设计者 （设计师和客户）	提供管理平台和物流服务 为客户交付定制 的乐高积木套件	让客户发明和设计 自己的积木套件	社区服务	对自主设计的 产品感兴趣的 客户
	核心资源		渠道通路	
	庞大的粉丝群 乐高工厂的供应链		网络平台	
成本结构			收入来源	
改造供应链			在线销售	

图 8-1 乐高创意平台的商业模式画布式样

3. 长尾式商业模式画布式样

商业模式式样，指的是在描述商业模式时，类似商业模式的集合，它们之间的构造块都有共通点。比如，同一类型的商业模式中，不同公司的具体表现各不相同，但是它们的商业模式画布中的某些构造块可能会存在共通之处。因此把这些相似的内容放在一个商业模式画布当中，就构成了同一类型商业模式的式样。学习商业模式式样，能够帮助创业者更好地了解这一种类型的商业模式。在长尾式商业模式中，市场上有着大量不同需求的客户群体，企业可以专注于多个客户细分群体，为他们提供宽泛的产品或服务。长尾式商业模式画布式样如图8-2所示。

(二)多边平台式商业模式

1. 概念

多边平台式商业模式，指将两个或者多个有明显区别但又相互依赖的客户群体集合在一起，通过促进客户群体之间的互动来创造价值。只有相关客户群体同时存在的时候，这种类型的商业模式才具有价值。

重要合作	关键业务	价值主张	客户关系	客户细分
小众内容供应商	平台开发和维护 小众内容的获取 和生产	提供多种非主流的产品,这些产品可以和主流展品共存,同时也可以基于用户自生成的内容进行构建	促进用户自生成, 共同创作	小众市场 大量拥有不同 需求的群体
	核心资源		渠道通路	
	平台		以互联网作为客户 关系和交易的渠道	
成本结构			收入来源	
平台开发和维护			大量产品带来小额收入的集合 广告、销售或订阅	

图 8-2 长尾式商业模式画布式样

2. 典型案例——微医的商业模式画布式样

微医是我国移动互联网医疗健康服务平台,它借助云计算、大数据、人工智能等技术,为政府、医院、基层医疗机构和医疗健康企业提供一站式、多场景的云化解决方案,如助力政府开展家庭医生签约服务,帮助医院、医生提升医疗诊治能力,与药企、保险企业等机构打造医疗健康产业链,完善中国基层医疗卫生服务体系,为家庭提供连续、主动、全程的家庭医疗健康服务等。微医的商业模式画布式样如图 8-3 所示。

重要合作	关键业务	价值主张	客户关系	客户细分
政府部门 医疗机构 药企 金融机构	平台运营 合作医院开发	更便捷的就医体验 网络问诊 实现数据的互联互通 庞大用户流量	自助服务 自动化服务 个人助理	患者 入驻医生 医疗机构 金融机构 药企
	核心资源		渠道通路	
	医疗大数据 分析研发团队 用户基数		网站、App 医疗机构 销售团队	
成本结构			收入来源	
营销推广 技术开发 人力成本			免费 入驻医生与医疗机构的中介收费 金融服务费 药品销售	

图 8-3 微医的商业模式画布式样

3. 多边平台式商业模式画布式样

多边平台所创造的价值通常体现在三个方面:一是吸引不同的客户群体;二是将客户群体进行匹配;三是通过平台提供的交易渠道降低客户群体之间的交易成本。多边平台式商业模式画布式样如图 8-4 所示。

重要合作	关键业务	价值主张	客户关系	客户细分
—	平台管理 平台推广	创造更好的平台以 满足多个群体的需求	—	多个客户 细分群体
	核心资源		渠道通路	
	企业所提供的平台		—	

成本结构	收入来源
开发和维护平台的成本	客户细分群体产生的不同收入

图 8-4　多边平台式商业模式画布式样

(三)免费式商业模式

免费式商业模式包括三种形式：免费增收、免费平台、诱导。

1.免费增收

免费增收就是大量的基础用户受益于没有任何附加条件的免费产品或服务，而企业通过另外的增值服务来获得收益。以爱奇艺为例，爱奇艺在视频付费上始终秉承着"差异化运营"的理念。如对于 2016 年的热播剧《太阳的后裔》，爱奇艺便采用的是差异化排播的模式。所有用户都可以通过平台免费观看这一热剧，但 VIP 会员则可享受"零时差"的观剧体验。也就是说，用户在选择是否付费的问题上拥有自主权，并没有受胁迫之感。爱奇艺在完成用户付费的基础上，也确保了大量用户不流失，赢得了用户的尊重和行业的口碑。

2018 年暑期，爱奇艺借鉴 Netflix 模式，以"VIP 会员一次性看全集"的方式上线了多部剧集。之后，剧集在社交媒体上获得了不错的反响，许多用户对这一方式都表示出极大的肯定，不仅有效增加了平台用户的停留时间，而且激发了用户的追剧热情。

在借鉴 Netflix 成功模式的同时，爱奇艺也充分考虑到国内与欧美市场的差异。平台在为会员提供更多福利的同时，还保留了"会员多看 N 集"和"非会员免费看"的模式，通过三个时期来为不同用户提供娱乐服务。

2019 年 2 月，爱奇艺公布了 2018 年第四季度及全年财报：第四季度总营收 70 亿元，同比增长 55%；全年营收达到 250 亿元，同比增长 52%。第四季度末订阅会员数为 8740 万，其中 98.5%为付费会员，全年净增订阅会员 3660 万，订阅会员规模同比增长 72%。会员服务收入已成爱奇艺第一大收入来源，成为爱奇艺在 2018 年仍能保持营收快速增长的根本原因。爱奇艺的商业模式画布式样如图 8-5 所示。

在这个画布当中，有三个关键构造块：客户细分、价值主张、核心资源。免费增收商业模式必须有大量的用户群体，而且能为用户提供免费的服务，这是吸引用户的关键。图 8-6 是免费增收商业模式的几个关键点。

重要合作	关键业务	价值主张	客户关系	客户细分
影视出品方 各类 IP 百度	视频开发	免费、丰富的视频网站 打造轻奢新主义 视频观看体验 定向推送	自助服务 社区 自动化服务	大众用户 付费用户 广告商 短视频创作者
	核心资源		渠道通路	
	庞大的用户基数 IP核心战略所积累 的庞大资源		官方网站 客户端	

成本结构	收入来源
平台运营 研发费用	免费 会员费 广告费 内容分发

图 8-5 爱奇艺的商业模式画布式样

2. 免费平台

免费平台通过免费手段销售产品或服务，建立庞大的消费群体，然后再通过配套的增值服务、广告等方式取得收益。主要有三个关键词：一是免费，体现在提供的产品或服务是免费的；二是收益，以配套的增值服务或广告等方式获得；三是平台，免费平台首先是多边平台商业模式。以今日头条为例，今日头条是北京字节跳动科技有限公司开发的一款基于数据挖掘的推荐引擎产品，它为用户推荐有价值的、个性化的信息，提供联系人与信息的新型服务，是国内移动互联网领域成长最快的产品之一。今日头条的商业模式画布式样如图 8-7 所示。

免费平台商业模式中的重点是价值主张、客户细分和收入来源之间的联系。企业为免费客户提供免费的产品或服务，有了大量客户之后，就为广告商提供了巨大的流量平台，也能向广告商收取广告费，从而产生收入来源。图 8-8 是免费平台商业模式的几个关键点。

图 8-6 免费增收商业模式的关键点

3. 诱导

诱导，指的是通过低价的、有吸引力的甚至是免费的初始产品或服务，以促进相关产品或服务的重复购买的商业模式。主要特点包括低价或免费的初始产品或服务，需要重复购买后续产品或服务，用户转换成本高。

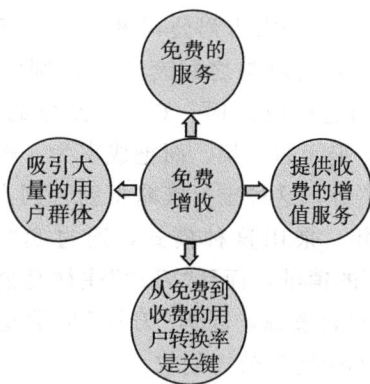

重要合作	关键业务	价值主张	客户关系	客户细分
视频网站 小说网站 手游厂商 社交应用合作 O2O 业务拓展	精准推送有价值的 个性化信息平台 维护与管理 **核心资源** 个性化推荐算法 优秀的创业团队 庞大的用户基数 充沛的现金流	免费、易使用、 个性化的资讯服务 价值内容推送 货币化内容 定向推送	社区服务 自助服务 个人助理 **渠道通路** 客户端 销售团队	大众用户 付费订阅用户 内容拥有者 广告商 各类平台应用

成本结构	收入来源
平台运营	免费 收费订阅 内容分发 广告收入 游戏、表情下载等增值服务

图 8-7 今日头条的商业模式画布式样

　　诱导式商业模式，又名"剃刀和刀片定价策略"，最先由吉列公司推出，生产商以低价出售剃须刀，而对与之配套的刀片则收取高价。吉列刚推出这种模式时，以 55 美分的价格销售成本为 2.5 美元的刀架，而把成本为 1 美分的刀片卖到了 5 美分，这种定价策略帮助吉列占据剃须刀市场数十年。采用这种模式，通过卖"刀架"来绑定"刀片"的销量，而且"刀片"往往是公司更主要的营收和利润来源，因为"刀片"是重复消费的，可以源源不断地为公司创收。

图 8-8 免费平台商业模式的关键点

　　采用类似吉列"刀片＋刀架"模式的商品有很多，比如一些只能用厂家墨粉的打印机、可替换刷头的电动牙刷，等等。其实质是通过业务关联性，发现市场需求更大的衍生业务或延伸业务，低价甚至免费销售主业产品。表面上，随着企业规模的扩大，主营业务利润微薄甚至亏本，但实际上，以降低主业增长缓慢的盈利，换取延伸业务的巨大盈利，并且构建了有效的竞争壁垒，可以利用相对低廉的主业产品或服务价格将竞争对手拒之门外，从而锁定客户群体，扩大市场份额。

　　在一些主业市场规模空间和利润增长有限的行业，例如设备制造，每年需求有限，竞争激烈，利润率下降，难以吸引投资者。如果采用诱导式商业模式，在专业化经营主业的同时，能够挖掘业务和收入的关联性，发现市场规模更大的一系列"刀片业务"和收入来源，就能够突破增长瓶颈。诱导式商业模式画布式样如图 8-9 所示。

　　4. 三种免费式商业模式的对比
　　在传统的商业模式中，企业往往花费较高的成本面对付费客户，只有少量产品或

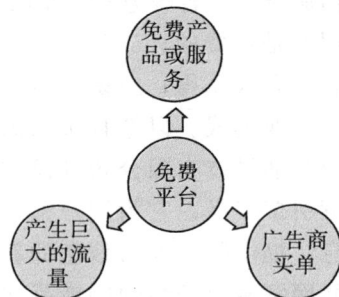

服务售出，而更多的消费者一般不愿接受直接收费的商业模式，影响了企业扩大经营和销售。三种免费式商业模式分别用不同方法解决了传统商业模式的问题，为方便比较，用表格形式列出。三种免费式商业模式对比如表 8-1 所示。

重要合作	关键业务	价值主张	客户关系	客户细分
—	提供后续的产品或服务	低价免费的商品和后续商品紧密联系	初始产品和后续产品间的"锁定"关系特征	—
	核心资源		渠道通路	
	强大的品牌影响力		线上 线下	
成本结构			收入来源	
研发费用 行政支出			后续重复的高利润产品	

图 8-9 诱导式商业模式画布式样

表 8-1 三种免费式商业模式对比表

对比内容	免费增收	免费平台	诱导
解决办法	提供免费的商品，通过增值业务盈利	提供免费大众化平台，通过平台获得客户流量和广告费	提供价格低廉或免费的商品，通过相关产品盈利

(四)开放式商业模式

1.概念

开放式商业模式通过与外部伙伴系统性合作，来创造和捕捉价值。既可以由外到内，将外部的创意和价值引入企业内部；也可以由内到外，将企业内部闲置的创意和专利提供给外部伙伴。这种模式的优势是可以让创业者取长补短，不必从头开始研究，可使用其他组织的创新成果并从中获益。

2.开放式商业模式(从外到内)式样

开放式商业模式(从外到内)画布式样如图 8-10 所示。

重要合作	关键业务	—
外部创新伙伴	外部资源和内部业务整合	从外到内：将外部的创意引进公司内部
	核心资源	
	具有联系外部创新优势的特定资源	
成本结构		
外部资源的成本		

图 8-10 开放式商业模式(从外到内)画布式样

在这个式样中，核心资源是具有选择外部创新优势的特定资源，关键便是让对内部有用的外部资源和内部的业务整合在一起，外部资源的来源就是式样中的重要合作，整个过程的成本就是外部资源的成本。

3. 开放式商业模式（从内到外）式样

开放式商业模式（从内到外）画布式样如图8-11所示。

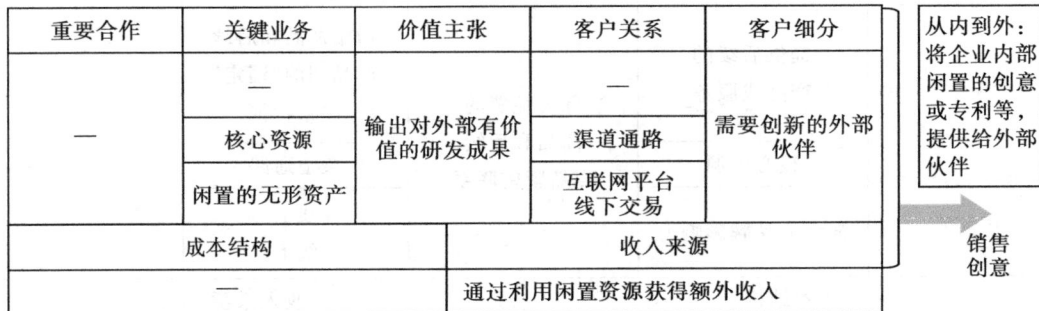

重要合作	关键业务	价值主张	客户关系	客户细分	从内到外：将企业内部闲置的创意或专利等，提供给外部伙伴
—	核心资源 闲置的无形资产	输出对外部有价值的研发成果	— 渠道通路 互联网平台 线下交易	需要创新的外部伙伴	
成本结构 —		收入来源 通过利用闲置资源获得额外收入			销售创意

图 8-11　开放式商业模式（从内到外）画布式样

在从内到外的开放式商业模式式样中，客户细分群体是需要创新的外部伙伴，他们希望获得来自企业内部的研发成果，供给研发成果的过程就是企业的价值主张，主要的渠道通路由互联网和线下交易组成，这种商业模式的收入来源是通过闲置的资源获得额外的收入，核心资源是企业闲置的无形资产，最直观的就是企业内部的专利。

课堂活动

特斯拉商业模式

活动目的：分析特斯拉的商业模式。

1. 客户细分

在传统汽车向新能源汽车过渡的最初阶段，能够主动接受并购买新能源汽车的群体大都是环保意识较强的人。电动车在发展过程中，"充电困难""里程焦虑问题"一直都是困扰生产商和用户的两大问题，因为这两个问题很难解决，导致使用电动车的普通人并不多，电动车基本成为"富人们的玩具"。为此，特斯拉（Tesla）生产了第一款专为富人打造的电动跑车 Tesla Roadster。

特斯拉从豪华品牌入手，逐渐向中低端品牌渗透。目前，Model S 系列进行了高配、中配、低配三档划分，基本上满足了高、中、低端客户的不同需求。

2. 价值主张

一是以数字化为核心。有别于传统的汽车产业区域布局，特斯拉选址于 IT 圣地美国硅谷，因而其商业模式中的数字化色彩浓烈。

二是尽量提高续航里程、降低造价，打造性价比高的电动车。性能及续航里程的大幅提升，使 Model S 电动车的售价也极具竞争力，Model S 有联邦政府退税、州地方政府补贴以及极低的保养支出和燃料费用，竞争力大增。

3. 客户关系

特斯拉公司所采用的全产业链服务，真正解决了顾客买车之后遇到的所有问题。

顾客付钱提车后，无论是用车充电问题还是保修增值等问题，都会得到特斯拉公司相关人员的全面服务。

4. 渠道通路

由于电动车有别于传统的内燃机汽车，其产品讲解、销售、保养等都需要专门的人员。特斯拉营销模式效仿苹果的直销模式，作为小众品牌，直营店可以提供更专业的服务及更好的品牌展示。特斯拉更讲究体验，也有别于传统的4S店经营模式。通过体验店的方式发展网上销售端，从渠道通路来看，销售模式与传统的汽车4S店模式完全不同。

5. 关键业务

特斯拉关键业务主要集中于三个开发制造平台，即最早的修改版莲花 Elise 平台、Tesla Model 平台和 Tesla GENⅢ 平台。公司还有部分研究开发服务，这部分营收来自向其他汽车制造商提供电动汽车动力系统及组件的设计开发服务，特斯拉认为目前这是一种可持续也可行的营收创造手段。开发合同中会标定一些技术节点，当开发服务满足某节点时相应部分会被确认为递延收入，直至全部满足后确认为营收。

从目前已投产的两个平台产品来看，特斯拉产品的续航指标要大幅领先于同行业其他厂商的续航里程，关键业务平台优势明显。

6. 核心资源

特斯拉最为核心的技术就是 BMS 电池管理系统，在同行业中这一技术遥遥领先，比如电动车的电池，特斯拉采用的是钴酸锂系列的锂电池，其优点是电池的单位重量比能较高，可以产生更多的能量。但是在其他方面的技术优势并不明显。另外，特斯拉公司对资源的整合能力也是其成功的核心资源之一。

7. 重要伙伴

特斯拉与合作伙伴的关系深深体现出资源整合的意识，特斯拉最早与莲花汽车合作，通过莲花汽车优秀的车身设计技术来弥补车身设计技术的不足，后期又与丰田、奔驰合作，解决了公司在汽车制造领域底蕴不足的状况。而关于电动车最核心的电池系统，特斯拉又与日本松下公司合作，为电动车装上高端的电池系统。

8. 成本构成

特斯拉 Model S 系列的电动车，单是电池成本就占到了整部车的 50% 左右；其次是 BMS 系统，占 25% 的成本；车身等其余构件，占其余的 25%。可以看出，特斯拉电动车成本的核心就是其电池系统。

电池系统是日本松下公司提供的。以高配版汽车为例，其电池系统所使用的松下 NCR18650A 电池，成本就达到了 18.5 万元，占到了电池系统总成本的 70% 左右。

9. 收入来源

与国内的电动车行业收入构成类似，特斯拉的主要收入也是依靠汽车销售和退税补贴构成的，2022 年交付量为 131 万辆，在欧洲多个国家销量超过燃油车。这就足以证明目前特斯拉的商业模式是成功的。

▶ 第二节　商业模式设计工具

一、构建商业模式所需的步骤

(一)确定发展方向，精准战略定位

商业模式设计的核心是企业的战略定位，这是构建一个优秀商业模式的起点。战略定位就是让企业的产品、形象、品牌等在预期消费者的头脑中占据有利的位置，即满足什么行业、什么客户的什么需求。具体来讲，包括价值主张、市场定位和产品定位等。

一个成功的商业模式，最根本的就是要提供新的客户价值，要有独特的价值主张。将新概念、新创意、新思想等融入产品或服务，赋予其更新的内涵，让客户以更低的价格获得同样的利益，或用同样的价格获得更多的利益。从而黏住客户并锁住客户。

战略定位需要回答的问题主要有三个：企业的价值主张是什么，目标客户是谁，应该向他们提供具有什么样特征的产品或服务。

企业的价值主张，对外是一种对客户宣称的诉求，对内则是对企业业务进行的一种定义，这是创造一个杰出战略定位最重要的一步。因为业务定义会对企业所收集到的信息起过滤作用，它将告诉企业的决策层哪些机会应该抓住、哪些应该放弃。一家企业通过业务的定义可以界定出谁是自己的客户和竞争者、谁是自己的合作伙伴、自己应该拥有什么样的资源和能力。

如阿里巴巴，秉承"让天下没有难做的生意"的价值主张，阿里巴巴集团今天已经发展成为全球电子商务的领导者、中国最大的电子商务企业。拥有阿里巴巴 B2B、淘宝网、支付宝、阿里巴巴云计算和中国雅虎等子公司，向全球 240 多个国家和地区的用户提供多元化的互联网业务，包括 B2B 国际贸易、网上零售和支付平台、以数据为中心的云计算服务等。

战略定位需要解决的第二个问题是锁定目标客户。识别和确定企业的目标客户意味着企业必须考虑服务于哪个地理区域和客户细分。任何客户群都可以有无数的划分方法，考虑划分是为了创造性地"重新划分"已有的客户群，以发现别人没想到的新划分和潜在客户。

战略定位需要解决的第三个问题是企业应该向目标客户提供具有什么样特征的产品或服务。任何企业都不可能把所有的客户都作为自己的服务对象，也不可能向一个客户提供所有的产品或服务。定位需要解决的是，在企业所有可提供的产品或服务中，应该将哪一种作为重点。

如苹果公司，此前是为用户提供超出同行业的最新技术，后来开始重新审视客户价值，破除封闭的老思维，兼收并蓄，纵横捭阖，将先进的技术、合适的成本和出众的营销技巧相结合。iPhone＋App Store、iPad 先后改变了传统手机和出版行业，建立了行业的新秩序。

（二）细分目标市场，明确客户群体

每一个成功的商业模式，都源自对精准目标客户的定位。很多企业家、经理人都非常急迫地想建立自己独特的商业模式，对竞争对手的经营策略非常关心，但是他们恰恰忽略了商业模式中最重要的一环——客户。如果能够找到精准的目标客户及需求，那么商业模式的系统性设计将水到渠成、顺理成章。反之，如果无法找到精准的目标客户及需求，那么创新商业模式的可能性几乎为零。

设计商业模式时，最怕的就是"老少皆宜"、产品或服务谁都适合。也许你的企业经过长期的发展，理论上有可能做到天下通吃，打遍天下无敌手，每一个人都是你的客户，但是一开始绝对不可能出现这种情况，因此必须找到一个精准的客户群切入，切入越精准，风险越少，越有可能成功。

精准的目标客户定位就要求能够给客户画"素描"。当有了一幅清晰的"素描"图像后，就可以低成本、快速、精准地找到目标客户，"素描"越准确，收入扩张速度越快，风险越小，成本越低，反之亦然。

如中国动向在打造 Kappa 品牌时，就对运动用品行业进行了消费需求结构的重新定位。传统的运动装宽宽松松、透气性好，但款式少、不时尚。Kappa 将目标客户定位于那些宣称要运动但从不运动的人和想有运动感觉但不想出汗的人。凭借运动、时尚、性感、品位，Kappa 走出了一条运动服装的新路子，实现了 5 年 300 亿元的成长奇迹。

（三）圈定经营范围，构建业务系统

业务系统的确立，就是根据客户价值主张，对企业的所有经营活动进行选择、取舍和重组的过程，也是企业资源和能力整合配置的过程。企业通过资源整合，建立合作网络、优化管理流程等手段，具备与众不同的能力，以提高行业的进入门槛，从而保证"独占性"利润。如戴尔公司，创始人戴尔还在大学读书的时候，IBM 就已经是蓝色巨人了，但是现在戴尔品牌计算机连续数十年领跑全世界。戴尔所倡导的直销模式，人人都知道是怎么回事，却很难复制，原因在于直销的背后是一整套迅捷的供应链管理系统。

企业要做什么业务，做哪些业务组合，各业务起到何种作用？打算将哪些业务进行分包、外购或与其他公司协作生产和协作经营？这一系列业务活动构成的价值网络，组成了整个经济体系。业务活动由相应的工作流、信息流、实物流和资金流等组成，反映的是企业与内外各种利益相关者之间的交易关系。因此，业务系统的构建首先需要确定的就是企业与其利益相关者分别应该占据、从事价值网中的哪些业务活动。

需要确定企业与不同利益相关者之间的关系。这些关系由纯粹的市场关系与完全所有的所有权关系构成的频谱组成，包括简单的市场关系、一定时间和约束下的契约关系、租赁、特许、参股、控股、合资和全资拥有等。构建业务系统时所需要做的就是针对不同的利益相关者，确定关系的种类及相应的交易内容和方法。

一个高效的业务系统，需要根据企业的定位识别相关的活动并将其整合为一个系统，然后根据企业的资源能力分配利益相关者的角色。确定与企业相关价值链活动的关系和结构。围绕企业定位所建立起来的这样一个内外部各方相互合作的业务系统将形成一个价值网络，该价值网络明确了客户、供应商和其他合作伙伴在影响企业通过商业模式获得价值的过程中所扮演的角色。

业务系统的建立，关键在于对行业周边环境和相互作用经济主体的通盘分析。对于任何一个打算进入某个行业的新企业，可以通过反复询问这几个问题来确定企业的利益相关者：第一，拥有或可以从事什么样的业务活动；第二，行业周边环境可以提供哪些业务活动；第三，可以为各个相互作用的主体提供什么价值；第四，从共赢的角度，应该怎么做才能够使这些业务活动形成一个有机的价值网络，同时让其他利益相关者得到其想要的收益。

"不谋万世者，不足谋一时。不谋全局者，不足谋一域"。业务系统正是要从全局的角度来设计布置自己与利益相关者的关系，不计较一城一池的得失，而是着眼于全局的成功。

企业应该建立什么样的业务系统？首先，找到一个正确的定位，这是决定业务系统成功的先决条件；其次，分析自己的优势，看看自己需要什么样的资源或能力；再次，构建一个利益相关者的网络，把上述四点中涉及的内容统一起来，就构成了业务系统；最后，以业务系统为中心，构建起整个商业模式的运营机制。

（四）拓展合作空间，构建伙伴网络

企业与合作伙伴形成稳定、高效、精简的合作关系。可以降低购买成本和交易成本，形成优势终端产品。当企业家以平等精神将合作者看作自己的伙伴时，才能走入合作者的心里，才能知道对方需要什么。这种先予后取，形成一种"正和博弈"。平等精神需要"善良的心"，而"善良的心"本身就是一种商业智慧。

合作伙伴关系在宏观、中观和微观上都是实现相互作用的集成。宏观层面，主要是实现企业之间的资源优化配置、合作及委托；中观层面，主要在一定的信息技术支持和联合开发基础上实现信息的共享；而微观层面，则是实现同步化、集成化的生产计划与控制，并实现后勤保障和服务协作等业务职能。

（五）合理分配利益，设计盈利模式

盈利模式是给定业务系统中企业合作伙伴之间利益分配格局中企业利益的体现方式。简单地说，盈利模式就是企业赚钱的渠道，以及其通过怎样的方式来赚钱。

《科学投资》杂志调查结果显示：在创业企业中，因为战略原因而失败的只有23%，因为执行原因夭折的也不过是28%，但因为没有找到盈利模式而走上绝路的却高达49%。盈利模式是企业生死存亡的关键，只有找到适合自己的盈利模式，才能保证企业存活下去，并获得快速发展。企业若不关心盈利模式，衰败乃至死亡可能只是时间问题。

如苹果公司，主要有两个盈利途径：一是靠卖硬件产品来获得一次性的高额利润。这是苹果公司绝大部分利润的来源；二是靠卖音乐和应用程序来获得重复性购买的持续利润，以及获得运营平台的报酬。这两个盈利方式还会互相加强，形成良性循环。无论是iPod、iPhone还是iPad，都要比同类竞争产品的利润高很多。同样，由于有卓越硬件和高销量的支持，那些应用程序也更有价值，也就更能促进新程序和软件的开发，拉动更多更好的内容进入苹果公司的供应链。苹果公司控制了这个产业中最核心的也是利润率最高的设计、渠道和销售环节。而且苹果公司的硬件、操作软件和iTunes、App Store等渠道平台只适用于苹果自身，它对外界的厂商实行技术封闭。因此，苹果越壮大意味着苹果公司的盈利能力越强。

二、预创型组织的 RTVN 框架

(一)抓住机会

商业模式分析用于各种规模和形式的组织。但是，商业模式在早期风险投资领域真正发挥的作用是帮助创业者解释他们的愿景，帮助投资者进行比商业计划更好的风险和资源需求评估。

早期，创业者可能会进行大量理想化却无用的分析。精益画布和奥斯特瓦德的商业模式画布是强大的工具，处于早期的创业企业可以从简单的商业模式框架即 RTVN 中获益良多。RTVN 表示资源、交易、价值和叙事，该框架包含了商业模式的基本要素。当创业者探索潜在的机会时，它是高效和有效的。

(二)一切都是关于机会的

创业，就是关于机会的行为。机会与情景和信息有关。创业者需要使用信息来探索和组合资源与交易的新方法。在正确的时机下，这种新组合将创造新的价值。创业者和机会，是同一个硬币的两面。

在这个阶段，使用错误的商业模式框架可能是有害的。因为较为复杂的框架和工具会提出创业者可能无法回答的问题。回答这些问题可能需要一些无法获得或不存在的信息。更糟糕的是，该框架可能会鼓励创业者接受甚至使用未经证实的假设来"完成"分析。复杂的框架可能误导创业者创建或承担看似符合整体故事但无法实施的结构或元素。在预创业阶段，创业者应该从利用 RTVN 模型开始。

(三)RTVN 商业模式设计

RTVN 商业模式设计是一个简单的图解，用于标识商业模式中的资源、交易和价值。帮助创业者将这些元素贯穿起来，最大限度地减少需要评估的内容并聚焦于商业模式的关键要素和整体故事。

对于预创型企业来说，使用更复杂的框架可能会耗时甚至具有误导性。如果刚刚开始寻找创业机会，那么只需要 RTVN 模型。

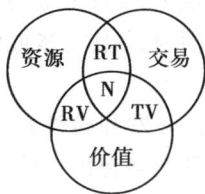

图 8-12 预创型企业的 RTVN 模型

预创型企业的 RTVN 模型如图 8-12 所示。

预创型企业 RTVN 模型的使用包括以下三个步骤。

第一步：识别关键资源、交易和价值(RTV)，填写每个圆圈的主要部分。

第二步：探索并填写交叉区域(RV、RT、TV)。

1. 资源、价值(RV)交叉区

即使在商业模式设计的最早阶段，RV 交叉区也应该相对清晰。要解决的问题包括：(1)哪些资源与客户需要的价值直接相关？(2)客户如何、何时以及为何需要这些资源产生的价值？

RV 交叉区强调企业的机会出现在真正可以为客户创造新价值的资源处。如果在商业模式设计中遇到的关键问题是资源和价值创造的，那么可能会发现其他有用的资源。另外，大多数创业者面临的危险是 RV 的"显而易见性"，阻碍了创业者对假设的检验。

有资源，就有可能产生相应的价值。寻找机会的逻辑通常遵循以下两个过程之一。

(1)问题解决逻辑——发现问题。具体来说，创业者看到潜在客户正在经历无法解决的痛点或错过本可实现的收益，从而开发出一种能够解决这种痛点或提供收益的创新产品。由于它比客户目前所用的更好，所以他们很有可能会购买。

(2)资源扩展逻辑——拥有新颖或未充分利用的资源(资产、能力、技能、知识、创新等)。至少有一个客户群可以从这些资源中受益，由于目前没有该资源可以使用，因此未来客户很有可能会购买它。

如果创业者发现自己在说"这对客户的价值显而易见"，那么应该仔细检查资源和价值间的关系。至少要与潜在客户交谈，以确认或拒绝关于价值创造的基本假设。

2. 资源、交易(RT)交叉区

虽然创业者并不总是十分清楚，但 RT 交叉区通常是很直白的。请回顾这几个问题并将摘要信息放入模型的这一部分。(1)你将使用特定的销售或营销渠道吗？(2)建立这些渠道需要哪些资源？(3)你如何将关键资源和主要交易联系起来？

RT 交叉区通常是事实检查。创业者可以在商业模式开发的最早阶段获得这些问题的答案。如果无法回答这些问题，或者关键资源和交易之间似乎存在显著差距，那么这是一个很好的退一步思考商业模式叙事的机会。商业模式真的有意义吗？如果没有 RT 一致性，商业模式就可能没有起点。

3. 交易、价值(TV)交叉区

TV 交叉区是 RTV 模型中最常见的。为什么？它可能是三个交叉区中最不直观的。

在客户获取方面的成功，远不止创造更好的产品并使其可用。创业者倾向于低估确保交易符合价值创造过程的固有挑战。关于 TV 交叉区的问题包括：(1)客户是否有不寻常或复杂的交易要求？如有，那是些什么要求？(2)客户是否因其使用目标产品或服务而对其他实体或组织负有义务？(3)客户是否倾向于避免采用初创公司的新产品或服务？

第三步：开发和检验叙事，填写叙事(N)。

创业者可能会想出一些简单的短语或句子来完成 RTVN 框架。然后，再来看一下整个商业模式。所有部分形成合力了吗？叙事是否将所有元素联系在一起了？

RTVN 框架的强大之处在于它的简单性。但简单性导致的风险是，所做的分析可能基于一两个不正确的假设。完全基于创新和直觉的 RTVN 分析尚未经过检验。这是创业者利用商业模式团队的最佳机会。与他们分享自己的经验，请他们帮忙确定未经检验的假设并找出潜在的缺陷或差距。与聪明、经验丰富和知识渊博的人一起完成第一个商业模式。

(四)从创新中分离出商业模式

有时，创业者会将创新与商业模式混为一谈。在展望未来的组织设计和进行创建时，保持它们的独特性可能很困难。

当没有组织或新产品以及服务尚未发布时，创业者和管理者最有可能混淆创新和商业模式。评估业务本身的场景有限，使用商业模式分析工具来评估创新、产品或服务而不是业务。

创新不是商业模式。当产品或服务尚未启动时，我们很容易将其混淆。请记住，创业者无法对创新进行商业模式分析，必须关注机会和业务。

任何创新都可以融入许多可能的商业模式中。有时只有几个可能的商业模式，有时却可能有几十个或几百个。如果创业者的分析侧重于创新本身，那么可能会错过商业模式的其他关键要素。在这种情况下，你不是在分析商业模式，而是在评估某种创新机会。

换言之，如果创业者尝试对创新、产品或服务使用商业模式进行分析，那么他正在研究创新是否可以在市场中取得成功，而不是商业模式的可行性。这些东西可能听起来很相似，一项可能会引导到另一项，但它们并不等同。

(五)保持简单

在 RTVN 框架中创业者可能无法感受到商业模式的复杂性。如果满足这几个条件中的任何一条，就有机会创建一个稍微复杂的商业模式框架：(1)已经更深入地拓展了机会，包括运营规划；(2)已经发起了一些组织活动；(3)由于技术、资源或交易流程的复杂性，分析要更复杂一些。

在创业者急于接受更大的挑战之前，请确保自己出于正确的前提这样做。如果不是必要的，请不要做更多的商业模式分析。只有非同寻常的商业模式会需要极其复杂的分析来证实可行性。更复杂的框架通常可以识别商业模式中存在的更多的潜在问题。

使用更复杂框架的商业模式分析往往会引发有关流程的详细问题和活动。通常，这些问题需要通过简单实验或与市场参与者的直接接触来回答。虽然这些活动在任何创业情境中都非常有价值，但它们也可能非常耗费时间和资源。应该在形成关于商业模式的初步结论以后启动这些类型的调查。否则，商业模式分析有可能产生有关潜在机会不断扩大等一系列问题的风险。这些也需要解决，但只能在创业者熟悉模式的核心能力之后进行。

RTVN 框架是一个非常简单但十分有效的机制，用于生成和评估创业想法、创新或新产品、新服务的商业模式。对于一位想要启动初创企业的创业者或计划推出新产品或服务的经理人，这是一个非常好的起点。使用工作表，探索商业模式元素及其联系，然后与值得信任的同事共享商业模式。总之，创业者应该集思广益，通过备选元素或这些元素之间的不同联系来改进商业模式。还应该寻找商业模式缺失的元素、不符合商业模式整体叙事的联系以及其他不一致性问题。

三、初创型组织的精益画布

(一)创业和商业模式设计的精益方法

精益画布融合了埃里克·莱斯(Eric Ries)的"精益创业"框架。精益创业强调了一种实验式创业方法。精益创业思维不是为每一个偶然事件做好计划或追求完美产品，而是要尽快为客户提供想法和解决方案。换言之，产品生存能力的仲裁者是市场，而不是创业者自己。

在这种情况下，商业模式是实验的一部分。任何给定的商业模式都应被视为假设而非确定的。

（二）精益画布

精益画布工具由阿什·莫瑞亚（Ash Maurya）所创建，是奥斯特瓦德商业模式画布的改编版。正如莫瑞亚所指出的，其关键目的是"在一个页面上捕捉商业模式假设"。阿什·莫瑞亚精益画布式样如图 8-13 所示。

成本结构			收益流		
问题	解决方案	独特的价值主张	不公平优势	客户细分
	关键指标		渠道	

图 8-13　阿什·莫瑞亚的精益画布式样

精益画布将实验置于详细的计划之上。创业者可以使用精益画布来识别能检验商业模式的一些关键市场准入实验。其强调三个同等重要的方面，即客户、创新或机会和利用机会的组织。

1. 创建精益画布：电子停车的创业机会

本示例可以更好地阐明如何使用这样的画布。美国和英国的许多大学校园没有足够的停车场供所有教职工、学生和访客使用。这里有创业机会吗？亚当花了几个小时的时间想了一些创意，最终选择了创建一个在线营销平台。我们将在此背景下探索精益画布商业模式。将其命名为亚当的电子停车业务（Adam's E-parking Business，AEB）精益画布。有许多网站提供商业模式和商业模式画布工具。

2. 精益画布元素

先从与 RTV 框架资源密切相关的元素开始：问题、解决方案和关键指标等。

（1）精益画布元素一：问题。精益画布中的"问题"，指的是客户的问题。商业模式利用的是与未满足需求相关的机会。换言之，如果创业者没有识别出客户问题，无论是痛点还是未实现的收益，都是没有商业模式的。

精益画布特别适合初创业者和处于早期阶段的企业。它可以使客户问题变得更加明确。

请考虑一下 AEB 精益画布的使用。"停车位不够"，实际上，那是情景，并非问题。它没有描述痛点或未实现的收益，所以我们需要深入挖掘。

缺乏停车位会导致两个客户群体面临问题。那些想把车停在校园里却无法做到的人将体验"无数可能的痛苦"，他们可能不得不步行或寻找替代交通工具，两者都可能造成时间损失。如果在其他地方停车，或使用替代交通工具支付更多费用，又是财务负担。大学可能有复杂的行政安排，以确定谁有资格在校园停车。这些都会产生经济负担或机会成本——很多人不得不在这上面花时间，而不能去做更有价值的事情。大学可能要不断处理一些关于停车的投诉，特别是在学生人数经常变化的情况下，可能会产生人力资源成本等长期成本。

显而易见的解决方案即建造新停车场，但成本极高，需要大量空间，大学可能缺少足够的资源。

还能想到其他任何问题吗？请记住，任何问题都应该清晰、具体并且可量化。

（2）精益画布元素二：解决方案。紧接着问题的是解决方案。同样，清晰度在这里很重要。"解决方案"不是产品或服务，它是为解决问题的特定方面而需要利用的任何东西。

存在这样一个现实情况：大多数大学位于城市之中，学校附近的居民区在工作时间车道（甚至车库）是闲置的。换句话说，重新构建问题可能很有用。虽然不属于大学所有，但是该地区有足够的停车位。

当然，仅仅确定解决方案并不能解决问题。真正的解决方案需要从特定的解决方案元素开始，找出商业模式的其余部分。第一步要意识到物业的所有者必须有权设定定价和访问限制；第二步要认识到通勤者（学生、教职员工、访客等）必须能够从可用选项中进行选择。

一旦明确这些中间步骤，打造基于人群的停车市场的想法似乎就值得探索。在过去的几年里，运营这样一个市场所需要的信息系统可能涉及一个公告栏、校园团队打理文件柜中的一个文件夹，甚至是由勤奋的管理员维护的某种电子表格。当然，今天我们有更好的选择，可以利用网络或移动应用程序。可以建立一个网站，业主可以在上面列出他们的"车位"，包括可用性和定价，用户可以轻松搜索到，然后可以选择预定一天、一周、一个月、一个学期、一年甚至更长的时间。

很明显，这种解决方案可以解决画布中的全部问题。正如我们将在"成本"部分中看到的，这个解决方案最吸引人的一个方面是，它用虚拟信息交换的成本取代了传统表面停车场的建设成本。这完全与以下事实有关，问题不在于缺乏空间，而是缺乏有关可用空间的信息。

如果你已经对这个想法感到兴奋，请一定要警惕不可能实现的解决方案。我们认为，创业者应该在试探界限的同时，认识到真正的法律和道德约束。

你能想到解决方案的其他关键要素吗？也许是一种新颖的付款方式，也许是某种类型的反馈或评级系统，以便用户获得有关选项的更完整信息。如果所有者误报了空间的大小或可访问性，如果用户在约定的时间内没有用车，如果用户让朋友在那里停放他的汽车，……当诸如此类问题出现时，应该怎么处理。

（3）精益画布元素三：关键指标。关键指标是确定机会是否可行以及组织是否有效利用机会的数据度量。关键指标是关键成功因素（Critical Success Factors，CSF）的量化。如果创业者或组织搞错了 CSF 或无法有效地实施 CSF 的量化，那么该组织几乎没有成功的机会。

让我们再看看 AEB 这个示例。对于特定机构而言，可行的关键指标是什么？我们怀疑目前在校园内或附近停车的费用位居榜首。对学生抱怨校园停车问题的数次调查均表明，成本通常不是决定因素。一些愤慨似乎源于学生们认为停车费用应该包括在学费中。另一个指标是教职工停车需求的量化。可以说，教职工是更稳定、更长期的客户群体。与学生客户相比，物业所有者可能更愿意与教职工打交道。然而，最重要的指标之一是与获得车道空间的访问相关的购置和维护成本。如果成本（时间和金钱）过高，定价模型将限制愿意并且能够预订停车位的客户数量。同样，维护和更新系统（相关信息）的成本必须足够低，才能让市场产生合理的利润。一旦系统启动并运行，另一个关键指标将是客户（尤其是学生）的周转率。

创业机会的关键指标是什么？如何衡量它们？尝试确定机会的 4～5 个 CSF、与这些 CSF 相关的关键指标，以及如何收集数据以评估指标。这也是一个思考你可以联系的任何行业或市场专家来讨论 CSF 和关键指标的好时机。

精益画布的交易维度包括客户、渠道和收益流。

(4)精益画布元素四：客户。客户群是拥有相同需求或购买偏好的消费人群。AEB 例子中。许多人想要在大学校园停车，如：学生、教职工、访客等。但他们没有相同的负担标准。例如，不熟悉校园的访客可能愿意为了方便而为几个小时的停车时间支付更高的费用。每天需要来校园的学生更有可能设计交通方案以避免支付每日的停车费用。大学教员可能愿意支付比学生更多的费用，但是也可能会考虑长期选择，例如，为了解决停车问题购买或租赁房屋。显而易见的是，"游客"不是 AEB 的良好目标市场，除非停车问题真的很严重。使用该系统需要花费时间和信息，访客可能更愿意支付更多费用而不是注册系统。

AEB 示例暗含了三个细分市场可能的购买偏好。即使在这个早期阶段，良好的商业模式画布分析也应该包括数据。数据将回答这几个问题：①有多少学生愿意加倍努力以节省 10% 的停车费用？②有多少学生需要停车？需要停车至午夜？需要整晚停车？③有多少教职员工在校园停车？他们愿意支付多少费用？

(5)精益画布元素五：渠道。渠道只是吸引客户的途径。要完成画布中的此部分，需要回答这几个问题：①如何向潜在客户介绍产品或服务？②客户如何购买和支付？③如何向客户提供产品或服务？④如何提供售后支持？

客户旅程地图可以成为思考渠道和与客户互动的其他方面的有力工具。如果已经识别并调查了潜在的客户群，你很可能会发现不同的客户间的渠道。对于 AEB，使用不同的渠道来吸引学生和教师。此外，由于 AEB 是"做市商"，因此业主也可以被视为客户(或者供应商)。学生和教师可以通过校园电子邮件来沟通，但业主需要某种直接沟通手段来参与。它可能是电话、邮件，甚至是个人对话。所有客户最终都将以使用网络或移动应用程序作为交易渠道，但需要交易渠道才能启动流程。

许多学生和潜在的创业者陷入社交媒体陷阱。他们发布了营销计划，声明"我们将使用社交媒体。"但却没有进一步的分析或细节计划。任何从事社交媒体工作或经营社交媒体的人都可以告诉你，这并不是那么简单的。

(6)精益画布元素六：不公平优势。精益画布中的"不公平优势"元素经常引起初创业者的焦虑。不公平优势是竞争对手无法轻易复制、获取或以其他方式执行的独特优势。可以通过以下方式产生：①独特且可保护的知识产权(如专利)；②通过多年的学习和经验，简单了解特定主题的人；③生产中的规模经济或产生良性循环效益的其他过程(如节约成本)；④与其他组织建立独特且受保护的关系，比如，与主要供应商、合作伙伴或客户签订的长期合同；⑤独特的专有信息(如商业秘密)。

你可能注意到虽然 AEB 在开始时没有不公平优势，但它可能会构建结构性(并且可能具有可持续性)的不公平优势。AEB 可以利用的稀缺资源是空车道空间。如果某企业有将 AEB 商业化的想法，便可以让业主签署长期(如 3 年、5 年)协议，那么另一家公司实际上不可能参与竞争。这种类型的优势称为供应商(或客户)锁定。

另一种可能的结构性优势形式是 AEB 在线市场被公认为特定校园的"标准"平台。如果企业能够与该机构达成某种形式(或非正式)的协议以促进或以其他方式使该平台合法化，则可能会发生这种情况。这种类型的平台标准化发生在许多情况下。例如，亿贝（ebay）上占主导地位的在线拍卖网站位于美国、英国和其他国家的市场。亿贝的主导地位是自给自足的。买家想要使用卖家更多的平台；卖家想要使用拥有更多买家的平台。很多企业很难与那些已经建立了事实上标准的企业竞争，这正是因为客户选择不使用该标准会产生明确的成本。

使用精益画布仔细地探索了机会的资源和交易维度后，需要解析价值维度。有三个要素可用于指导分析：独特的价值主张、成本结构和收益流。

（7）精益画布元素七：独特的价值主张。精益画布的核心是独特的价值主张（Unique Value Proposition，UVP）。阿什·莫瑞亚将这一元素描述为"一个单一、清楚、引人注目的信息，说明为什么你与众不同并值得潜在客户的关注"。

你可能会问，如果莫瑞亚认为它如此简单，为什么它在画布上占据最大的空间？精益画布的最终目标是获得客户愿意支付的一个引人注目的价值主张。精益画布的一个关键目的，以及一般的"精益创业思想"，就是产生假设并使假设显而易见。如果你的业务处于早期阶段，并可以使用精益画布，那么独特的价值主张可能仍存在一些不确定性。短期目标是创建有助于测试和发展最小可行产品的实验。

实际上，AEB并未实施。亚当已经引起了多所大学交通管理员的注意。但是，目前尚不清楚它是否真的有效，或者需要多大的规模才能使其具有成本效益。亚当用有限数量的学生、教师甚至业主"测试"了这个想法，结果尚无定论。这一想法获得了大部分利益相关者尤其是学生的认可和推崇，但业主一直犹豫是否允许学生或其他人将车停在他们的车道上。两个大的未知数是合资企业的法律责任和保险费用。

我们在AEB示例中发现了五个可能的"独特的价值主张"，因为其仍处于机会阶段。它们似乎对我们来说都有可能；它们有些甚至是相互联系的。其业务模式尚未超出此阶段——关键数据仍然缺失，关键假设仍未经过检验。我们怀疑这些UVP中的一些因素可能会成为最小可行产品的最终关键组成部分。

客户旅程地图是考虑UVP的最佳起点之一。客户的需求或痛点是什么？在什么条件下，他们决定购买，而不是放弃或选择竞争对手的产品。

有时候，即使UVP看起来很明显，创业者也懒得去测试它们。这很不幸，因为测试UVP快速、简便且十分重要。

（8）精益画布元素八：成本结构。不解决成本问题，就无法完成价值分析。在商业模式分析的早期阶段，可能有很少或没有明确的成本信息，但这意味着此时正是开始收集成本信息的最佳时机。

为简单起见，AEB示例仅显示了启动成本。完整分析还应包括运营成本的估算。

启动AEB风险投资将包括一些研究成本：在一个特定的区域内识别和调查房地产投资组合。需要走遍所有社区，确定哪些社区具有可用的停车空间；然后联系这些财产的所有者，尝试让他们认可这个想法。下一个关键成本是开发停车位在线市场的成本。有一些在线资源可以帮助创业者进行创建Web和移动应用程序的粗略成本估计。创业者应该谨慎使用这些资源。我们无法以相同的详细程度处理所有成本类型。一些成本很容易识别，其他成本可能需要详细地研究、深思熟虑地估计或基于直觉的猜测。使用你拥有的最佳信息进行估算。如果你没有任何信息，请试着去获取一些信息。搜索网络，调用业务，创建定量模型以合并一些潜在因素。尽自己所能对成本结构设置一些界限。成本估算决定了能否进入整体商业模式的可行性分析，只有成本结构良好，才有可能进入商业模式的分析阶段。

(9)精益画布元素九：收益(收益流)。每个创业者最喜欢的商业模式画布部分都是"收益流"。考虑 AEB 的例子，没人想在校园里买一块停车用地。更准确地说，人们想要的不过是在校园活动的时候能够方便地将车停在附近。一旦做出这种区分，它就为各种替代解决方案提供了机会，包括新颖的收入机制。AEB 致力于利用校园附近的车道空间创造一个市场。显而易见的选择是对每次市场交易收取费用。但这会产生足够的收入吗？能想出更有创意的机会吗？很多时候，创业者会锁定他们所识别的第一个收入来源，而不会探索替代品。如果你还没有考虑替代方案，强烈建议你收集一些新想法，获得一些有关客户的新见解或创造收入的方法。

(三)测试假设

完成前面的工作，就具有了填充精益画布的关键信息。在这个发展阶段，创业者应该专注于提出和测试假设，目的是创建快速、低成本的"实验"，以获得最小可行产品——符合产品预期功能的最小功能集合。这个最小集合所包含的功能足以满足产品部署的要求并能够测试有关客户与产品交互的关键假设。

在 AEB 的情况下，最小可行产品可能只涉及学生工作者，与学院的某种共同保险安排，以及业主和需要空间的人签订的制式合同，或者只涉及对当地房主的调查，以确定是否有人愿意更多地了解它。

精益画布是一个功能强大的工具，用于组织想法、假设和有关机会的信息。它是测试创业机会的绝佳工具，可以提供一个清晰、有效的商业模式图，用于探索和测试新企业的短期或长期可行性。

四、成长型组织的商业模式画布

亚历山大·奥斯特瓦德在他的《商业模式新生代》一书中介绍了奥氏商业模式画布式样(OBMC)，如图 8 - 14 所示，它是一种侧重于实践的构建商业模式的方法。反映了创业者如何利用商业模式作为组织发展和计划的工具。

OBMC 是大学创业课程中的常用工具，也是很多创业比赛、加速器和孵化器的主题，常常被创业者和投资者用于企业规划与发展过程中的关键参照。

当精益画布关注问题陈述和机会的时候，OBMC 关注于企业本身。OBMC 有助于解决商业模式中的运营和成长问题，提供了一种思考商业模式调整与创新的灵活框架。

成本结构			收入来源	
重要合作	关键业务	价值主张	客户关系	客户细分
	核心资源		渠道通路	

图 8 - 14　奥氏商业模式画布式样

在 OBMC 中，一共有九个商业模式要素。其中成本结构、收益、价值主张、渠道及客户细分五个要素与精益画布重叠。此外，OBMC 还使用了四个不曾在精益画布中出现的要素：重要合作、关键业务、核心资源和客户关系。

通过一个实际案例来对这种画布进行探索。MRail 是一家真实存在的公司，在公司成立之前，亚当曾经帮助其做过研究。他与创始人一同工作，并制定了这家企业的商业模式。关键的一步是从产品销售型模式到信息服务型模式的转变。这一探索花费了三个月时间，他们对客户、市场、运营及财务模式进行了研究。在这一节中，关于此过程和结果的内容被极大地简化了。MRail 的技术最终被哈斯科公司收购，并通过名为脯氨酸技术(Protran Technology)的业务对其进行销售。

为方便阐述，对原先基于产品销售的商业模式和后来的信息服务商业模式都构建了画布。OBMC 的要素完美地与资源、交易和价值维度相契合。在对每个维度进行讨论的时候，注意到了一些关键的问题。

（一）资源维度：重要合作、核心资源和关键业务

在 OBMC 中，资源维度很明显与合作伙伴、资源及成本紧密相关。重要合作和核心资源在精益画布中并无涉及，它们取代了"问题"和"解决方案"要素。在精益画布中，我们的关注点是理解潜在创业机会的本质；而 OBMC 关注的是商业模式如何与组织的活动和能力相连接。

1. OBMC 要素一：重要合作

OBMC 强调了合作伙伴和合作组织的重要性。他们是谁？为什么他们是重要的？他们是如何与组织的核心资源和关键业务相联系的？

许多成长中的小型企业对于伙伴的选择纯粹建立在机会主义的基础之上。MRail 就是一个很好的例子。MRail 技术的发明者——内布拉斯加大学林肯分校的萨恩·法里教授，曾被介绍到总部位于奥马哈市附近的联合太平洋公司，联合太平洋公司提供了一辆他们用过的轨道车来安装法里教授的第一代自研系统。这家公司帮助协调物流，用运煤火车来牵引这辆轨道车以便收集全美国主要铁路线路的数据。一个可行的商业模式要求联合太平洋公司成为一个埋单的客户，而不是研究伙伴。事实上，联合太平洋公司只是出于好意为法里教授提供了免费的资源。

引导这一思路并在现实世界中对轨道偏转测量系统进行检验是不错的方式，但是合作伙伴与客户有着比较大的差异。如果伙伴关系过于紧密，会妨碍这家创业企业将产品或服务卖给其他客户。铁道运输行业具有十分复杂的动态性。竞争者常常分享资源(例如，铁路基础设施)，并协调活动和信息(例如，火车的位置)以避免碰撞或脱轨等灾难的发生。然而，他们终究还是竞争者，像联合太平洋公司这样的"伙伴"是否允许 MRail 将其服务卖给其他铁路公司还不得而知。

那么，谁会是合适的合作伙伴呢？在原先的计划里，公司出售包括轨道偏转测量装置在内的完整的轨道车辆，并没有明确的合作伙伴。MRail 不得不对所有事亲力亲为。聚焦于数据管理的解决方案则指向了不少潜在的合作伙伴，包括轨道车辆自持设备的生产商、轨道车辆服务公司(包括租赁和维修)、轨道检测和服务公司、行业内已有的大型物流和装备公司(例如，ABB 和西门子公司)。

这些合作伙伴由于代表着潜在的退出机会而同样具有吸引力。对于一家轨道偏转测量技术公司来说，最有可能的收购者会是行业内已有的大公司，而不是铁路部门。

2. OBMC 要素二：核心资源

奥斯特瓦德发现，一个商业模式要想创造价值，取决于其所使用的资源。创业者有一些特定的资源，另外一些资源则可以相对容易地获得。然而，有些资源的获取则由于成本或权限的原因而构成挑战。

OBMC 从相对简单的问题开始。已经使用的核心资源有哪些？哪些资源会为客户

创造价值？与重要合作一样，真正的价值来自认识到这一要素与其他要素的关系。

在核心资源方面，修改前后的 MRail 商业模式有何不同？最明显的改变在于从表面设备到信息系统的变化。随之而来的是对具体的数据管理和分析能力的需求。与铁路部门的关系也转移到客户关系领域。在这个案例中，核心资源不是铁路轨道运输车，而是将技术转化为可适配任何轨道车的更小的"产品"的工艺。

3. OBMC 要素三：关键业务

在一个可行的商业模式中，关键业务是一个未得到正确评价的要素。在组织分析中，"业务"有时候会与能力甚至是交易混淆。在商业模式分析中谈到业务，关注的往往是对价值创造、客户关系，以及渠道管理至关重要的业务。它的挑战在于识别哪些业务更重要。

实现商业模式可行性的"ACT"，分别是可评估（Assessable）、关键（Critical）与及时（Timely）。

可评估的业务是可以被观察、衡量并提升的。有些创业者相信他们可以基于能够产生价值但无以言说的能力来完成业务。然而，他们将内隐能力和无法言喻的能力混淆了。内隐能力，如骑自行车，是通过经历和实践而不是外显的指导来获得的技能。而无法言喻的能力听起来不错，但往往经不起推敲，例如，"我们将使用世界级的编码技术来创建人们喜欢的 App"。

关键业务是及时的。这也许显而易见，尤其对于有着运营和物流经验的商务人士来说。然而，对于创业者或成长型公司的管理者来说，挑战在于认识到时机和目的同等重要。业务是否在必要的时候发起并完成？它们在组织中持续运行着还是被某些特定事件所激发？如果关键业务过于模糊以致衡量它们十分耗时、昂贵甚至是不可能的，那么可能就会产生麻烦。

看看这一点是如何应用于 MRail 的。在原先基于产品的 OBMC 里，关键业务是获得轨道车并用激光轨道偏转测量系统对其进行改进。与重达 20 吨、只能沿着事先铺好的轨道移动的轨道车打交道，是物流上的噩梦。可评估的意思十分直白（成本、实用性、位置），但是及时性则引出了各种各样的问题。单单是将轨道车在正确的时间移动到正确的位置，就要求有 20 吨的"机车发动机"。

在信息服务 OBMC 中，企业的主要资产是提供轨道质量评价的数据和分析。及时性不再是问题。现在的关键业务是有效地更新数据库并为火车驾驶员提供实时的信息和中肯的建议。这些业务仍然是可以被评估的，关键的指标将是轨道任意给定部分之间测量的平均时间、平均的系统运行时间以及总体的数据完整性。

如果完成了精益画布，那么应该已经确定了自己商业模式中的关键指标，那些便是应该被整合进 OBMC 的关键业务。

OBMC 和精益画布最大的差别在于这一维度。如果没有完成精益画布，应该考虑完成"问题""解决方案"和"关键指标"部分。即便表面上它们并不是 OBMC 的组成部分，但对于思考资源如何在商业模式中发挥作用却有极大的帮助。

（二）交易维度：客户细分、渠道通路和客户关系

奥斯特瓦德建议 OBMC 从客户细分和客户关系要素开始。使用 OBMC，假定创业机会关注于将合适的创新成果推向合适的客户，而不是评估创新本身是否可行。

OBMC 中的客户细分和渠道通路要素与精益画布中的要素同样有效。在这里不需

要重申那些领域需要解决什么，而是需要更为深入地探讨 MRail 的 OBMC。

1. OBMC 要素四：客户细分

客户细分中的客户，仅仅是一群拥有相同需求或购买偏好的顾客。这一分析在 OBMC 中需要采取两个步骤。首先，直接处理"跨越鸿沟"的挑战；其次，更好地根据规模和类型对潜在客户进行分类。

从"跨越鸿沟"得出的关键教训是，创业者常常被目标市场小部分用户对一个创新产品的热忱行为所欺骗。这些"技术爱好者"积极地寻找创新，并不断接受不完美的技术，以便能够保持领先位置。然而，他们只代表市场的很小一部分。创业者错误地将技术爱好者的接受度理解为其创新产品已具备市场接受度的证明。事实上，只有当一个创新产品展现出经济回报和已建立认证信息时，它才能被市场广泛接受。

除了理解细分市场划分的时机，OBMC 应该按照细分市场规模对客户和部分市场进行优先级排序：哪一个细分市场最大以及哪一个成长最快？不一定会将最大或成长最快的细分市场作为目标，你应该对此了然于胸，而不是一无所知。

2. OBMC 要素五：渠道通路

OBMC 明确识别了渠道的五个阶段：认知、评价、采购、配送和售后。创业者应该认真思考目标客户所偏好的渠道。如果有时间和资源，可以探索渠道的效率。如果有更多的时间和资源，并且在考虑多个渠道，那么思考一下这些渠道如何相互协同或可能产生的冲突。

大部分公司，尤其是处于初级阶段和成长阶段的公司，会通过公司自身所偏好的渠道或竞争对手偏好的渠道来服务客户。当公司成立之时，创始人或管理者依赖于如何接触客户的假说。这些假说可能是对的，也可能是不对的。渠道的结构往往是根深蒂固的，改变主要渠道是需要一定成本的，尤其是当企业可能需要重新引导自己的客户时。

那么 MRail 在这方面又如何呢？无论是产品销售模式还是信息服务模式，很有可能都要求直接的销售，而客户又相对较少。安装解决方案在客户之间可能是相对一致的，但一定是不可避免的，为了满足铁路运营商对路线和基础设施的特定需求，会有一些定制化服务。

对于许多处于早期阶段的公司来说，可能没有足够的注意力和资源来详细探索渠道的选择。而深入的渠道分析通常也超越了 OBMC 和初次商业模式构建的目的或意图。

3. OBMC 要素六：客户关系

OBMC 的客户关系部分与精益画布有着很大的不同。精益画布关注公司或创新产品将会努力获得的相对于竞争对手的不公平优势；OBMC 则强调客户关系，而不是创新本身。OBMC 认为，不同的细分市场需要不同的关系。请注意，这里所说的关系不同于渠道。

客户关系取决于细分市场和渠道，既有私人一对一的联系，也有完全去中介化、保持距离的互动。基于与大量创业者和学生的互动，我们发现客户关系有两个特征，即接近度和参与度。

接近度指的是关系有多么紧密或直接。在当下这个技术相连的世界，接近度可能不仅仅意味着地理上的接近。高接近度的关系，要求企业中的某个人或团队可以时刻与客户保持联系。

参与度指的是互动水平及其对关系的贡献。低参与度的关系除了有价值货物的交换之外，要求的额外参与较少。高参与度的关系则要求参与者要保持注意力、表达观点，并为交易做出贡献。

图8-15展示了接近度和参与度不同类型的客户关系。如果参与度具有价值，那么提高参与度会提升客户关系。英国连锁超市维特罗斯(Waitrose)提供了一个关于客户参与度很好的例子。在收银台，顾客们会收到一个标记，这个标记可以被用来为当地的慈善机构投票。每个月，维特罗斯都会捐出一部分利润给顾客投票选出的慈善机构。这一低成本的系统加强了顾客们的社区意识。

如果能够识别出客户关系中接近度和参与度的要求，那么就会对商业模式如何产生销量有更多见解。需要回答的关键问题：(1)细分市场偏向于与公司保持怎样的关系？(2)现有的关系如何与公司的资源和价值主张进行整合？(3)这些关系具有成本有效性吗？(4)现在已经存在的关系有哪些？(5)不同的市场需要不同的关系吗？(6)接近度和参与度对这些关系有多重要？

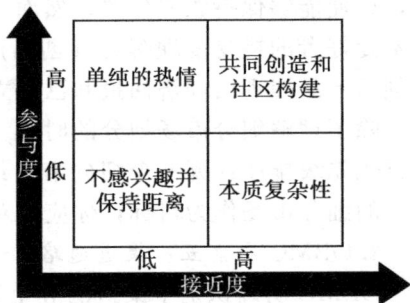

图8-15 客户关系中的接近度和参与度

MRail的商业模式揭示了客户关系要求中重要的差异。基于产品的OBMC相对来说是低参与度的，因此依赖于本质复杂性。然而信息服务OBMC有潜力基于共同创造来构建客户关系。由于客户有效地购买数据和信息，MRail的分析和数据解读能力应该被写进合同中。此外，由于MRail仍然拥有数据，因此有可能整合来自不同铁路运营商的数据，以持续改进其模型。换句话说，MRail长期收集数据，它应该能够将数据与实际的失败和修复信息相匹配，以便持续改进模型的预测力。这也是每一个客户所希望看到的。

(三)价值维度：价值主张、成本结构和收入来源

在价值维度上，OBMC使用了与精益画布相同的要素。只不过，OBMC用的是"价值主张"，而不是"独特的价值主张"。这强化了OBMC对企业的关注。

由于框架大体上是相同的，我们将更为深入地探索一些问题和细节要素，并引用MRail的OBMC例子。

1.OBMC要素七：价值主张

建立价值主张需要三个步骤：识别客户的痛点或获益点；论证产品或服务是否满足客户的需求；将价值主张与竞争优势相连接。

(1)步骤一：识别客户的痛点或获益点。

一个难以接受的事实是，许多创业者和管理者并没有充分理解为什么客户会购买自己公司的产品或服务。

如果你使用了移情设计原则来观察客户的行为，那么可能对客户的痛点或获益点有一个比较好的理解。痛点是未得到解决的问题，获益点是价值增长点。

在MRail的例子中，铁路运营商面临着两个相互关联的问题或痛点。首先，轨道故障造成的脱轨意味着巨大的成本。与明显的原因相比，脱轨无疑是灾难性的事件。其次，靠视觉观测数千公里的轨道从逻辑上讲几乎是不可能的。这使得铁路部门不得不面临两个困难选项：接受轨道监控所带来的高额成本或者是忍受极高的脱轨成本。

最重要的事：花时间观察并与(潜在)客户互动，以便充分了解其需求。

(2)步骤二：论证产品或服务是否满足客户的需求。

一个好的起点仅仅是列出产品或创新的特征。它的特征是什么？规格如何？每一个特征为使用者带来了什么好处？

对于大多数企业而言，在没有与客户互动的情况下做到这些是不可能的。一些创业者和企业管理者更喜欢在保密的情况下开发概念，并推出产品和服务。有时候这类保密工作是重要或必要的，但经验告诉我们，这并不总是一个好的主意。

只要有可能，让产品、服务或者一些合理的副本呈现在潜在的客户面前，是十分重要的。你认为是亮点的特征也许到头来却是最低标准甚至是不必要的。关于哪些特征是"必要""增值"，抑或是"毫无价值"的，只有客户才是最终的决定者。

因此，明确列出客户的需求是十分必要的。好的机会通常都带有产品特征与客户需求之间明确的、几乎线性的关系。

(3)步骤三：将价值主张与竞争优势相连接。

好的商业模式仅仅是企业成功的开端。商业模式需要引导企业建立可持续的竞争优势。长期可持续的竞争优势，是伟大的企业与仅仅能得以维持或不错的企业的重要区别。

最简单的可持续优势，来自竞争对手无法简单复制或获取的独特的资源、能力或结构化优势。有时候这些是非常表面或外显的资产，例如，土地权或专利。有时候它们是内隐的或无形的，例如，独特的设计技巧或建造才能。有时候它们仅仅是结构化的，例如，规模经济或长期合约。几乎所有这类优势都能够使公司基于更好的成本地位或更有效地满足客户的需求，而区别于竞争对手。

思考这两个问题：①如果产品或服务通过降低成本而向客户提供价值，那么能够通过持续降低自己的成本以保持领先于竞争对手的位置吗？②如果产品或服务更好地满足了客户的需求，那么能够收取额外费用，支持更为长远的发展以保持领先于竞争对手的位置吗？

为了应对这一特定的挑战，奥斯特瓦德的企业开发了一套"价值主张画布"，以作为对 OBMC 的补充。这是一个对引导思考价值主张很有帮助的工具。

2.OBMC 要素八：成本结构

与精益画布一样，将初创成本与经常性的运营成本分离开来是至关重要的。即便你运营着一家盈利企业，也应该探索并辨别与新产品或服务推出有关的一次性成本。

OBMC 鼓励关注商业模式中最重要和最昂贵的成本要素。接受 80/20 法则是明智的（80％的成本来自 20％的系统）。与此同时，确保能够意识到那些昂贵的要素是否真正驱动着商业模式中的价值创造。

在精益画布和 OBMC 中识别成本的目的在于，引导思考商业模式如何以及为何行得通。一旦你决定向前，有可能想要将更为复杂的成本分析和预测整合进来。使用外部效度验证以确保没有错过重要的内容。行业专家和管理者应该能够帮助你确保正确地识别关键的成本要素。

在 MRail 基于产品销售的 OBMC 中，考虑到现金、时间和物流成本，获得轨道车是整个运营过程中最大的成本之一。然而实际上，轨道车并没有为整体的系统提供价值。在原先的商业模式中，它们仅仅是确保检测装置能够随火车运行的一个机制。

3.OBMC 要素九：收益（收入来源）

精益画布关注的是客户实际上会买什么，而 OBMC 探索的则是可替代的、最优化的收益机制。

从价值主张开始：客户究竟需要什么，并愿意为之买单？

一旦明确客户为何买单，便可以考虑可替代的收益机制类型。向客户出售、出租、补贴还是许可某些东西，可以尝试识别产品或服务的特定本质。交易是一次性的还是经常性的？使用某种机制类型所带来的优势或问题是什么？

MRail 的客户究竟想买什么？毫无疑问当然不是轨道车，他们也不需要激光轨道偏转测量装置。继续分析下去，会发现他们也不需要整个轨道系统关于轨道质量的大型数据库。他们只是想知道哪一小段轨道最有可能出现问题，并且需要及时检修。

应该至少构建一个（有可能两个或更多）商业模式。如果使用全部（三个）框架（RTV、精益画布、OBMC），那么就有了一个工具箱，帮助你在企业发展的任意阶段生成绝妙的商业模式。

课堂 活动

商业模式设计

所需材料：彩色笔、A3 纸、便利贴。

活动时间：30 分钟。

用商业模式画布对项目做进一步"加工"，通过商业模式提升项目的价值。

1. 在纸上画出 9 个构造块，各小组讨论每一个构造块的内容，一旦有想法就写在便利贴上，并贴在相应的构造块区域。

2. 对已贴的便利贴进行筛选，每个构造块上留下最优的 2～3 张便利贴。

3. 各小组展示并讲解属于自己项目的商业模式画布。

课堂 反思

1. 你认为好的商业模式是怎样的？
2. 商业模式有哪几种常见类型？
3. 构建商业模式有哪几步？
4. 你认为精益画布与商业模式画布有什么区别？

课外 实践

设计自己创业项目的商业模式

选择一种团队成员共同认可的商业模式设计工具，合理运用商业模式设计方法，设计团队创业项目的商业模式。

第九章

大学生创新创业大赛

知识目标：了解"互联网＋"大学生创新创业大赛项目要求、评审规则与各赛道方案；了解创业计划书的各模块内容和网评PPT评审要点；了解路演视频的要求；了解创赛路演规则及需要准备的工作。

能力目标：能够撰写符合大赛规则的创业计划书、网评PPT和路演视频；掌握创赛路演技巧，能够从容应对创赛路演。

素质目标：认识到大赛对大学生成长的重要作用。

史震丽教你如何做路演

今天为大家分享一下如何做创业路演，以及上台表现细化的处理。

我们上台，是因为想传递一种信息。这种信息传递给有可能对我们感兴趣的人，传递的过程和信息展示的方式就是我们激起台下的评委、观众、合作伙伴的兴趣点。

1. 路演的两个特点

(1)视觉方面。我们要有一个比较好的展示主体，就是我们的基点(BP)及视频。

(2)听觉方面。听觉方面其实很简单，就是台风和表现。一定要讲得很有激情，使评委感兴趣，不要让大家昏昏欲睡，觉得很平淡，没有意思。

"why、what、where、when、who、how"，这是我们通用的逻辑链，不管路演，写BP还是跟别人交流，基本逻辑都是这样。

2. BP的几个重点

(1)商业模式。所有不以营利为目的的创业，在目前这个阶段是很难得到大众认可的，所有项目都要有自己的商业模式。你要想到某方式可以让你的项目在未来挣到很多钱，或者在未来让别人认可你。

(2)运营策略。一些初期项目，在商业模式还不是很清晰的时候，没有想明白下一步怎么走。你要告诉别人，做的这个事情在测试你的商业模式，靠你的运营策略、方式方法和手段去实现，最后落地到真实的商业模式上去。除了发现需求之外，还要考虑一个比较重要的点，这个市场的规模和趋势是不是如你想象得那么大。

(3)竞争优势。考验大家对市场的认知，知道这个市场上有没有竞争对手，以及我们在市场中所处的位置。如果对手是巨头，我们跟他们的差异在哪儿，优势是什么。

直接竞争对手就是你的竞争对手？不是这样的，在大环境里，未来可能跟你往同一个方向走的人都是你的竞争对手。

（4）运营现状。说一下自己大概的发展历程，比如说处在哪个阶段，或者已经小批量试产，或者找了一些合作方在哪些地方进行测试，以及有哪些大客户，并举例说明。

（5）财务数据。有的话最好写一下，如果没有，可以简单对财务数据做一个预测。最可靠的是预测半年到一年半，财务模型是基于自己设想的商业模式测算出来的，可能有误差，但是基于现有的方式做的。财务数据是很重要的，如果你对自己的现金流和生存能力认知不够，VC 的考量点就弱一些。

（6）已获认可。获得了哪些发明专利、政府支持、资质、融资，或者哪些大客户的青睐。

（7）创始人的背景需要着重介绍。一般是核心创始人的学历背景＋工作履历。在 BP 里面，如果整个项目里最体现优势的是团队，那就将其放在前面。

（8）最好是创始人写 BP，因为这本身是梳理逻辑的过程，也是思考的过程，创始人在战略层面的思考会更深，不是谁都能代表的。

（9）PPT 的内容以"多图少字"为主。图可以让大家很容易、直观地理解产品。在台上说的话，并不意味着要全写在 PPT 上。可以背下来，也可以放在讲义下面的备注栏，把自己想要说的话和逻辑做一个简单梳理，这样有利于记忆要讲的内容。

PPT 长度控制在 10～17 页（算上首尾）。第 1 页做项目概述，让别人第一眼就知道你是什么公司。市场规模和痛点需要 1～2 页的内容。产品和技术要着重一点，需要 2～4 页。商业模式 1 页、竞争优势 1 页。还有项目进展及未来规划。

3. 展示技巧

除了 PPT 以外，最好做一个小视频，时长不超过 1.5 分钟。拿出 1.5 分钟的视频时间讲产品或者核心理想，能省掉你在台上 2 分钟左右的叙述时间，而且可以清晰地告诉别人我在做什么产品。

如果大家有小型便携的可体验的设备，要提前跟主办方说，可以预留一点时间，让台下的听众和评委体验一下。

4. 演讲技巧

上台讲 BP，第一句话一定是"我是××项目的创始人"。很多人上台直接讲 PPT 了，大家都不知道你是谁。本质上是做一个类似的产品宣讲，其实也可以理解为自己的产品发布会。

特别是技术项目，你很难把技术用通俗易懂的语言表达出来，但可以举一个例子，说明产品在某些地方的落地，怎么实现的，怎么实施的，周期多久。要让评委在一定范围内理解产品和技术，这考验的是语言组织能力和语言表达能力。

6 分钟时间的节奏把握。建议大家根据内容的重要程度，来估算所需的时间，比如说产品和技术这一块你觉得要着重讲，就多花一点时间。市场和需求是需要时间的，但是不一定要把过多的时间放在这里，除非是一个不熟悉的市场。在技术、产品、运营状况和团队上面多放一点时间。

演讲的时候，建议不要死盯着屏幕讲，可以看一看评委，因为需要有目光的交流。

会场一般是 16∶9 的屏幕，大家做 PPT 的时候要调整好，如果有图片，图片的清晰度要非常高。

充沛的情感，很多时候在现场表现好的创业者，大家愿意跟他进行二次交流。不仅仅是因为他的产品好，更多的是他的表达能力和在场的感染力非常强。

最后一页要写联系方式。如果团队把整个内容介绍完了，就把 PPT 停在联系方式这一页，方便大家联系。

5. 答疑的环节

3 分钟能问到什么呢？短的问题 3 个，稍微有深度的问题 2 个。一般通用性的问题主要有：技术优势、技术壁垒、竞争对手，以及你怎么看待这个市场等。

在回答问题的时候不要卡壳，卡壳就会使人觉得不自信。如果被问到不想回答或者暂时不想回答的，可以委婉地说，这个事情我们可以台下沟通。

（引自：https：//www.cyzone.cn/article/179310.html，有删改）

第一节　"互联网＋"大学生创新创业大赛简介

一、赛事简介

中国国际"互联网＋"大学生创新创业大赛是由李克强总理提议举办，教育部等十二部委和地方省级人民政府共同主办的创新创业赛事。旨在落实党中央、国务院提出的"大众创业，万众创新"的重大部署，深入实施创新驱动发展战略，引领新时代高校人才培养范式深刻变革，推动形成新的人才培养观和新的质量观。

2017 年 8 月，习近平总书记给第三届中国"互联网＋"大学生创新创业大赛"青年红色筑梦之旅"的大学生回信，深切勉励青年学子把激昂的青春梦融入伟大的中国梦，扎根中国大地了解国情民情，在创新创业中增长智慧才干，在艰苦奋斗中锤炼意志品质，在亿万人民为实现中国梦而进行的伟大奋斗中实现人生价值，用青春书写无愧于时代、无愧于历史的华彩篇章。

2015 年至今，大赛累计吸引了全球五大洲、"百国千校"、千万余名大学生参赛，打造了一支规模宏大、敢闯会创的"双创"生力军，涌现出一大批科技含量高、市场潜力大、社会效益好的高质量项目，充分展现当代大学生奋发有为、昂扬向上的风采，释放出"青年＋创新创业"的无穷力量，已经成为覆盖全国所有高校、面向全体大学生、影响最大的高校双创盛会。

二、大赛作用

以赛促学，培养创新创业生力军。大赛旨在激发学生的创造力，培养造就"大众创业，万众创新"生力军；鼓励广大青年扎根中国大地了解国情民情，在创新创业中增长智慧才干，在艰苦奋斗中锤炼意志品质，把激昂的青春梦融入伟大的中国梦，努力成长为德才兼备的有为人才。

以赛促教，探索素质教育新途径。把大赛作为深化创新创业教育改革的重要抓手，引导各地各高校主动服务国家战略和区域发展，开展课程体系、教学方法、教师能力、管理制度等方面的综合改革。以大赛为牵引，带动职业教育、基础教育深化教学改革，全面推进素质教育，切实提高学生的创新精神、创业意识和创新创业能力。

以赛促创，搭建成果转化新平台。推动赛事成果转化和产学研用紧密结合，促进"互联网＋"新业态形成，服务经济高质量发展。以创新引领创业、以创业带动就业，努力形成高校毕业生更高质量创业就业的新局面。

三、参赛项目要求

(1)参赛项目能够紧密结合经济社会各领域现实需求，充分体现高校在新工科、新医科、新农科、新文科建设方面取得的成果，培育新产品、新服务、新业态、新模式，促进制造业、农业、卫生、能源、环保、战略性新兴产业等产业转型升级，促进数字技术与教育、医疗、交通、金融、消费生活、文化传播等深度融合。

(2)参赛项目应弘扬正能量，践行社会主义核心价值观，真实、健康、合法。不得含有任何违反《中华人民共和国宪法》及其他法律法规的内容。所涉及的发明创造、专利技术、资源等必须拥有清晰合法的知识产权或物权。如有抄袭盗用他人成果、提供虚假材料等违反相关法律法规和违背大赛精神的行为，一经发现即刻丧失参赛资格、所获奖项等相关权利，并自负一切法律责任。

(3)参赛项目只能选择一个符合要求的赛道报名参赛，根据参赛团队负责人的学籍或学历确定参赛团队所代表的参赛学校，且代表的参赛学校具有唯一性。参赛团队须在报名系统中将项目所涉及的材料按时如实填写并提交。已获本大赛往届总决赛各赛道金奖和银奖的项目，不可报名参加本届大赛。

(4)参赛人员(不含产业命题赛道参赛项目成员中的教师)年龄不超过35岁。

(5)各省级教育行政部门及各有关学校要严格开展参赛项目审查工作，确保参赛项目的合规性和真实性。审查主要包括参赛资格以及项目所涉及的科技成果、知识产权、财务状况、运营、荣誉奖项等方面。

四、参赛的评审规则

(一)高教主赛道项目评审要点：创意组

高教主赛道创意组评审规则见表9-1。

表9-1　高教主赛道创意组评审规则

评审要点	评审内容	分值
教育维度	1. 项目应弘扬正确的价值观，体现家国情怀，恪守伦理规范，有助于培育创新创业精神。 2. 项目符合将专业知识与商业知识有效结合并转化为商业价值或社会价值的创新创业基本过程和基本逻辑，展现创新创业教育对创业者基本素养和认知的塑造力。 3. 体现团队对创新创业所需知识(专业知识、商业知识、行业知识等)与技能(计划、组织、领导、控制、创新等)的娴熟掌握与应用，展现创新创业教育提升创业者综合能力的效力。 4. 项目充分体现团队解决复杂问题的综合能力和高级思维；体现项目成长对团队成员创新创业精神、意识、能力的锻炼和提升作用。 5. 项目能充分体现院校在新工科、新医科、新农科、新文科建设方面取得的成果；体现院校在项目的培育、孵化等方面的支持情况；体现多学科交叉、专创融合、产学研协同创新、产教融合等模式在项目的产生与执行中的重要作用	30

评审要点	评审内容	分值
创新维度	1. 项目遵循从创意到研发、试制、生产、进入市场的创新过程，进而实现从创意向实践、从基础研发向应用研发的跨越。 2. 团队能够基于学科专业知识并运用各类创新的理念和范式，解决社会和市场的实际需求。 3. 项目能够从产品创新、工艺流程创新、服务创新、商业模式创新等方面着手，开展创新创业实践，并产生一定数量和质量的创新成果以体现团队的创新力	20
团队维度	1. 团队的组成原则与过程是否科学合理；团队是否具有支撑项目成长的知识、技术和经验；是否有明确的使命愿景。 2. 团队的组织架构、人员配置、分工协作、能力结构、专业结构、合作机制、激励制度等的合理性情况。 3. 团队与项目关系的真实性、紧密性情况；对项目的各项投入情况；创立创业企业的可能性情况。 4. 支撑项目发展的合作伙伴等外部资源的使用情况以及与项目关系的情况	20
商业维度	1. 充分了解所在产业（行业）的产业规模、增长速度、竞争格局、产业趋势、产业政策等情况，形成完备、深刻的产业认知。 2. 项目具有明确的目标市场定位，对目标市场的特征、需求等情况有清晰的了解，并据此制订合理的营销、运营、财务等计划，设计出完整、创新、可行的商业模式，展现团队的商业思维。 3. 项目落地执行情况；项目对促进区域经济发展、产业转型升级的情况；已有盈利能力或盈利潜力情况	20
社会价值维度	1. 项目直接提供就业岗位的数量和质量。 2. 项目间接带动就业的能力和规模。 3. 项目对社会文明、生态文明、民生福祉等方面的积极推动作用	

（二）高教主赛道项目评审要点：初创组、成长组

高教主赛道初创组、成长组评审规则见表9-2。

表9-2 高教主赛道初创组、成长组评审规则

评审要点	评审内容	分值
教育维度	1. 项目应弘扬正确的价值观，体现家国情怀，恪守伦理规范，有助于培育创新创业精神。 2. 项目符合将专业知识与商业知识有效结合并转化为商业价值或社会价值的创新创业基本过程和基本逻辑，展现创新创业教育对创业者基本素养和认知的塑造力。 3. 体现团队对创新创业所需知识(专业知识、商业知识、行业知识等)与技能(计划、组织、领导、控制、创新等)的娴熟掌握与应用，展现创新创业教育提升创业者综合能力的效力。 4. 项目充分体现团队解决复杂问题的综合能力和高级思维；体现项目成长对团队成员创新创业精神、意识、能力的锻炼和提升作用。 5. 项目能充分体现院校在新工科、新医科、新农科、新文科建设方面取得的成果；体现院校在项目的培育、孵化等方面的支持情况；体现多学科交叉、专创融合、产学研协同创新、产教融合等模式在项目的产生与执行中的重要作用	20

评审要点	评审内容	分值
商业维度	1. 充分掌握所在产业(行业)的产业规模、增长速度、竞争格局、产业趋势、产业政策等情况;具有明确的目标市场定位,充分掌握目标市场的特征、需求等情况;具有完整、创新、可行的商业模式。 2. 经营绩效方面,重点考察项目存续时间、营业收入(合同订单)现状、企业利润、持续盈利能力、市场份额、客户(用户)情况、税收上缴、投入与产出比等情况。 3. 经营管理方面,是否有清晰的企业发展目标;是否有完备的研发、生产、运营、营销等制度和体系;是否采用先进、科学的管理方法,以确保企业具有较强的竞争力。 4. 成长性方面,是否有清晰、有效、全方位的企业发展战略,并拥有可靠的内外部资源(人才、资金、技术等方面)实现企业战略,以建立企业的持续竞争优势。 5. 现金流及融资方面,关注项目融资情况、获取资金渠道情况、企业经营的现金流情况、融资需求及资金使用情况是否合理。 6. 项目对促进区域经济发展、产业转型升级的情况	30
团队维度	1. 团队的组成原则与过程是否科学合理;团队是否具有独特的支撑项目成长的知识、技能、经验以及成熟的外部资源网络;是否有明确的使命愿景。 2. 公司是否具有合理的组织架构、清晰的指挥链、科学的决策机制;是否有合理的岗位设置、分工协作、专业能力结构;是否有良好的内部沟通机制;是否有合理的股权结构、激励制度等。 3. 团队对项目的各项投入情况及团队成员的稳定性情况。 4. 支撑公司发展的合作伙伴等外部资源的使用情况以及与公司关系的情况	20
创新维度	1. 项目遵循从创意到研发、试制、生产、进入市场的创新一般过程,进而实现从创意向实践、从基础研发向应用研发的跨越。 2. 团队能够基于专业知识并运用各类创新的理念和范式,解决社会和市场的实际需求。 3. 项目能够从产品创新、工艺流程创新、服务创新、商业模式创新等方面着手开展创新实践,产生一定数量和质量的创新成果,获得相应的市场回报。 4. 项目能够从创新战略、创新流程、创新组织、创新制度与文化等方面进行设计协同,对创新进行有效管理,进而保持公司的竞争力	20
社会价值维度	1. 项目直接提供就业岗位的数量和质量。 2. 项目间接带动就业的能力和规模。 3. 项目对社会文明、生态文明、民生福祉等方面的积极推动作用	10

(三)"青年红色筑梦之旅"赛道项目评审要点:公益组

"青年红色筑梦之旅"赛道公益组评审规则见表9-3。

表 9-3 "青年红色筑梦之旅"赛道公益组评审规则

评审要点	评审内容	分值
教育维度	1. 项目应弘扬正确的价值观，体现家国情怀，恪守伦理规范，有助于培育创新创业精神。 2. 项目体现团队扎根中国大地，了解国情民情，遵循发现问题、分析问题、解决问题的基本规律，将所学专业知识、技能和方法应用于解决各类社会问题，展现创新创业教育对创业者基本素养和认知的塑造力，提升创业者综合能力的效力。 3. 项目充分体现团队解决复杂问题的综合能力和高级思维；体现项目成长对团队成员创新创业精神、意识、能力的锻炼和提升作用。 4. 项目能充分体现院校在新工科、新医科、新农科、新文科建设方面取得的成果；项目充分体现专业教育、思政教育、创新创业教育的有机融合；体现院校在项目的培育、孵化等方面的支持情况	30
公益维度	1. 项目以社会价值为导向，以谋求公共利益为目的，以解决社会问题为使命，不以营利为目标，有一定公益成果。 2. 在公益服务领域具有较好的创意、产品或服务模式的创业计划和实践，追求社会效益的最大化	10
团队维度	1. 团队的组成原则与过程是否科学合理；是否具有从事公益创业所需的知识、技术和经验；是否有明确的使命愿景。 2. 团队内部的组织架构、人员配置、分工协作、能力结构、专业结构、激励制度的合理性情况；团队外部服务支撑体系完备（如志愿者团队等）、具有一定规模、实施有效管理使其发挥重要作用的情况。 3. 团队与项目关系的真实性、紧密性情况；团队对项目的各项投入情况；团队的延续性或接替性情况。 4. 支撑项目发展的合作伙伴等外部资源的使用情况以及与项目关系的情况	20
发展维度	1. 项目通过吸纳捐赠、获取政府资助、自营收入等方式确保持续生存能力情况。 2. 团队基于一定的产品、服务、模式，通过高效管理、资源整合、活动策划等运营手段，确保项目影响力与实效性。 3. 项目对促进就业、教育、医疗、养老、环境保护与生态建设等方面的效果。 4. 项目的模式可复制、可推广，具有示范效应。 5. 项目对带动大学生到农村、城乡社区从事社会服务就业创业的情况	20
创新维度	1. 团队能够基于科学严谨的创新过程，遵循创新规律，运用各类创新的理念和范式，解决社会实际需求。 2. 项目能够从产品创新、服务创新等方面着手开展公益创业实践，并产生一定数量和质量的创新成果。 3. 鼓励将高校科研成果运用到公益创业中，以解决相应的社会问题	20
必要条件	参加由学校、省市或全国组织的"青年红色筑梦之旅"活动	

(四)"青年红色筑梦之旅"赛道项目评审要点：创意组

"青年红色筑梦之旅"赛道创意组评审规则见表9-4。

表9-4　"青年红色筑梦之旅"赛道创意组评审规则

评审要点	评审内容	分值
教育维度	1. 项目应弘扬正确的价值观，体现家国情怀，恪守伦理规范，有助于培育创新创业精神。 2. 项目体现团队扎根中国大地，了解国情民情，遵循发现问题、分析问题、解决问题的基本规律，将所学专业知识、技能和方法应用于乡村振兴和农业农村现代化、城乡社区发展，展现创新创业教育对创业者基本素养和认知的塑造力，提升创业者综合能力的效力。 3. 项目充分体现团队解决复杂问题的综合能力和高级思维，体现项目成长对团队成员创新创业精神、意识、能力的锻炼和提升作用。 4. 项目能充分体现院校在新工科、新医科、新农科、新文科建设方面取得的成果；项目充分体现专业教育、思政教育、创新创业教育的有机融合；体现院校在项目的培育、孵化等方面的支持情况	30
团队维度	1. 团队的组成原则与过程是否科学合理；团队是否具有支撑项目成长的知识、技术和经验；是否有明确的使命愿景。 2. 团队的组织架构、人员配置、分工协作、能力结构、专业结构、合作机制、激励制度等的合理性情况。 3. 团队与项目关系的真实性、紧密性情况；对项目的各项投入情况；创立创业企业的可能性情况。 4. 支撑项目发展的合作伙伴等外部资源的使用情况以及与项目关系的情况	20
发展维度	1. 充分了解乡村振兴、农业农村现代化、城乡社区发展的内容和要求，了解其中的痛点、难点，进而形成对所要解决问题完备的认知。 2. 在服务乡村振兴、农业农村现代化、城乡社区发展等方面有较好的创意、产品或服务模式，追求经济效益和社会效益的平衡。 3. 项目对推动乡村振兴、农业农村现代化、城乡社区发展等方面的贡献度。 4. 项目的持续生存能力，模式可复制、可推广，具有示范效应等	20
创新维度	1. 团队能够基于科学严谨的创新过程，遵循创新规律，运用各类创新的理念和范式，解决乡村振兴、农业农村现代化、城乡社区发展中遇到的各类问题。 2. 项目能够从产品创新、服务创新等方面着手开展创新创业实践，并产生一定数量和质量的创新成果。 3. 鼓励院校科研成果和文创成果在乡村或社区进行产业转化落地与实践应用。 4. 鼓励组织模式或商业模式创新，鼓励资源整合优化创新	20
社会价值维度	1. 项目直接提供就业岗位的数量和质量。 2. 项目间接带动就业的能力和规模。 3. 项目对社会文明、生态文明、民生福祉等方面的积极推动作用	10
必要条件	参加由学校、省市或全国组织的"青年红色筑梦之旅"活动	

(五)"青年红色筑梦之旅"赛道项目评审要点：创业组

"青年红色筑梦之旅"赛道创业组评审规则见表9-5。

表 9-5　"青年红色筑梦之旅"赛道创业组评审规则

评审要点	评审内容	分值
教育维度	1. 项目应弘扬正确的价值观，体现家国情怀，恪守伦理规范，有助于培育创新创业精神。 2. 项目体现团队扎根中国大地，了解国情民情，遵循发现问题、分析问题、解决问题的基本规律，将所学专业知识、技能和方法应用于乡村振兴和农业农村现代化实践，展现创新创业教育对创业者基本素养和认知的塑造力，提升创业者综合能力的效力。 3. 项目充分体现团队解决复杂问题的综合能力和高级思维，体现项目成长对团队成员创新创业精神、意识、能力的锻炼和提升作用。 4. 项目能充分体现院校在新工科、新医科、新农科、新文科建设方面取得的成果；项目充分体现专业教育、思政教育、创新创业教育的有机融合；体现院校在项目的培育、孵化等方面的支持情况	20
团队维度	1. 团队的组成原则与过程是否科学合理，团队成员的教育和工作背景、创新能力、价值观念、分工协作和能力互补情况，是否有明确的使命愿景； 2. 公司是否具有合理的组织架构、清晰的指挥链、科学的决策机制；是否有合理的岗位设置、分工协作、专业能力结构；是否有良好的内部沟通机制；是否有合理的股权结构、激励制度。 3. 团队对项目的各项投入情况及团队成员的稳定性情况。 4. 支撑公司发展的合作伙伴等外部资源的使用情况以及与公司关系的情况	20
发展维度	1. 充分了解乡村振兴、农业农村现代化、城乡社区发展的内容和要求，了解其中的痛点、难点，进而对所要解决问题形成完备的认知。 2. 在服务乡村振兴、农业农村现代化、城乡社区发展等方面有较好的产品或服务模式，追求经济效益和社会效益的平衡。 3. 项目通过商业方式推动乡村振兴、农业农村现代化、城乡社区发展等方面的贡献度。 4. 项目的持续生存能力，模式可复制、可推广，具有示范效应等	30
创新维度	1. 团队能够基于科学严谨的创新过程，遵循创新规律，运用各类创新的理念和范式，解决乡村振兴、农业农村现代化、城乡社区发展中遇到的各类问题。 2. 项目能够从产品创新、服务创新、组织创新等方面着手开展创新创业实践，并产生一定数量和质量的创新成果，获得相应的市场回报。 3. 鼓励院校科研成果和文创成果在乡村或社区进行产业转化落地与实践应用	20
社会价值维度	1. 项目直接提供就业岗位的数量和质量。 2. 项目间接带动就业的能力和规模。 3. 项目对社会文明、生态文明、民生福祉等方面的积极推动作用	10
必要条件	参加由学校、省市或全国组织的"青年红色筑梦之旅"活动	

(六)职教赛道项目评审要点：创意组

职教赛道创意组评审规则见表 9-6。

表 9 - 6　职教赛道创意组评审规则

评审要点	评审内容	分值
教育维度	1. 项目应弘扬正确的价值观，体现家国情怀，恪守伦理规范，有助于培育创新创业精神。 2. 项目符合将专业知识与商业知识有效结合并转化为商业价值或社会价值的创新创业基本过程和基本逻辑，展现创新创业教育对创业者基本素养和认知的塑造力。 3. 体现团队对创新创业所需知识（专业知识、商业知识、行业知识等）与技能（计划、组织、领导、控制、创新等）的娴熟掌握与应用，展现创新创业教育提升创业者综合能力的效力。 4. 项目充分体现团队解决复杂问题的综合能力和高级思维；体现项目成长对团队成员创新创业精神、意识、能力的锻炼和提升作用。 5. 项目能充分体现院校在职业教育建设方面取得的成果；体现院校在项目的培育、孵化等方面的支持情况；体现多学科交叉、专创融合、产学研协同创新、产教融合等模式在项目的产生与执行中的重要作用	30
创新维度	1. 具有原始创意、创造。 2. 具有面向培养"大国工匠"与能工巧匠的创意与创新。 3. 项目体现产教融合模式创新、校企合作模式创新、工学一体模式创新。 4. 鼓励面向职业和岗位的创意及创新，侧重于加工工艺创新、实用技术创新、产品（技术）改良、应用性优化、民生类创意等	20
团队维度	1. 团队的组成原则与过程是否科学合理；团队是否具有支撑项目成长的知识、技术和经验；是否有明确的使命愿景。 2. 团队的组织架构、人员配置、分工协作、能力结构、专业结构、合作机制、激励制度等的合理性情况。 3. 团队与项目关系的真实性、紧密性情况；对项目的各项投入情况；创立创业企业的可能性情况。 4. 支撑项目发展的合作伙伴等外部资源的使用情况以及与项目关系的情况	20
商业维度	1. 充分了解所在产业（行业）的产业规模、增长速度、竞争格局、产业趋势、产业政策等情况，形成完备、深刻的产业认知。 2. 项目具有明确的目标市场定位，对目标市场的特征、需求等情况有清晰的了解，并据此制订合理的营销、运营、财务等计划，设计出完整、创新、可行的商业模式，展现团队的商业思维。 3. 其他：项目落地执行情况；项目对促进区域经济发展、产业转型升级的情况；已有盈利能力或盈利潜力情况	20
社会价值维度	1. 项目直接提供就业岗位的数量和质量。 2. 项目间接带动就业的能力和规模。 3. 项目对社会文明、生态文明、民生福祉等方面的积极推动作用	10

（七）职教赛道项目评审要点：创业组

职教赛道创业组评审规则见表 9 - 7。

表 9-7 职教赛道创业组评审规则

评审要点	评审内容	分值
教育维度	1. 项目应弘扬正确的价值观，体现家国情怀，恪守伦理规范，有助于培育创新创业精神。 2. 项目符合将专业知识与商业知识有效结合并转化为商业价值或社会价值的创新创业基本过程和基本逻辑，展现创新创业教育对创业者基本素养和认知的塑造力。 3. 体现团队对创新创业所需知识(专业知识、商业知识、行业知识等)与技能(计划、组织、领导、控制、创新等)的娴熟掌握与应用，展现创新创业教育提升创业者综合能力的效力。 4. 项目充分体现团队解决复杂问题的综合能力和高级思维；体现项目成长对团队成员创新创业精神、意识、能力的锻炼和提升作用。 5. 项目能充分体现院校在职业教育建设方面取得的成果；体现院校在项目的培育、孵化等方面的支持情况；体现多学科交叉、专创融合、产学研协同创新、产教融合等模式在项目的产生与执行中的重要作用	20
商业维度	1. 充分掌握所在产业(行业)的产业规模、增长速度、竞争格局、产业趋势、产业政策等情况；具有明确的目标市场定位，充分掌握目标市场的特征、需求等情况；具有完整、创新、可行的商业模式。 2. 经营绩效方面，重点考察项目存续时间、营业收入(合同订单)现状、企业利润、持续盈利能力、市场份额、客户(用户)情况、税收上缴、投入与产出比等情况。 3. 经营管理方面，是否有清晰的企业发展目标；是否有完备的研发、生产、运营、营销等制度和体系；是否采用先进、科学的管理方法，以确保企业具有较强的竞争力。 4. 成长性方面，是否有清晰、有效、全方位的企业发展战略，并拥有可靠的内外部资源(人才、资金、技术等方面)实现企业战略，以建立企业的持续竞争优势。 5. 现金流及融资方面，关注项目融资情况、获取资金渠道情况、企业经营的现金流情况、融资需求及资金使用情况是否合理。 6. 项目对促进区域经济发展、产业转型升级的情况	30
团队维度	1. 团队的组成原则与过程是否科学合理；团队是否具有独特的支撑项目成长的知识、技能、经验以及成熟的外部资源网络；是否有明确的使命愿景。 2. 公司是否具有合理的组织架构、清晰的指挥链、科学的决策机制。是否有合理的岗位设置、分工协作、专业能力结构；是否有良好的内部沟通机制；是否有合理的股权结构、激励制度等。 3. 团队对项目的各项投入情况及团队成员的稳定性情况。 4. 支撑公司发展的合作伙伴等外部资源的使用情况以及与公司关系的情况	20
创新维度	1. 具有原始创意、创造。 2. 具有面向培养"大国工匠"与能工巧匠的创意与创新。 3. 项目体现产教融合模式创新、校企合作模式创新、工学一体模式创新。 4. 鼓励面向职业和岗位的创意及创新，侧重于加工工艺创新、实用技术创新、产品(技术)改良、应用性优化、民生类创意等	20
社会价值维度	1. 项目直接提供就业岗位的数量和质量。 2. 项目间接带动就业的能力和规模。 3. 项目对社会文明、生态文明、民生福祉等方面的积极推动作用	10

（八）萌芽赛道项目评审要点

萌芽赛道评审规则见表9-8。

表9-8　萌芽赛道评审规则

评审要点	评审内容	分值
创新性	1. 项目的想象力和创造力，就发现的问题和解决途径进行创意设计，创意设计过程符合客观规律。 2. 科技创意证据充分，有足够的科学研究参与度（调查、实验、制作、验证等）。 3. 文化创意逻辑清晰、完整，调研和分析数据充分	40
实践性	1. 项目的可行性、应用性和完整性。 2. 项目具备可执行的计划或实践方案。 3. 项目具有可预见价值，能够让未来的生活更美好	20
自主性	1. 项目符合团队成员年龄段的知识结构和实施项目能力。 2. 项目选题、创意模式构建主要由学生提出和完成。 3. 团队成员能够准确表述项目内容及原理，真实可信。 4. 涉及科技成果和专利发明的，需提供证明材料或授权证明材料	20
团队情况	1. 团队成员的创新精神和创新意识与能力。 2. 项目团队成员的教育背景、基本素质、价值观念、知识结构、擅长领域。 3. 团队构成和分工协作合理	20

（九）产业命题赛道项目评审要点

产业命题赛道评审规则见表9-9。

表9-9　产业命题赛道评审规则

评审要点	评审内容	分值
教育维度	1. 项目应弘扬正确的价值观，体现家国情怀，恪守伦理规范，有助于培育创新创业精神。 2. 项目符合将专业知识与产业实际问题有效结合，并转化为商业价值或社会价值，展现创新创业教育对创业者基本素养和认知的塑造力，提升创业者综合能力的效力。 3. 项目充分体现团队解决复杂问题的综合能力和高级思维，体现项目成长对团队成员创新创业精神、意识、能力的锻炼和提升作用。 4. 项目能充分体现院校在新工科、新医科、新农科、新文科建设方面取得的成果；体现院校在项目的培育、孵化等方面的支持情况；体现多学科交叉、专创融合、产学研协同创新等模式在项目的产生与执行中的重要作用	30
命题分析	1. 全方位开展与所选命题相关产业（行业）的产业规模、增长速度、竞争格局、产业趋势、产业政策以及市场的定位、特征、需求等方面的调研，形成一手资料。 2. 系统、深入了解企业（机构）内外部环境情况，通过与企业对接，准确把握其实际需求与痛点，明确解决该命题所需的各类资源。 3. 结合企业（机构）的产品、技术、模式、管理、制度等现实情况与本团队的创意、技术、方案、人才等实际情况，展开解题可行性和匹配度分析，为形成解决方案奠定基础	10

评审要点	评审内容	分值
创新维度	1. 用于解决命题的创意、技术、方案、模式等的先进性情况。 2. 团队基于科学严谨的创新过程，遵循创新规律，运用各类创新的理念和范式解决命题。 3. 基于产业命题赛道开放创新的内在要求，促进企业（机构）将内外部资源有机整合，提高其创新效率的情况	20
团队维度	1. 团队的组成原则与过程是否科学合理，是否具有支撑解决命题的知识、技术和经验。 2. 团队的组织架构、人员配置、分工协作、能力互补、专业结构的合理性情况。 3. 团队与项目关系的真实性、紧密性情况，团队对项目的各项投入情况，团队与企业（机构）持续合作的可能性情况。 4. 支撑项目发展的合作伙伴等外部资源的使用情况以及与项目关系的情况	20
实现维度	1. 解决命题过程的规划，工作进度安排合理，在各阶段工作目标清晰，难点明确，重点突出，并能兼顾目标与资源配置。 2. 解决方案匹配企业（机构）命题要求，解决方案具备先进性、现实性、经济性、高完成度等特点。 3. 命题解决方案是否解决企业（机构）命题中涉及的问题，以及为企业（机构）带来经济效益、社会效益的潜力情况	20

五、各赛道方案

以 2022 年第八届中国国际"互联网＋"大学生创新创业大赛为例。

(一)高教主赛道方案

1. 参赛项目类型

(1)新工科类项目：大数据、云计算、人工智能、区块链、虚拟现实、智能制造、网络空间安全、机器人工程、工业自动化、新材料等领域，符合新工科建设理念和要求的项目。

(2)新医科类项目：现代医疗技术、智能医疗设备、新药研发、健康康养、食药保健、智能医学、生物技术、生物材料等领域，符合新医科建设理念和要求的项目。

(3)新农科类项目：现代种业、智慧农业、智能农机装备、农业大数据、食品营养、休闲农业、森林康养、生态修复、农业碳汇等领域，符合新农科建设理念和要求的项目。

(4)新文科类项目：文化教育、数字经济、金融科技、财经、法务、融媒体、翻译、旅游休闲、动漫、文创设计与开发、电子商务、物流、体育、非物质文化遗产保护、社会工作、家政服务、养老服务等领域，符合新文科建设理念和要求的项目。

参赛项目团队应认真了解和把握发展要求，结合以上分类及项目实际，合理选择参赛项目类别。参赛项目不只仅限于"互联网＋"项目，鼓励各类创新创业项目参赛，根据建设内涵和产业发展方向选择相应类型。

2. 参赛方式和要求

(1)本赛道以团队为单位报名参赛。允许跨校组建参赛团队，每个团队的成员不少于3人，不多于15人（含团队负责人），须为项目的实际核心成员。参赛团队所报参赛创业项目，须为本团队策划或经营的项目，不得借用他人项目参赛。

（2）按照参赛学校所在的国家和地区，分为中国大陆参赛项目、中国港澳台地区参赛项目、国际参赛项目三个类别。国际参赛项目和中国港澳台地区参赛项目可根据当地教育情况适当调整学籍和学历的相关参赛要求。

（3）所有参赛材料和现场答辩原则上使用中文或英文，如有其他语言需求，请联系大赛组委会。

3. 参赛组别和对象

根据参赛申报人所处学习阶段，项目分为本科生组、研究生组。根据所处创业阶段，本科生组和研究生组均内设创意组、初创组、成长组，并按照新工科、新医科、新农科、新文科设置参赛项目类型。

4. 奖项设置

（1）本赛道设置金奖、银奖、铜奖，中国大陆参赛项目设金奖150个、银奖350个、铜奖1000个，中国港澳台地区参赛项目设金奖5个、银奖15个、铜奖另定，国际参赛项目设金奖50个、银奖100个、铜奖350个。

（2）本赛道设置最佳创意奖、最佳带动就业奖、最具商业价值奖等若干单项奖。

（3）获得金奖项目的指导教师为"优秀创新创业导师"（限前五名）。

（二）"青年红色筑梦之旅"赛道活动方案

第八届中国国际"互联网＋"大学生创新创业大赛继续在更大范围、更高层次、更有温度、更深程度上开展"青年红色筑梦之旅"活动。具体方案如下。

1. 参赛项目要求

（1）参加"青年红色筑梦之旅"赛道的项目应符合大赛参赛项目要求，同时在推进农业农村、城乡社区经济社会发展等方面有创新性、实效性和可持续性。

（2）以团队为单位报名参赛。允许跨校组建团队，每个团队的参赛成员不少于3人，不多于15人（含团队负责人），须为项目的实际核心成员。参赛团队所报参赛创业项目，须为本团队策划或经营的项目，不得借用他人项目参赛。

（3）参赛申报人须为项目负责人，须为普通高等学校全日制在校生（包括本科生、专科生、研究生，不含在职教育），或毕业5年以内的全日制学生（不含在职教育）；国家开放大学学生（仅限学历教育）。企业法定代表人在大赛通知发布之日后进行变更的不予认可。

2. 参赛组别和对象

参加"青年红色筑梦之旅"赛道的项目，须为参加"青年红色筑梦之旅"活动的项目。否则一经发现，取消参赛资格。根据项目性质和特点，分为公益组、创意组、创业组。

1）公益组

（1）参赛项目不以盈利为目标，积极弘扬公益精神，在公益服务领域具有较好的创意、产品或服务模式的创业计划和实践。

（2）参赛申报主体为独立的公益项目或社会组织，注册或未注册成立公益机构（或社会组织）的项目均可参赛。

2）创意组

(1)参赛项目基于专业和学科背景或相关资源，解决农业农村和城乡社区发展面临的主要问题，助力乡村振兴和社区治理，推动经济价值和社会价值的共同发展。

(2)参赛项目在大赛通知下发之日前尚未完成工商等各类登记注册。

3）创业组

(1)参赛项目以商业手段解决农业农村和城乡社区发展面临的主要问题，助力乡村振兴和社区治理，实现经济价值和社会价值的共同发展，推动共同富裕。

(2)参赛项目在大赛通知下发之日前已完成工商等各类登记注册，学生须为法定代表人。项目的股权结构中，企业法定代表人的股权不得少于10%，参赛成员股权合计不得少于1/3。

3. 奖项设置

(1)本赛道设置金奖50个、银奖100个、铜奖350个。

(2)本赛道设置乡村振兴奖、最佳公益奖等单项奖。

(3)获得金奖项目的指导教师为"优秀创新创业导师"(限前五名)。

(三)职教赛道方案

1. 参赛项目类型

(1)创新类：以技术、工艺或商业模式创新为核心优势。

(2)商业类：以商业运营潜力或实效为核心优势。

(3)工匠类：以体现敬业、精益、专注、创新为内涵的工匠精神为核心优势。

2. 参赛方式和要求

(1)职业院校(包括职业教育各层次学历教育，不含在职教育)、国家开放大学学生(仅限学历教育)可以报名参赛。

(2)大赛以团队为单位报名参赛。允许跨校组建团队，每个团队的参赛成员不少于3人，不多于15人(含团队负责人)，须为项目的实际核心成员。参赛团队所报参赛创业项目，须为本团队策划或经营的项目，不得借用他人项目参赛。

3. 参赛组别和对象

本赛道分为创意组与创业组。

1）创意组

(1)参赛项目具有较好的创意和较为成型的产品原型、服务模式或针对生产加工工艺进行创新的改良技术，在大赛通知下发之日前尚未完成工商等各类登记注册。

(2)参赛申报人须为团队负责人，参赛人员须为职业院校的全日制在校学生或国家开放大学学历教育在读学生。

(3)学校科技成果转化项目不能参加本组比赛(科技成果的完成人、所有人中参赛申报人排名第一的除外)。

2）创业组

(1)参赛项目在大赛通知下发之日前已完成工商等各类登记注册，且公司注册年限不超过5年。

(2)参赛申报人须为企业法定代表人，参赛人员须为职业院校全日制在校学生或毕业5年内的学生、国家开放大学学历教育在读学生或毕业5年内的学生。企业法人在大赛通知发布之日后进行变更的不予认可。

(3)项目的股权结构中,企业法定代表人的股权不得少于1/3,参赛团队成员股权合计不得少于51%。

4. 奖项设置

(1)本赛道设置金奖50个、银奖100个、铜奖350个。

(2)获得金奖项目的指导教师为"优秀创新创业导师"(限前五名)。

(四)萌芽赛道方案

1. 参赛项目要求

(1)项目应紧密融合学习、生活、社会实践,能创造性地解决问题或提供解决思路,具有可预见的应用性与成长性,可以是教育部公布的面向中小学生的全国性竞赛活动名单中学生赛事获奖项目或作品。项目不只限于"互联网+"项目,鼓励各类创新创业项目参赛。

(2)项目须真实、健康、合法,无任何不良信息,不得借用他人项目参赛。项目立意应弘扬正能量,践行社会主义核心价值观。参赛项目不得侵犯他人知识产权;所涉及的发明创造、专利技术、资源等必须拥有清晰合法的知识产权或物权,涉及他人知识产权的,报名时须提交完整的具有法律效力的所有人书面授权许可书、专利证书等;抄袭盗用他人成果、提供虚假材料等违反相关法律法规的行为,一经发现即刻丧失参赛资格,所获奖项等相关权利并自负一切法律责任。

2. 奖项设置

本赛道设置创新潜力奖20个。入围总决赛但未获创新潜力奖的项目,发放"入围总决赛"证书。

(五)产业命题赛道方案

1. 参赛要求

(1)本赛道以团队为单位报名参赛,每支参赛团队只能选择一题参加比赛,允许跨校组建、师生共同组建参赛团队,每个团队的成员不少于3人,不多于15人(含团队负责人),须为揭榜答题的实际核心成员。

(2)项目负责人须为普通高等学校全日制在校生(包括专科生、本科生、研究生,不含在职教育),或毕业5年以内的全日制学生(不含在职教育)。参赛项目中的教师须为高校教师。

(3)参赛团队所提交的命题对策须符合所答企业命题要求。参赛团队须对提交的应答材料拥有自主知识产权,不得侵犯他人知识产权或物权。

(4)所有参赛材料和现场答辩原则上使用中文或英文,如有其他语言需求,可以联系大赛组委会。

2. 赛程安排

(1)征集命题。请命题企业于2022年4月30日24:00前进入全国大学生创业服务网(网址:cy. ncss. cn)进行第八届中国国际"互联网+"大学生创新创业大赛产业命题赛道命题申报。如申报命题入选,申报企业再将加盖企业公章的命题申报表(纸质稿)寄送至大赛组委会备案。

（2）命题发布。大赛组委会组织专家，对企业申报的产业命题进行评审遴选。入选命题于5月上旬在全国大学生创业服务网（网址：cy. ncss. cn）公开发布和全球青年创新领袖共同体促进会（PILC）官网（网址：www. pilcchina. org）公开发布。

（3）参赛报名。各省级教育行政部门及各有关学校负责审核参赛对象资格。中国大陆和港澳台地区参赛团队通过全国大学生创业服务网（网址同上）进行报名。国际参赛团队通过全球青年创新领袖共同体促进会官网（网址同上）进行报名。参赛报名及对策提交的截止时间为北京时间2022年7月31日24：00。请命题企业、学校及参赛团队通过全国大学生创业服务网（网址同上），查看校企对接的具体流程，积极开展对接，确保供需互通。

（4）初赛复赛。初赛复赛的比赛环节、评审方式等，由各地结合参赛报名等情况自行决定，项目评审可邀请出题企业的专家共同参与。各地应在8月15日前完成入围总决赛的项目遴选与推荐工作。各地推荐项目应有名次排序，供总决赛参考。

（5）总决赛。入围总决赛项目通过对策讲解、实物展示和专家问辩等环节，决出各类奖项。具体安排与大赛整体安排保持一致。

3. 奖项设置

本赛道设置金奖30个、银奖60个和铜奖210个。

课堂 活动

了解"互联网＋"大学生创新创业大赛

"互联网＋"大学生创新创业大赛组委会每年都会出版《中国"互联网＋"大学生创新创业大赛指南》，大赛也设有官方网站，学校每年都会举办相关赛事，可以通过图书、网络、线下参与等方式了解大赛。

▶ 第二节　创新创业大赛参赛资料

一、商业计划书

（一）商业计划书的含义

商业计划书是创业者就某一项具有市场前景的新产品或服务，向潜在投资者、风险投资公司、合作伙伴等游说，以取得合作支持或风险投资的可行性商业报告。商业计划书的编写一般按照相对标准的文本格式进行，是全面介绍公司或项目发展前景、阐述产品、市场、竞争、风险及投资收益和融资要求的书面报告。

（二）商业计划书的核心要素

1. 项目摘要

摘要是为了吸引战略合伙人与风险投资人的注意而将商业计划书的核心内容提炼出来制作而成的，它是整个商业计划书的精华，涵盖商业计划书的要点。摘要一般包括以下内容：公司介绍、主要产品和业务范围、市场概貌、销售计划、生产管理计划、管理者及其组织、财务计划、资金需求状况等。

摘要如同推销产品的广告，编制人要反复推敲，力求精益求精，形式完美，语句清晰流畅而富有感染力，以引起投资人阅读商业计划书全文的兴趣。特别要详细说明自身企业的不同之处及企业获取成功的市场因素。

2. 市场分析

市场分析主要对企业所在行业的基本情况、企业的产品或服务的现有市场情况、未来市场前景进行分析，使投资者对产品或服务的市场销售状况有所了解。这是投资者关注的重点问题之一。市场分析包括已有的市场用户情况、新产品或者服务的市场前景预测等几个部分。

已有市场用户情况，要分析公司在以往经营中拥有什么样的用户和拥有多少用户？市场占有率如何？市场竞争情况如何？是否已经建立了完整的市场营销渠道，等等。

市场前景预测，首先要对需求进行预测，包括市场是否存在对这种产品的需求？需求程度是否可以给企业带来所期望的利益？新的市场规模有多大？需求发展的未来趋向及其状态如何？影响需求都有哪些因素？新产品的潜在目标顾客和目标市场是什么，等等。

市场前景预测还要包括对市场竞争的情况——企业所面对的竞争格局进行分析：市场中主要的竞争者有哪些？是否存在有利于本企业产品的市场空当？本企业预计的市场占有率是多少？本企业进入市场会引起竞争者怎样的反应？这些反应对企业会有什么影响，等等。

一方面，企业应尽量扩大收集信息的范围，重视对环境的预测和采用科学的预测手段和方法。让投资者相信，你的预测是建立在尽可能科学的基础之上。另一方面，要注意自己所假设的一些前提条件（特别是宏观经济发展、消费者偏好、消费能力等），并且要根据前提条件可能发生的变化对市场前景预测做出必要的调整。千万不能单凭想象，做出不切实际的美好前景估计。

3. 项目介绍

在进行投资项目评估时，投资人最关心的问题之一就是，企业的产品、技术或服务能否解决现实生活中的问题，或者企业的产品（服务）能否帮助顾客节约开支，增加收入，这是市场销售业绩的基础。

技术产品（服务）介绍一般包括以下内容：产品的名称、特性及性能用途；产品处于生命周期的哪一阶段，市场竞争力如何；产品的研究和开发过程；产品的技术改进、更新换代或新产品研发计划及相应的成本；产品的市场前景预测；产品的品牌和专利。

在这一部分，企业家要对产品（服务）做出详细的说明，说明要准确，也要通俗易懂，让不是专业人员的投资者也能明白。一般地，产品介绍都要附上产品原型、照片或其他介绍。具体说，产品介绍必须要回答的包括：（1）顾客希望企业的产品能解决什么问题，顾客能从企业的产品中获得什么好处？（2）企业的产品与竞争对手的产品相比有哪些优缺点，顾客为什么会选择本企业的产品？（3）企业为自己的产品采取了何种保护措施，企业拥有哪些专利、许可证，或与已申请专利的厂家达成了哪些协议？（4）为什么企业的产品定价可以使企业产生足够的利润，为什么用户会大批量地购买企业的产品？（5）企业采用何种方式去改进产品的质量、性能，企业对发展新产品有哪些计划，等等。

此外，对于一些以技术研发为重点的高新技术企业来说，还要对相关技术及其企业研发情况进行分析，包括企业技术来源、技术原理、技术先进性、技术可靠性；公司的技术研发力量和未来的技术发展趋势，公司研究开发新产品的成本预算及时间进度，技术的专利申请、权属及保护情况、技术发展后劲和技术储备等。以使投资者对公司技术研发队伍的实力，以及公司未来竞争发展对技术研发的需要有所了解。

产品（服务）介绍的内容比较具体，因而写起来相对容易。虽然夸赞自己的产品是推销所必需的，但应该注意，企业家和投资家所建立的是一种长期合作的伙伴关系。空口许诺，只能得意于一时。如果企业不能兑现承诺，不能偿还债务，企业的信誉必然要受到极大的损害，这是真正的企业家所不屑的。

4. 团队和组织结构

管理团队是投资者非常看重的，这部分主要是向投资者展现企业管理团队的结构、管理水平和能力、职业道德与素质，使投资者了解管理团队的能力，从而增强投资的信心。

这部分主要介绍管理团队、技术团队、营销团队的工作简历以及取得的业绩，尤其是其与目前从事工作有关的经历。另外，可以着重介绍企业目前的管理模式，如果没有特色，也可以不介绍，或者归入劣势部分。

在编写过程中，首先要对公司管理的主要情况做一个全面介绍，包括公司的主要股东及他们的股权结构、董事和其他一些高级职员、主要成员及公司管理人员的职权分配和薪酬体系等。必要时，还要详细介绍他们的经历和个人背景。企业的管理人员应该是互补型的，而且要有团队精神。一个企业必须要具备负责产品设计与开发、市场营销、生产作业管理、企业理财等方面的专门人才。

此外，在这部分商业计划书中，还应对公司组织结构做一个简要介绍，包括公司的组织结构图、各部门的功能与责任、各部门的负责人及主要成员、公司的薪酬体系等。

应该让投资者认识到，管理团队人才济济且结构合理，在产品设计与开发、财务管理、市场营销等方面均具有独当一面的能力，才能保证公司得以发展。

5. 商业模式

创业团队需要通过一个商业模式来描绘企业实现愿景的途径，此外，创业者还能通过对商业模式的提炼，对企业运作中的各种要素、业务板块展开周密的考虑，并使它们构成一个相互支持和促进的有机整体。

商业模式决定了企业的运作，决定着企业的生存与发展战略。通过阐明商业模式，投资者能迅速了解企业是如何赚钱的，并判断此种商业模式是否有利可图、是否能随企业自身条件和市场的变化灵活创新。因此，商业模式的设计要具有合理性，具体可从商业模式的几个关键要素着手：价值主张、客户细分、客户关系、渠道通路、核心资源、关键业务、收入来源、重要伙伴、成本结构。

6. 市场营销

企业的盈利和发展最终都要拿到市场上来检验，营销成败直接决定了企业的生存命运。

在介绍市场营销策略时，创业者要讨论不同营销渠道的利弊，要明确哪些企业主营专门负责销售，主要适用哪些促销工具，以及促销目标的实现和具体经费的支出等。

一般来说，中小企业可选择的市场营销策略有以下几种。

(1)集中性营销策略。该策略是指企业只为单一的、特别的细分市场提供一种类型的产品(如制造汽车配件)。该策略尤其适用于财力有限的小公司，或者是在为某种特殊类型的顾客提供服务方面确有一技之长的组织。

(2)差异性营销策略。该策略是指为不同的市场设计和提供不同类型的产品。该策略大多为那些实力雄厚的大公司所采用。

(3)无差异性营销策略。该策略是指只向市场提供单一品种的产品，希望它能引起整体市场上全部顾客的兴趣。当人们的需求比较简单，或者并不被人们认为很重要时，该策略较为适用。

7. 融资计划

融资计划主要是根据企业的经营计划，提出企业资金需求数量、融资的方式及所需工具，投资者的权益、财务收益及其资金安全保证、投资退出方式等，它是资金供求双方共同合作前景的计划分析。

融资计划的主要内容包括：(1)融资数额是多少？已经获得了哪些投资？希望向战略合伙人或风险投资人融资多少？计划采取哪种融资工具，是以贷款、出售债券，还是以出售普通股、优先股的形式筹集？(2)公司未来的资本结构如何安排？公司的全部债务情况如何？(3)公司融资所提供的抵押、担保文件，包括以什么物品进行抵押或者质押？什么人或者机构提供担保？(4)投资收益和未来再投资的安排如何？(5)如果以股权形式投资，双方对公司股权、控制权、所有权比例如何安排？(6)投资者介入公司后，公司的经营管理体制如何设定？(7)投资资金如何运作？投资的预期回报如何？投资者如何监督、控制企业的运作等？(8)对于吸引风险投资的，风险投资的退出途径和方式是什么，是企业回购、股份转让，还是企业上市？

这部分是融资协议的主要内容，企业既要对融资需求、用途提出令人信服的理由，又要有令人心动的投资回报和投资条件，同时也要注意维护企业自身的利益，其基础是企业的财务分析与预测。

由于与资金供给方合作的模式有多种，还需设计几种备选方案，给出不同盈利模式下的资金需求量及资金投向。

拓展阅读

优秀创赛商业计划书剖析

一、优秀项目案例

(一)项目简介

山东孟子居生态农业有限公司成立于2014年8月，依托该公司，孟子居团队在早期就提出了农产品网络营销模式，通过"学生社团、学生自媒体、校园零食销售平台和校园快递"四维营销模式，为广大在校大学生提供健康、生态、安全的休闲零食。之后，孟子居团队不断升级调整模式，顺势而为，在全国高校中较早地探索出了大学生电商扶贫模式——建立可持续的农产品电商扶贫运营模式，在经济与知识两方面帮扶贫困地区的农户。

团队已经成功举办过"孟子居生态零食杯"校园营销大赛、"129苹果树之恋"果树认购、秦安公益营销大赛等活动，获得非常热烈的反响。孟子居团队累计组织40多个实践团共500多名同学前往我国20多个省份，调研了35个贫困县和数百户贫困户。孟子居团队与多个贫困县和实践基地建立了良好的合作关系，连续6年前往孟子故里邹城、6次前往秦安、7次前往延安，策划了"孟子居生态零食""秦安公益营销大赛""五枣俩核桃公益扶贫计划""延安梁家河果树DIY计划""简茶官""孟子居花生博士工作站"等一系列农产品实体策划方案，直接帮助上百户贫困农户，间接帮助300余户贫困户解决就业脱贫问题，销售农产品400余万元。

孟子居创业团队已入选国家级SRTP创新创业项目、北京市大学生优秀创业团队，获得过30余项省部级、校级奖项。2017年，孟子居创业团队作为执笔人之一给习近平总书记写信，并收到了习近平总书记的回信，团队负责人被中央电视台《新闻联播》、人民日报等数十家媒体采访报道。

孟子居团队致力于深入挖掘全国贫困县农产品，深入农村做翔实的产品调研，以商业化模式帮助当地农民增收，以大学生的视野帮助农民增强电商意识，为我国实现全面建成小康社会贡献了自己的一份微薄力量。

（二）项目在创新创业大赛所取得的荣誉

孟子居创业团队自成立以来参加过许多展览，举办过多次路演，在校园中成功举办了多届营销大赛，获得30多项奖项。此外，孟子居团队还接受过中央电视台《新闻联播》、人民日报等数十家媒体的采访报道，获得过时任国务院副总理刘延东、时任教育部部长陈宝生的亲切接见。

2015年第十七届北京科技大学"摇篮杯"大学生创新创业竞赛学术科技作品竞赛一等奖。

2016—2019年多次入选国家级SRTP创新创业项目。

2016年中国"互联网＋"大学生创新创业大赛（北京赛区）二等奖。

2016年"创青春"首都大学生创业大赛铜奖。

2016年"挑战杯"全国大学生课外学术科技作品竞赛北京市铜奖。

2018年"挑战杯"全国大学生课外学术科技作品竞赛北京市铜奖。

2018年第四届中国"互联网＋"大学生创新创业大赛总决赛全国铜奖、北京市一等奖。

2020年第十二届"挑战杯"中国大学生创业计划竞赛总决赛全国铜奖。

2020年第六届中国国际"互联网＋"大学生创新创业大赛总决赛全国银奖。

（三）商业计划书

本商业计划书案例为孟子居"一棵树"公益扶贫项目，获得2020年第六届中国国际"互联网＋"大学生创新创业大赛"青年红色筑梦之旅"赛道全国总决赛银奖作品。

二、创业导师点评

商业计划书是企业或项目单位为融资或其他发展目标，在前期对项目进行科学调研、搜集与整理有关资料并分析的基础上，按照一定的内容、格式要求所编写的向投资者全面展示公司和项目目前状况、未来发展潜力的书面材料。"青年红色筑梦之旅"项目的商业计划书还要展现其公益属性，本创业计划书在项目概要、项目背景、产品和服务等多个模块都体现了扶贫开发的公益属性。

商业计划书包括项目概况、市场分析、产品与服务、市场营销、团队与组织结构、市场战略、运营模式、发展策略、融资计划、风险分析等内容。创业项目不同，商业计划书的内容也不同，但核心是通过商业计划书告诉投资人或大赛评委这个项目为什么值得做，为什么我可以做，以及我是如何做的。

本商业计划书共分为项目概况、项目背景、产品和服务、市场战略、运营模式、财务分析、组织架构、发展策略、风险规避九大方面的内容。

第一是项目概况，项目概况要重点阐述项目情况，精炼展示项目亮点，以瞬间打动投资人或评委。本商业计划书的项目概况用简短的文字介绍了项目背景、产品和服务、市场分析、营销模式、发展规划、财务分析、公司架构与管理，从项目概要中可以看出这是个已经在扶贫领域取得一定成绩的项目。

第二是项目背景，因为本项目是"青年红色筑梦之旅"项目，所以商业计划书中在写项目背景时着重强调了国家扶贫背景和乡村振兴背景。

第三是产品和服务，产品和服务要说明的是产品内容，产品在这个地区、行业、产业已经有一定范围的使用，实践前后对于产业、行业、地区带来的变化是什么。在此商业计划书中介绍了产品和服务的内容，以及产品和服务对公益事业的贡献。

第四是市场战略，市场战略是根据市场定位和目标客户等因素制定的市场开发战略。此项目的市场地位是平台，对接消费者和贫困户，所以采用了C2B的销售模式。

第五是运营模式，"青年红色筑梦之旅"赛道项目，重点描述服务对象在没有项目之前和有项目之后发生的巨大变化。从收入增加、带动就业等方面进行前后对比。此商业计划书在运营模式介绍中的第一句话就是"团队采用集知识扶贫、技术扶贫和消费扶贫三点于一体，整合学生、高校、企业、政府和研究所五个功能主体的'三点五维'运营模式"。另外，给出了具体案例说明项目运营取得的经济和社会收益。

第六是财务分析，对于已经运营一段时间的项目来讲，财务分析主要是展示其资产负债表、现金流量表和利润表。

第七是组织架构，有的商业计划书中将组织架构也叫团队介绍，重点阐述团队负责人、团队核心骨干成员。主要包括团队负责人(详细介绍)的教育经历、工作经历，创业经历。能力方面包括企业管理、技术研发、市场营销、标志性业绩。团队核心骨干具体包括人员的姓名、公司职位、承担的工作职责、教育经历，专业背景、特点、特长，擅长技能、工作经历(资历)、能力评价、特长说明。此商业计划书介绍了团队成员、角色分工、员工管理等。

第八是发展策略，主要是描绘公司未来的发展路线图，此商业计划书从实践调研发展、扶贫扶智发展、市场扩展、乡村振兴发展等方面都给出了具体的发展规划。

第九是风险规避，主要介绍项目可能面临的各种风险及风险规避措施。此商业计划书中一个风险分析对应一个应对措施，这样抗风险方案不仅使策划书更加真实，同时有效的解决措施可以指导实践，及时规避各种风险。

(三)商业计划书的撰写逻辑

一份好的商业计划书包括附录在内,一般 20~40 页,过于冗长的商业计划书会让人失去耐心。整个商业计划书的编制是一个循序渐进的过程,可以分成五个阶段完成。

第一阶段:创业计划构想细化,初步提出计划的构想。

第二阶段:市场调查。与行业内的企业和专业人士进行接触,了解整个行业的市场情况,如产品价格、销售渠道、客户分布以及市场发展变化的趋势等。可以自行进行一些问卷调查,在必要时也可以借助市场调查公司进行调查。

第三阶段:竞争者调查。确定你的潜在竞争对手并分析本行业的竞争方向。分销问题如何?能否形成战略伙伴?谁是你的潜在盟友?准备一份 1~2 页的竞争者调查小结。

第四阶段:财务分析,包括对公司的价值评估。必须保证所有的可能性都考虑到。财务分析应量化本公司的收入目标和公司战略,要求详细精确地考虑实现公司所需的资金。

第五阶段:商业计划书的撰写与修改。利用所收集的信息制订公司未来的发展规划,把相关的信息按照上面的结构进行调整,完成整个商业计划书的写作。在计划完成以后仍然可以进一步论证计划的可行性,并根据信息的积累和市场的变化不断完善整个计划。

(四)商业计划书的优化方法

1.“电梯”检测

“电梯”检测是指在大约乘坐一次电梯的时间内(一般不超过 1 分钟),考验创业团队是否能在最多用两个短句的情况下,把方案内容和获利方式向投资方阐述出来。通过此法,我们可以检验出一个新公司被解释的难易程度,这段“精华”内容应当放在商业计划书的封面及摘要等一目了然之处。如果还无法提炼出重点,那么创业团队就要进一步优化商业计划书,尽可能使自己的产品或服务,以及盈利模式以最精简的方式阐述出来。

2.“最多三件事”检测

当审视商业计划书时,创业团队需要针对这三个问题依次进行自我提问:(1)决定团队成功的三件事到底是什么?(2)在这个范围内我具备成功的必备能力吗?(3)如果没有,应当如何获得?

这三个问题环环相扣,有助于我们对创业项目做进一步的深入剖析,快速看清自身的优势和不足,并寻求相应的解决办法。

3.“假如你是顾客”检测

创业团队应把自己放在潜在顾客的位置上,问自己一系列的问题:(1)在已有选择的基础之上,我会买这个公司的新产品和服务吗?如果是,为什么?(2)作为一个潜在的买家,我是独一无二的吗?还是很多人和我一样?(3)我会以全价购买产品和服务吗?(4)我会立刻购买,还是先了解一下?……

通过这种换位思考的方式,能让创业团队的产品或服务更加契合市场的需求,做到知己知彼。同时通过观察和体验,了解更多的市场动向,进一步寻找更多的潜在顾客，挖掘出更多的发展机会。

4."差异化和市场领导权"检测

差异化就是需要做到与众不同，而市场领导权意味着需要统治某个领域。创业团队需要不惜一切代价避开此陷阱：这是一个巨大的市场，我们只需占有一小部分就能成功。创业成功需要的是"与众不同＋领导统治"，因此我们首先要做的是定义自己的市场——即使它只是一个大市场中的一小部分，凭借其与众不同之处吸引小部分顾客，从而占领这个市场，成为该领域的权威。

5."我会被包围吗"检测

在创业之前，创业团队必须预估那些常见现象所带来的风险，以及妨碍创业团队长期成功的可能性。创业团队从开始组建时就要预先思考和剖析自身的优劣势，考虑我们的团队能否有效构建公司，并且找到可靠的合作伙伴，避免供应链条的中断，突破竞争对手的包围。

6."成本翻番"检测

"成本翻番"可以检查创业团队犯错误的回旋余地，当然，余地越大越好。通过利润计划（预期成本、预期收益、取得收益的时间），可以问自己这几个问题：如果成本翻番，这还是一份好的商业计划书吗？如果第一年的收益只有预期收益的一半，且成本翻番，这还是个好创意吗？这个项目有必要落地吗？

7."试错空间"检测

好的商业创意通常能给创业团队留下很大的试错空间。我们要谨记，项目最后的主要收入来源不一定跟我们预先设想的一致，所以预留一定的试错空间是很有必要的。这个检测方法在创业团队投入大量的时间和精力之前，是最具有价值的，创业过程充满不确定性，提前做好准备，能够在发生意外时降低损失。

二、网评 PPT

网评 PPT 根据不同项目有不同的逻辑结构，既可与创业计划书的内容结构呈现顺序一致，也可按照对创新创业项目商业逻辑的理解顺序呈现，但其核心是不变的，始终是对创业计划书内容的高度凝练和呈现。

根据创新创业项目的具体内容，网评 PPT 的主要逻辑结构有以下几种（表 9 - 10）。创新创业项目可以根据自身项目特点和评分标准进行重组、优化和迭代。

表 9 - 10 网评 PPT 的主要逻辑结构

创新创业项目	一级指标	二级观测点
第一种 （适合高教赛道）	产品服务	1. 市场痛点　2. 解决方案　3. 产品服务　4. 壁垒
	商业模式	1. 市场分析　2. 竞争分析　3. 商业模式　4. 推广
	项目现状	1. 技术、业务、财务、股权　2. 计划
	项目团队	1. 创始人、核心团队、顾问团队
	项目愿景	1. 成效　2. 愿景

续表

创新创业项目	一级指标	二级观测点
第二种 (适合职业赛道 创意组)	产品服务	1. 市场分析 2. 市场痛点 3. 解决方案 4. 产品服务
	创新点	1. 原始创新 2. 模式创新 3. 技能创新 4. 岗位创新
	团队情况	1. 核心团队 2. 组织架构 3. 外部资源 4. 股权配置
	商业运营	1. 竞争与风险 2. 商业模式 3. 项目成效 4. 财务状况
	社会效益	1. 发展战略 2. 带动就业
第三种 (适合职教赛道 创业组)	产品服务	1. 市场痛点 2. 解决方案 3. 主营产品
	商业模式	1. 商业模式 2. 项目核心优势
	项目现状	1. 企业成效 2. 团队情况(股权配置) 3. 企业架构
	企业创新点	1. 企业人才培养创新 2. 校企合作
	企业愿景	1. 带动就业人数 2. 孵化创业企业 3. 三年营业计划
第四种 (适合"青年红色 筑梦之旅" 赛道商业组)	市场分析	1. 市场现状 2. 市场痛点
	项目定位	1. 解决方案 2. 产品服务 3. 运营模式
	项目现状	1. 财务情况 2. 股权配置 3. 权益分配 4. 合作伙伴
	项目成效	1. 获奖情况 2. 助力贫困就业 3. 助力乡村振兴 4. 关爱儿童成长
	项目团队	1. 团队成员 2. 顾问团队 3. 公司架构
	项目愿景	1. 成效 2. 愿景
第五种 (适合"青年红色 筑梦之旅" 赛道公益组)	产品服务	1. 市场痛点 2. 解决方案 3. 产品服务 4. 壁垒
	商业模式	1. 市场分析 2. 竞争分析 3. 商业模式
	项目团队	1. 创始人、核心团队 2. 顾问团队
	"青年红色筑梦之旅"活动	1. 经济效益 2. 社会价值
	项目现状	1. 财务 2. 业务 3. 技术 4. 股权
	项目愿景	1. 成效 2. 计划 3. 愿景
说明	每个参赛创新创业项目可根据自身特点、参加赛道和组别进行优化组合	

网评 PPT 的形式虽然多样化，但核心目标始终是要清楚地告知评委创新创业项目是做什么的，以及为什么可以成功。网评 PPT 做得好与不好的标准在于能否让评委或受众产生兴趣。

(一)项目 PPT 的内容重点

"互联网＋"创新创业大赛中不少网评 PPT 直接就是对创业计划书的一种翻版呈现，直接复制创业计划书的主要内容就形成了。PPT 是 PowerPoint 的简写，从字面上可以看出，它是一种对强有力观点的呈现。因此，它不能等同于创业计划书的简单复制和呈现。它需要按照上述的逻辑结构，对比评审要求，对创业计划书的重点内容进行高度凝练，并运用精美图表和案例将创业计划书中有关创新创业项目创新性、营利性、融资性、示范性、带动性、真实性、落地性七个方面的重点内容以简单明了的方式呈现。

1. 创新性

根据评审标准和项目特点可从五个方面归纳创新创业项目的创新性，如图 9-1 所示。

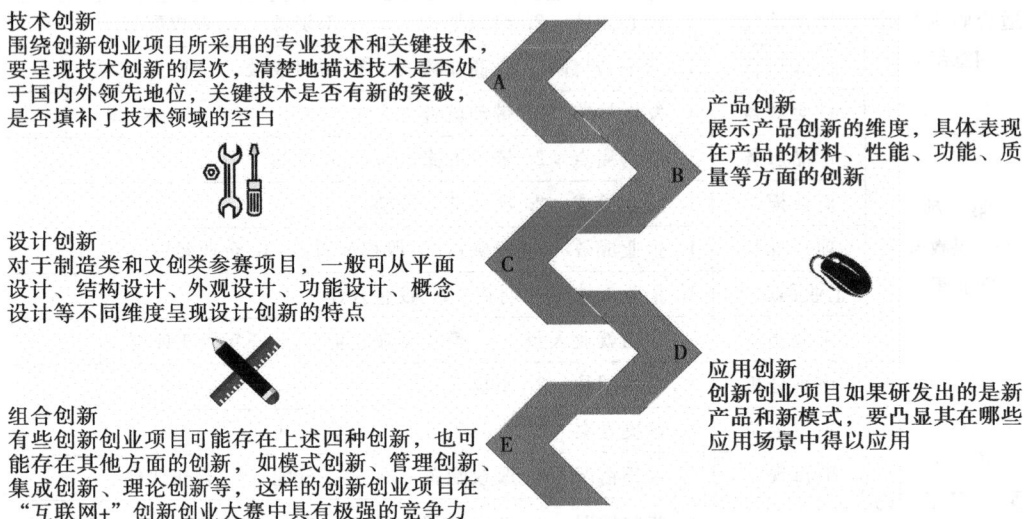

技术创新
围绕创新创业项目所采用的专业技术和关键技术，要呈现技术创新的层次，清楚地描述技术是否处于国内外领先地位，关键技术是否有新的突破，是否填补了技术领域的空白

A

产品创新
展示产品创新的维度，具体表现在产品的材料、性能、功能、质量等方面的创新

B

设计创新
对于制造类和文创类参赛项目，一般可从平面设计、结构设计、外观设计、功能设计、概念设计等不同维度呈现设计创新的特点

C

D

应用创新
创新创业项目如果研发出的是新产品和新模式，要凸显其在哪些应用场景中得以应用

组合创新
有些创新创业项目可能存在上述四种创新，也可能存在其他方面的创新，如模式创新、管理创新、集成创新、理论创新等，这样的创新创业项目在"互联网+"创新创业大赛中具有极强的竞争力

E

图 9-1　创新创业项目的创新性分析

2. 营利性

网评 PPT 要用简单明了的数据图表表现项目的营利性，重点是把反映营利性的重要财务指标描述清楚。比如，产品服务的销售额是多少，利润额是多少，现金流是否稳定，每个月是否为正向现金流，净利润额的增长率是多少，项目的投资回报率是多少，投资回收周期是多长。这些有关营利性的阐述只需要一至两页 PPT 即可呈现。

3. 融资性

再好的项目也需要人来运作和实施。展示网评 PPT 时要站在投资人的角度从五个方面来包装融资性，如图 9-2 所示。

创业团队	具备专业性、互补性、创新力、执行力、协同力、学习力等，尤其创始人是灵魂人物，网评 PPT 要用情节凸显创始人的精神和内核。
技术水平	凸显产品服务的技术水平，包括技术层次、自主知识产权、成熟度等，建立起产品服务的"护城河"
产品服务	通过竞品分析来体现产品服务的特色和优势
融资计划	用图表说明项目的估值、融资需求，包括融资金额、方式、计划和投资回报等
风险管控	用图表说明项目存在风险的可能以及风险管控的措施和方法

图 9-2　包装融资性的角度

4. 示范性

创新创业项目要凸显示范性，网评 PPT 里可以从科技成果应用、高层领导鼓励或者媒体宣传报道等角度佐证项目的示范性，摘出主要信息，配以图片或表格，简单说明该产品或服务在哪些领域应用以及应用效果如何，以及其在行业领域能否得以应用推广等。

5. 带动性

具有带动性是创新创业项目的亮点之一，项目能否对周边就业创业起到带动作用、能否带动当地区域经济发展，这是评委十分关注的。网评 PPT 可用图文和数据加以说明，如教育培训项目可展示其在省内外共开设多少家分校，三年内解决的就业人数是多少，间接带动多少人就业，孵化多少个创业企业。

6. 真实性

创新创业项目数据是否真实可靠也是评委关注的重点。网评 PPT 中使用的市场统计数据、调研数据和调查数据要有出处，财务数据不够翔实或者前后矛盾会使评委质疑项目的真实性，产生减分项。

7. 落地性

创新创业项目是否能落地实施是评委关注的另一个重点，网评 PPT 在展示项目的落地性时可用工商注册、项目成效、项目实践活动等相关图片或数据来加以佐证，并描述在落地实施基础上项目未来的发展前景。

(二)项目 PPT 的设计技巧

路演 PPT 是创业团队的第一张脸，好的 PPT 能给投资人或评委留下好的第一印象。PPT 的制作和演示应该遵循"开门见山"原则、"橄榄球"原则、"可视化"原则、"减法"原则、"内容为王"原则这五大原则。

1. 项目 PPT 制作和演示原则

(1)"开门见山"原则。

PPT 要设计一个信息齐全、让人一目了然的封面。在汇报前，设备调试、主持人介绍直到上场站定开始演讲，有一段说长不长、说短不短的时间。这个时候 PPT 很可能已经被呈现在大屏幕上，也就是在台下观众久等的时候，PPT 的封面需要迅速吸引他们的注意力。图 9-3 为降糖贴剂：胰岛素无痛给药先行者(2018 全国最佳创意奖及金奖)PPT 路演第一页。

图 9-3 降糖贴剂：胰岛素无痛给药先行者 PPT 路演第一页

因此，封面上需要醒目地展示项目名称，并用一句话描述项目定位和亮点。注意项目名称最好不要直接使用公司名，也要避免过于技术化的题目。以下几个中国"互联网＋"大学生创新创业大赛总决赛的获奖项目，其名称清晰好记，同时也用一句话突出了项目亮点。

- 回车科技：未来全脑智能行业定义者(2019 年全国亚军)
- 中云智车：未来商用无人车行业定义者(2018 年全国冠军)
- 罗小馒：目前云南最火的"罗三长红糖馒头"(2017 年全国金奖)
- 荔枝微课：最好的知识分享微课直播平台(2017 年全国金奖)
- ofo 小黄车：共享单车的原创者和领骑者(2016 年全国季军)

此外，PPT 封面还应当注明公司名字，并留下具体的联系方式(一般写明 CEO 或项目负责人的姓名、电话、邮箱即可)。如果是大学生创业比赛型路演，还应当在封面注明参赛组别及所属的省份和高校。

（2）"橄榄球"原则。

按照"橄榄球"原则来设计PPT将激起观众的积极反响。根据橄榄球中间宽、两边窄的形状，我们可以将汇报内容分为三部分，即开场、重点、结论，而这三部分的时间分别占总时长的15%、70%、15%。如图9-4所示。

在开场部分，创业团队可以通过一张PPT来讲述一个小故事，借助产品原型或者叙述一个令人激动的事实等来吸引观众的眼球。

在重点部分，创业团队可以承接开场部分来介绍商业计划书的具体内容。可先运用商业模式画布阐述创业项目具体的实现方案，紧接着汇报团队的产品研发、财务预测、风险管理、公司简介、团队架构等。之所以先进行产品研发介绍，是因为产品是解决"痛

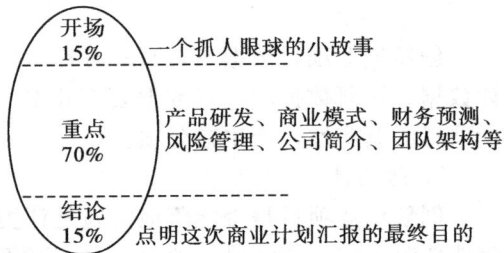

图9-4　"橄榄球"原则

点"的关键因素，从产品切入，让观众对该创业团队产生兴趣，最后再介绍公司及团队架构便顺理成章了。这样的安排可以使整个重点部分连贯顺畅，具有较好的逻辑性。在这部分汇报时，创业团队应该客观真实地描述，尽可能展示出团队的优势。

在结论部分，创业团队可以用一张PPT来给整场汇报收尾，点明这次商业计划汇报的最终目的所在，并且把团队的需求和相关的利益分配清晰地向观众展示出来。

（3）"可视化"原则。

人是视觉思维型动物，人对图表的理解速度远远快于文字，因此图像化的PPT更能激发观众的兴趣，如果再插入贴切又能让观众激动人心的视频，将会是一种能打动观众的优质方案，也能因此提升整体的汇报效果。一幅好的图片往往胜过千言万语，一部优质的视频将会成为点睛之笔。

如下面一段文字：

自2002年开始，毕业生年均增长率保持了高增长的态势，2002年毕业生总人数为133.7万人，2003年毕业生总人数为188.7万人，2004年毕业生总人数为239.1万人，2005年毕业生总人数为306.8万人，2006年毕业生总人数为377.5万人，2007年毕业生总人数为477.8万人……

只用文字表达的话这些数字冗长且无趣，但我们用一张图就能将其完美地呈现出来，如图9-5所示。

（4）"减法"原则。

"减法"原则也叫20/80原则，我们应该清楚地知道，制作PPT≠设计PPT，因此设计部分的时间不能超过整个准备时间的20%，剩下80%的时间应该用于练习和去构思怎样展示才能更吸引观众。

（5）"内容为王"原则。

在一份PPT里面，内容的质量往往是最重要的，如何把握内容就成为关键。选取一两个关键的数据或信息进行价值分析，揭露出数据或信息所带来的影响。比如，公司某年的营业收入达到100万元，这样简单地陈述并不能给观众带来直接的感官体验，但如果在这个100万元旁边标注一句"行业营业收入第一"，创业团队创造出来的价值就显得很直观，让观众一眼就能捕捉到重点，清楚了解公司的实力。

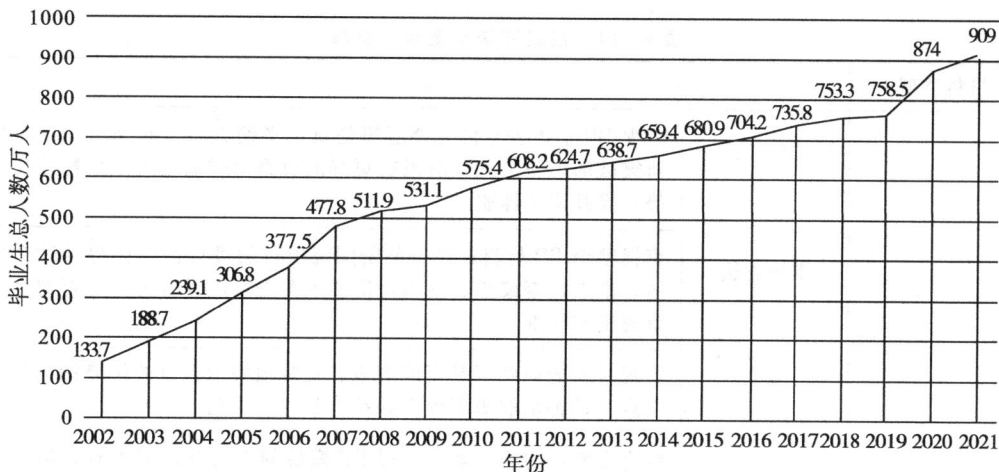

图 9-5　2002—2021 年全国高校毕业生总人数

2. 材料优化的包装

（1）包装的目的。

参赛材料的优化包装，主要是成功吸引评委的眼球，赢得良好的第一印象，充分、更好地展示项目优势和团队的参赛态度及职业素养，以完美的内容形式和令人刮目相看的视觉效果征服评委，获得加分，取得更好的成绩。

（2）包装的原则。

参赛材料包装的原则是以内容为王、移情换位、细节制胜、可信客观，如图 9-6所示。

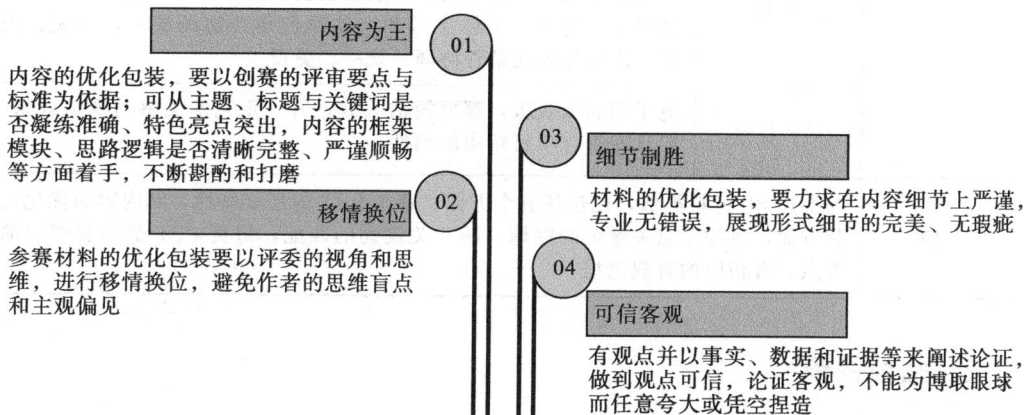

图 9-6　参赛材料包装的原则

（3）包装的方法与要求。

包装的方法和要求可以分 BP（Business Plan）材料和 PPT（Power Point）材料两部分说明，如表 9-11 所示。

表 9-11 包装方法与要求一览表

材料类型		简介
BP 材料	审视逻辑	审视 BP 整体表达的思路逻辑是属于平铺直叙、问题引发还是创新突破的思路形式,有没有更好的思路形式来突出项目特色与优势,提升阅读体验
		审视整个 BP 材料,是否紧密围绕项目的可行性与优势性这个主题,论点是否聚焦、突出,论证逻辑是否严谨有力,是否契合评审规则与标准
		审视材料的前两页是否能规范、直观地展示项目的优势特色与创新点,是否足够吸引评委并符合其评审视角
	检查 BP 的要素	内容要素:内容要素可通过 BP 模板的框架模块来检查,检查其内容是否系统完整,是否具备参赛要求的所有内容要素,杜绝缺失和遗漏
		特征要素:可参考国赛评审标准和金奖条件,检查其是否有更新、更优、更具创新性的、可替换与升级的案例、数据和证据等内容
	优化表达	内容表达:梳理 BP 所有的内容模块,看看其在表述上是否准确严谨(杜绝错误),是否啰唆冗长
		形式表达:是否可以将大量文字描述转化为图表以表达得更直观清晰,是否观点鲜明有说服力,表达效果是否生动、易于理解、记忆,富有特色,图文混排是否合理、富有节奏感
	细节勘误	语句、文字、标点符号及其表述是否有误,数据是否准确,是否是最新数据,具有时效性,数据图表及其分析是否前后一致、标准和单位统一,字体字号和字体颜色是否协调统一,图文、表格、段落等版式是否协调、统一、美观
	设计包装	电子版和纸质版,都要简洁大方,有一定艺术美感的视觉效果,要具有符合项目特质的调性
PPT 材料		与上述 BP 材料类似,也包括五个方面。鉴于 PPT 的形式特性,其内容的优化包装方面,更要注意关键词的凝练,图和关键词的匹配,每页 PPT 都要有鲜明的观点、有相应的直观论据

三、路演视频

视频是评委审阅参赛材料时的重要内容。视频的多媒体特征,能够让评委直观生动地了解项目情况,视频的质量和水平以及呈现的内容是留给评委的第一印象,对参赛项目的成绩具有关键的影响作用。创业团队要高度重视项目的视频材料,认真对脚本进行设计,在视频材料中突出项目特色与亮点,增强吸引力。

(一)视频设计要求

创赛项目的短视频在设计制作时,至少要有五个方面的要求,具体见图 9-7 所示。

图 9－7　创赛项目的短视频制作要求

1. 脚本设计到位

脚本是视频制作的第一步，也是视频制作的依据和蓝本。脚本的字词语句、逻辑关系、主次角度、表达语气等均是判断脚本设计是否到位的维度。创业团队需要认真地设计脚本，通过脚本使评委能直观地了解项目的相关情况。

2. 逻辑思维清晰

视频要求时长为 1 分钟且文件大小不超过 20M，这就对逻辑思维有较多的考量。视频逻辑思维不仅包括商业逻辑、业务逻辑，还有呈现逻辑，这些逻辑思维要清晰地表达创新创业项目的价值意义、创新亮点、商业模式、项目成效、市场潜力等创业元素。

3. 亮点特色凸显

视频肯定要表达创新创业项目的创新点，但创新点不一定是亮点，亮点是相对其他创新创业项目而言所具备的让评委眼前一亮的点，是"互联网＋"创新创业大赛项目的第一优势。十几页甚至上百页的创业计划书的信息是冗长的，视频需要将最有特色和亮点的信息点体现出来，这是对创业团队提炼和表达能力的一种高度考验。

4. 背景干净利落

视频要具备视觉冲击力，干净利落的背景才能凸显视频的高端大气，才能更有力地突出创新创业项目的亮点和特色，更有利于聚焦突出项目所要表达和阐释的信息，让评委能在第一时间抓取项目的相关信息。

5. 表达通俗易懂

视频的语言表达要通俗易懂，尤其是一些高科技的"互联网＋"创新创业大赛项目会涉及专业的技术用语，对于外行的评委来说不一定能看懂、读懂，这需要撰写视频脚本时站在大众评审的角度组织语言，让各行各业的评委都能理解，有利于他们更深层地了解项目。

（二）视频制作方法

1. 制作方式

创赛项目的短视频时长虽然只有 1 分钟左右，但是它的制作过程和工序却是一个很大的工程，主要包括创业计划书信息和素材提炼、视频脚本撰写、视频编辑和审核、视频试播和调整等工序。面对繁杂的工序和严格的要求，一般来说，视频制作方式可分为委托专业视频制作公司制作和创业团队自己制作两种。

相比而言，专业视频制作公司拥有专业的人员和设备，能够更专业地将项目的优点和亮点具象化，给人留下更强的视觉冲击力，有利于得到更高的评分。但是委托专业视频制作公司制作存在成本高、沟通时间长、打磨时间长以及不一定能达到想要的效果等不足。视频的脚本必须由创业团队撰写，专业视频制作公司只是在制作技能和特效呈现上有更大优势。另一种制作方式是创业团队自己制作，创业团队对自身产生和运营的创新创业项目有更精准的把握，能快速地将项目优点和亮点提炼和呈现出来，而且成本相对较低、制作时间更短，但是制作出来的视频不一定能达到专业的美观效果，尤其是一些没有视频制作相关知识和技能的创业团队要慎重选择这种视频制作方式。

2. 制作样式

视频制作主要采取实景录制和虚拟特效设计两种样式，一个视频的完成采取以实景录制为主、虚拟特效设计为辅的融合样式才能呈现较好的效果。实景录制是视频制作的主要部分，占据绝大部分片长，它主要包括真实场景视频、场景化视频、素材剪辑、影棚拍摄等相关的素材和镜头。其中，真实场景视频主要来自项目创意和创业实施阶段留存的视频或照片素材，或者根据脚本内容进行补拍的镜头视频；场景化视频主要指创新创业项目在实践运营或者虚拟运行时留存或补拍的镜头素材，这是对创新创业项目的场景化还原和再现，有利于评委身临其境地了解创新创业项目；素材剪辑既可以是创新创业项目本身的原始素材，也可以是相似项目的工作场景，尤其是在介绍国家政策和市场环境等相关要素时，更多采用视频编辑库中的素材予以衔接和表现；影棚拍摄主要是针对产品服务或团队成员等创业元素在影棚中进行专业拍摄的素材。这些实景录制需要根据脚本中涉及的话语配合录制相关镜头和采集相关素材。

虚拟特效设计主要针对一些不适合实景展现或实景展现效果不佳的创业元素和维度设计制作，这是对实景录制的一种补充。它主要包括虚拟特技展示和动画视频等，对于一些特殊的产品服务可以采取虚拟特技展示，比如 VR/AR 创新创业项目适合用虚拟特技展示；虚拟特效设计还可使用动画视频进行展示，主要使用 MG 动画（Motion Graphics）、场景动画、手绘动画等动画视频。这些虚拟特效设计能给人留下深刻印象，以生动、活泼、可爱的特效形式呈现产品服务等创新创业项目，本身就是一种创新，对评委来说会有眼前一亮的感觉。但是虚拟特效设计一般要委托专业的影视公司制作，完全属于原创性作品，成本相对来说较高。如果创新创业项目本身就是做文化传媒创意的项目，这个虚拟特效设计就是创业团队专业技能的一种最好的展现文本。

课堂活动

计划概要的拟定

对于投资人或评委来讲，他们希望在概要中看到关于项目商业模式的明确论述，以及人员、技术和市场的总体情况，而一个好的概要能让投资人或评委了解这个项目的吸引力所在。项目概要的核心逻辑是：该项目比较有创新性和商业价值，团队比较靠谱，把钱投到这个项目上肯定赚钱！

各小组，根据前期自己创业项目的论证情况，拟定一份项目概要。鼓励用图片加关键词的方式呈现。

▶ 第三节　认识创赛路演

一、了解路演的内涵与价值

路演是在投资、融资双方充分交流的条件下促进股票成功发行的重要推介、宣传手段，促进投资者与股票发行人之间的沟通和交流，以保证股票的顺利发行，并有助于提高股票潜在的价值(图9-8)。从创业路演的角度来看，路演主要把项目推介给投资人以获得投资。

路演的价值有很多方面，具体见图9-9所示。

图9-8　路演的本质

图9-9　路演的价值

另外，路演准备及路演的过程，对于创业者而言，是对项目进行重新系统性思考和论证的过程。路演的逻辑思路和对项目要点的梳理，具体内容见图9-10所示。

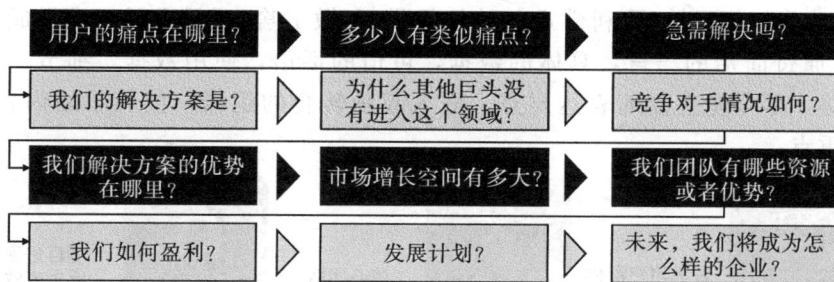

图9-10　路演的逻辑思路与梳理要点

二、创赛路演准备工作

(一)把握路演的规则与场景

在准备路演前，首先要了解创赛不同赛程的实际路演规则要求，不同阶段路演的组织规则和场景安排都会根据实际情况有所不同。

准备路演前，要了解以下几个主要方面的规则与场景(图9-11)。

(1)时间要求：常见的是"5+3""6+3""8+3"模式，单位为分钟。

(2)熟悉角色：组织串场者包括主持人、计时员、计分员和仪器设备管理员等；选手包括分享人、答辩人和其他团队成员；评委包括内部和外部、学者型和实战型以及领导型和专家型等，观摩听众。

(3)评审规则：深入把握评审标准、维度和要点；熟悉评委风格、思维逻辑与打分习惯；了解打分方法、统计方法和公示方法等。

(4)舞台设备：了解舞台布局与风格，了解演示用的电脑和软件情况，熟悉激光笔和话筒的操作等。

图 9-11　把握创赛路演的规则与场景

(二)确定适合的路演人与形式

创赛团队确定路演人时，最好由创始人来承担，其次是联合创始人，最后才选择颜值高、演讲能力强但不是核心成员的人。创赛项目路演人的候选顺序是：项目创始人—主要创始人—法定代表人—公司总经理等。路演人选择的标准是具备创业气质、实际参与并全面了解项目、职业形象好和表达能力强等几个方面。

路演展示的形式主要有单人演讲、角色扮演和多人情景展示等，其中单人演讲为主流，其他创新形式不多见。不管哪种形式，路演形式是为路演目的和内容服务的，先讲明白再讲生动，要在达到重点突出、逻辑清晰、简洁准确和说服力强的基础上，再以创新路演的形式博取眼球以获得路演的印象分。

(三)梳理路演的逻辑与亮点

路演首先要把项目的基本信息展示清楚，让评委听众听明白，做到不要有减分。路演的基本内容要点和逻辑要讲清(图 9-12)：为何做(市场需求、用户痛点问题)、为谁做(目标用户群体、主要客户)、如何做(产品服务、商业模式)、谁来做(项目团队、专家顾问)、为何值得做(盈利模式、财务预测)和做了啥(项目进展、成果成效、运营现状等)。通过简洁的语言，具体的数据，可信的话语，使用数据、细节、实物、案例、凭据等，尽可能直接地表达要点，嵌入起承转合的逻辑，使展示的内容更可信，更易抓住重点。

图 9-12　创赛路演的基本内容要点和逻辑

然后，重点要把项目的优势和亮点展示充分，以获得加分。路演的优势和亮点，既可以揉在项目其他内容中重点讲，也可以在单独的模块讲。加分内容主要集中于是否有颠覆性、领先性的技术壁垒，创新性的产品服务与商业模式，独占性的核心资源优势，以及证明项目价值，能把项目做成的运营业绩及其证据。

项目不论如何路演只有一个论点，那就是该项目价值潜力大并具备可行性，团队有把该项目做成的优势。项目路演的要点要围绕评审规则和要点，以契合评委评价打分的依据和标准。

（四）设计制作路演PPT

网评PPT与路演PPT不同，主要是使用与适用场景不同导致的。前者是BP的缩减版，属陈述说明性阅读材料，而后者是演讲的有力辅助道具，是配合演讲展示的，属互补性的辅助性演讲材料。一般来说，前者字多而后者字少；前者不需要人为描述即可了解必要信息，PPT是主角，而后者仅起到提纲挈领的作用，重点是演讲人而非PPT。因此，路演PPT的设计是需要针对路演场景、配合路演者进行特别准备的展示工具。

路演PPT的基本要求与原则，如图9-13所示。

图9-13　路演PPT的基本要求与原则

1. 逻辑清晰

完全契合路演的设计思路，完美配合演讲的过程、节奏和时间，一切为演讲者服务。

2. 突出亮点

路演的目的是说服、打动评委，要突出项目的重点和亮点，以简洁、大方的设计感突出团队的职业素养和对待比赛的严谨态度，让PPT替路演者和团队说话。每页PPT都简洁、大气，充分展示优势亮点。要在突出重点内容的前提下，再追求美观性，不可舍本逐末。

3. 契合主题

无论是色彩搭配、配图构图、字体字号，还是数据图表、线条图标，都要契合项目的特点与性质，契合路演的主题和目的。

路演PPT的设计可采用案例借鉴法、模板修改法和自主设计等方法。

创赛路演PPT的设计制作步骤，如图9-14所示。

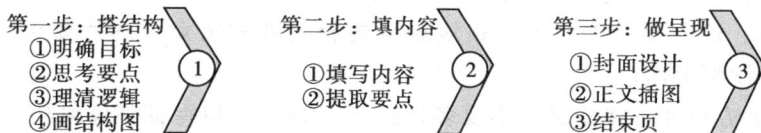

图9-14　创赛路演PPT的设计制作步骤

1）第一步：搭结构

（1）明确目标。明确路演目标后，再有针对地筛选内容。仔细阅读所在赛道的评审规则，根据评分标准搭建路演结构。

（2）思考要点。依据评审规则，确定项目路演的形式、时长、内容侧重、现场答辩的问题等。路演准备有三个基本技巧：实事求是，突出优势，淡化劣势。精心准备，充分展示（语言表达、形象展示和准备答辩提问）。

（3）理清逻辑。理清逻辑，阐述逻辑（先讲什么，再讲什么，最后讲什么）。陈述内容满足评审规则所涉内容，不遗漏、全覆盖、有侧重。

(4)画结构图。编制 BP 路演 PPT，建议对照评审规则，准备自己的结构、元素、要点。先画结构图，把路演要点罗列出来，把所涉及的相关知识点、要点都画出来。

2)第二步：填内容

(1)填写内容。填内容的技巧，PPT 要包含项目介绍、背景情况、团队介绍、组织分工、项目执行预算、项目活动、社会效应、项目反馈和延续推广、抒发愿景、致谢等。

(2)提取要点。要把项目结构里的意思表达清楚——评委要的是信息；避免大段文字形式。提取关键词，适时呈现。注意：路演不是秀 PPT 的设计和视觉，而是信息的展示。

3)第三步：做呈现

(1)封面设计。路演 PPT 的封面设计要醒目。

(2)正文插图。正文一般需要插图来描述内容。

(3)结束页。添加抒情文字、致谢和联系方式等信息。

路演 PPT 的设计制作要求和技巧，主要有五个方面，如图 9-15 所示。

(1)图文风格极简。建议路演 PPT 风格采用极简的图文结合型，当然也可以用全字

图 9-15　路演 PPT 的设计制作要求和技巧

型或全图型。越是简洁，设计难度越高。整体风格要直奔主题，扁平化风格较好，更易突出强调关键信息。

(2)视觉配色和谐。建议结合项目的 logo 设计和项目性质，确定 PPT 的色彩搭配，以保持整体的一致性。为适应路演现场光线，建议整体色彩有 1~2 种，以深色背景为主，背景色与图文的对比度要高。色彩视觉要能营造带动现场的气氛，好看、大气、有震撼感最佳。

(3)视觉构图聚焦。构图要注意 PPT 画面的视觉重心，聚焦观众注意力，降低观众的眼睛负担。选图要考虑文案、路演观点的相关性和寓意，图片要求高清无水印。举例最好用全图型页面。

(4)字体大方得体。字体尽量不要多，1~3 种即可，以保证整体风格和可读性。项目内容偏科技的可选择方正兰亭细黑字体，没有特别主题或一般商业的可选微软雅黑字体，而文化创意类可选艺术类的书法字体。字号要适中，数字要适当放大并做可视化处理。排版一般居中，也可配合图片安排位置、颜色。

(5)不要动画链接。为保证路演的连贯和顺利，切忌用动画和超链接，也尽量不要插入音视频素材。

(五)设计动人的路演故事

有人说，所有的路演价值都来源于听众的感知价值。好的路演，尤其是"青年红色筑梦之旅"项目，要学会讲一个有逻辑、带感情、讲情怀的动人故事。把好故事讲好，路演就成功了。因此，在准备路演稿时，内容设计与语言表达一定要故事化、场景化和情感化。

　　路演故事从哪里来呢？参赛团队可从用户和项目团队两个群体中挖掘故事。比如，从用户的痛点需求中挖掘或设计故事，构建并演绎典型场景，容易引发兴趣，迅速获得评委观众的注意力，产生项目价值与意义的共鸣和逻辑认同，进而聆听项目陈述，建立良好的印象。再比如，从用户或客户与产品服务的接触场景中设计故事，将其感知过程与反馈评价融入故事，更易理解和有说服力。另外，从项目团队的角度更易发掘、构建故事（项目是故事的话，团队就是故事的主角），也更容易展示团队的情怀格局和人格优势，比如可从创业初心与愿景、创业历程与磨难、项目未来社会价值与发展梦想等讲述。（图9-16）

　　需要注意的是，路演故事一定要有逻辑性和与项目的契合性，避免突兀和为讲故事而讲，要和项目展示的要点与亮点契合呼应。

图9-16　讲故事的逻辑与步骤

讲故事是为了更好地提升路演的感性说服力，好的故事需要具备三个要素。

　　1. 故事性

　　故事是信息的最佳包装盒，需要制造曲折情节和意外，要能打动人，以抓住听众的注意力。

　　2. 简约性

　　讲故事是路演的方式而不是目的，语言要简洁准确，清楚表达项目要点与对应观点，不能以故事为主铺陈过多。

　　3. 场景情感性

　　用感性的语言、创设典型的故事场景激发起听众的情感共鸣。针对路演PPT和设计的故事，撰写一篇与之对应的演讲稿。演讲稿字数一般1500字左右，具体可按语速每分钟80～160字来准备，用5～10分钟的路演时间来计算字数。

(六)做好路演人与物的管理

　　路演不仅是路演者一个人的事情，需要参赛团队的密切配合，路演过程中各角色分工要明确，才能确保路演过程的顺利进行。

　　创赛路演过程中，涉及很多人与物，比如相关的路演材料和工具，由于路演现场存在诸多的不确定性因素，需要细致准备，要注意做好核验和风险备份。比如展示材料的准备与管理者和分发者。路演过程中必备的物品主要有PPT、演示视频、BP、产品原型、电脑、激光笔和佐证材料等。为适应不同路演条件，建议文件要有多种格式和备份。

　　路演的人与物管理情况，可通过表9-12进行自检。

表 9-12 路演细节自检清单

模块	序号	事项	准备情况	负责人
活动安排	1	路演的具体时间和地点		
	2	路演出场顺序(抽签情况)		
	3	路演与答辩时长要求(几分钟)		
	4	路演对象(评委几人,背景)		
	5	路演的评审要点与规则		
	6	播放文件拷贝与播放测试(PPT、视频和其他文件)安排		
	7	路演组织者与主持人情况(对接人及联系方式)		
场地设备	1	场地布局(讲台和评委席,进出口)和舞台大小		
	2	电脑和软件兼容情况(自备,系统和播放软件版本)		
	3	投影与音响设备情况(有无,接口类型)		
	4	激光笔(电子翻页器)提供情况和操作		
	5	话筒情况(有无,有线、无线,几只)		
	6	灯光、电缆和插头分布情况		
	7	网络信息情况(wifi 或移动信号等)		
相关物料	1	书面文件材料齐备情况(BP、项目相关证明和支撑材料及份数)		
	2	书面材料装订细节合成(有无错页、漏页、倒页和质量瑕疵等情况)		
	3	有无电子文档备份 U 盘及备份情况(版本、格式,齐全)		
	4	有无展示实物(数量、质量,备份)		
	5	有无服装道具		
	6	有无应急设备工具(电脑、激光笔和音响等)		
	7	影音采集设备及状态核实(拍照、录音、录像等设备)		
	8	线上系统运行情况(网站、软件等)		
路演人员	1	主要路演者及状态		
	2	配合路演人员及分工情况		
	3	服装和形象礼仪准备情况		
	4	实物道具的派发与回收安排		

三、创赛路演基本技巧

创赛路演是比赛的重要环节,它有很多技巧。这里重点介绍创赛路演的六个基本技巧,如图 9-17 所示。

① 了解评委对象
② 找准演讲亮点
③ 陈述主次分明
④ 态度诚恳认真
⑤ 保持文明礼仪
⑥ 现场宣传造势

创赛路演基本技巧

图 9-17 创赛路演基本技巧

(一)了解评委对象

"知己知彼,百战不殆。"创赛团队要想成功推介自己的项目,首先要了解与分析评委对象,因为要针对不同的评委对象,确定哪些内容是评委对象感兴趣和认为重要的,以及他们可能会提出什么特殊或尖锐的问题,然后根据了解的信息再做后面的准备工作。

(二)找准演讲亮点

商业计划书是创业计划的文本表现,而路演主要是通过口头表达来呈现商业计划书的精华,因此要快速地切入主题,恰当地解释创新创业项目,尤其是在语言结构和表达顺序上要充分体现出逻辑性和系统性,并以新鲜的一手素材作为论证材料,产生具有冲击性的表达效果。

路演的"卖点"是创业团队、评委或投资人感兴趣的重点。路演要避免普通平庸的论调,寻找准确和新颖的切入点,提炼出 3～5 个亮点,用别人意想不到的见解引出话题,以独特的视角让路演显得新颖、震撼人心,同时用自己的热情去点燃评委或投资人的激情,让他们随着推介的思路思索,从而达成共识。

(三)陈述主次分明

创赛路演的陈述,首先要注意表述的侧重点,把握得分点,提升加分点,杜绝减分点。陈述的要求和技巧,具体有如下几点。

(1)路演 PPT 必讲内容(基础内容):客户痛点、产品或服务、商业模式或盈利模式等。

(2)路演 PPT 加分内容(重点亮点):竞品分析、技术壁垒、核心优势和运营现状等。

(3)路演 PPT 减分内容(败笔减分):商业模式不清晰、暴露项目弱点和盲目市场预判等。

(4)注意把控路演稿节奏:务必在要求的时间内完成路演,也要杜绝时间未到、提早结束路演的问题。

一般来说,在路演现场,演讲者会由于紧张或出现不确定性意外发生,容易导致路演讲不完。在路演时间紧张的情况下,路演者可采取加快语速和略讲部分非关键内容等方式来应对。而如果准备的路演稿比较紧凑,则容易出现时间用不完的情况。对于路演者而言,抓紧分秒时间,充分展示项目是至关重要的。在路演时间过于充裕的情况下,路演者要掌握 4 个实用的小技巧(图 9-18),灵活运用,充分准备,可以做到对时间的精确把控。

放慢语速	适度放慢语速 某种角度看起来更沉稳
补充细节	加些细节化描述 比如介绍团队时,补充工作经历
回顾重点	回顾前面讲过的一些重点内容 重复观点,强化评委印象
额外准备	准备一些额外的材料或者文件 以备不时之需

图 9-18　处理路演时间的技巧

(四)态度诚恳认真

一是真诚客观地展示项目。路演中或许会涉及一些商业秘密,路演主讲人可以对其进行保护,对于评委或投资人来说也是可以理解的。但忌态度不认真,不可以粉饰或掩藏一些非机密的信息。二是要注意说技巧,要明白哪些要素什么时候说、怎么说,这些都是需要考虑的。三是对项目充满热情,充分带动评委内心的情感,引发共鸣。四是路演结束后可与评委深入交流互动,保持和谐、宽松的交流氛围,达到充分交流的目的,当然这种交流是在不违反比赛规则的前提下进行。

(五)保持文明礼仪

一是要有良好的情绪控制能力,在路演中面带微笑,保持平稳的语气,遇到评委的尖锐提问,可委婉也可直接回答,但忌讳冲动和争执甚至争吵。二是着装要清雅大方,不一定都是正装,可以是项目运营的工作装,也可以是根据自己项目文化设计的服装。三是讲话要不卑不亢,陈述自信,回答得体,关照受众和评委心理。

(六)现场宣传造势

普通路演需要在推荐会上做相关的宣传造势,这同样适用于"互联网+"创新创业大赛项目的路演环节。主要有三种宣传造势方式:一是使用产品实物或体验。创业团队可以在现场向评委展示产品实物,或者让评委参与体验,增强评委的直观体验。二是使用宣传单。在路演现场及附近发放一些宣传单,让更多评委进一步详细了解项目情况。三是营造现场氛围。可以通过项目产品服务优势营造一些浓郁的氛围,比如"青年红色筑梦之旅"的一些项目可以营造慷慨激昂的氛围,一些音乐或影视的高科技项目可以直接在现场营造高科技酷炫的技术氛围等。用真情实感充分调动现场的气氛是最好的产品服务展示,评委的感觉也会被充分调动起来。

课 堂 活动

路演案例分析

请从网络上观看一段路演视频,并通过表 9-13 分析其路演效果。

表 9 - 13 路演自我评估

模块	序号	事项	自我评价	问题改进措施
过程细节	1	路演是否在规定时间内全部完成		
	2	路演是否全程脱稿，语速适中不打磕绊		
	3	路演是否与PPT密切配合，不念PPT		
	4	路演是否自信又富有激情与感染力		
	5	路演PPT播放和音视频播放是否遇到问题		
	6	路演产品演示或展示体验，与评委互动等是否得当		
	7	路演答辩是否能抓住问题的本质，准确回答		
	8	路演全程是否顺畅无意外和差错		
	9	路演PPT是否清晰大方，无错误		
表现效果	1	路演是否能把项目讲得清楚明白		
	2	路演能否突出强调项目优势特色(高大上的感觉)		
	3	路演是否做到项目的真实可信		
	4	路演是否让听众感受到你对项目的热情而不是客串讲演		
	5	路演是否能吸引听众，打动人		
	6	路演是否充分展示出你的创业特质和精神面貌		
	7	路演是否展示出你的用心投入和必胜信心		
	8	路演答辩是否回答切题并凸显项目竞争力		
	9	路演是否契合评审要点和打分标准		
	10	路演PPT是否出彩，为路演增分		

课堂 反思

1. 你的自拟创业项目适合哪个赛道？
2. 如何写出一份令人满意的创业计划书和网评PPT。
3. 路演之前要做好哪些准备？路演应该怎样表现？

课外 实践

撰写自拟项目创业计划书

(一)基于创业计划，拟定路演策略，做好路演准备

认真思考并讨论创业计划的路演策略，确保已掌握创业项目的所有信息，然后凝练出创业计划的各个要点，以此来做路演训练。

(二)路演比赛

各小组的"CEO"代表自己的创业团队，各组进行路演展示比赛。路演时间不超过 8

分钟，陈述项目计划。你们准备用什么样的方式和策略，去打动评委或投资人，引起评委或投资人的兴趣，进而获得融资机会呢？

(三)路演评估

全部展示后，要求学生将自己的笔记与"演讲评估表"(表 9-14)进行比较，同时完成对每个演讲的评估。

表 9-14　演讲评估表

内容	评分	评论
创意(清晰易懂地描述产品或服务)		
顾客(明确描述初始目标市场及其规模)		
需求(明确陈述并理解问题或机会匹配)		
商业模式(各个要素是明确理解的)		
差异化(已经识别并证实了某些与目标顾客共鸣的独特特征)		
团队(团队拥有所需的技能、资源和经验)		
资金(融资计划是合理的，识别到具体数量的资金需求)		

第十章 创办新企业

学习目标

知识目标：了解初创企业的主要形式；了解企业选址要考虑的因素与注册流程；了解创办企业相关的法律法规；了解企业营销与人力资源管理策略；识别成功创办小企业的决定性因素。

能力目标：能够根据自拟创业项目选择合适的公司法律组织形式；能够选择合适的公司地址；在创业过程中能够用法律武器保护自己；掌握企业创办初期的经营管理内容与方法；能够制定企业创办初期的经营管理策略；提高学生关于避免失败和降低风险所必需的知识。

素质目标：增强大学生的担当和责任意识，学习如何成功创办新企业，为管理初创企业做准备。

案例导入

荔地实践创赛项目

荔枝微课项目，是第三届中国"互联网十"大学生创新创业大赛四强争夺赛的金奖项目。

1. 以问题导向深挖市场潜力

荔枝微课，一个大学生创业团队的项目，在2016年6月正式上线，9个月内就获得近亿元融资。项目合伙人、荔枝微课项目CEO黄冠和CMO陈劢，带领最初只有19人的荔枝微课团队闯出了自己的一片天。

"很多企业选择在微信群里授课，为员工培训。"体验并观察着这种微信群的培训方式，陈劢发现了问题所在：一是人数受限，二是内容无法积淀和传播。这就意味着这一市场潜力还很大。打造一个平台，使其能最便捷地实现在线教育培训，且能实现分享、评论、打赏等功能的想法在陈劢脑海中一直盘旋，而黄冠是陈劢首先想到的合伙人。

2. 创业需要志同道合之人

学校的创业氛围浓厚，尤其是计算机学院，创业学生非常多，有关创业的讲座和课程也多种多样。黄冠在校期间就是创业的活跃分子：创办电影FM网站等互联网公司，毕业后又创办软件公司。两人之前就有过多次合作，彼此之间配合也比较默契，创办在线教育学习平台——荔枝微课，两人也是一拍即合。

项目成立之初，在资金和办公场地的限制下，黄冠带领团队在广州大学城负责产品研发，陈劼则带领团队在深圳负责产品运营策划。两个团队各司其职，精诚合作。

3. 一对一帮助用户成长

对于一个知识分享类平台而言，成功与否的关键在于能否持续稳定地输出优质内容。为了让听众用户从平台获取更多优质内容。荔枝微课推出"双千计划"，即拿出2000万元培训1000个月入10万元的老师，提升他们的讲课能力。在完整接受培训之后，平台退还了他们199元的学费。

荔枝微课还组织大咖、优秀老师给更多的老师上课，帮助他们成长。数据显示，接受培训后，老师们的收益和粉丝都明显增长。

4. 初心不改

荔枝微课打造了一个开放共赢的生态环境，无论学员还是老师，都能从中受益、共同成长。他们通过努力帮助他人，并为他们带来积极影响，这是陈劼如今工作中感到最满足的事。

对于学员而言，荔枝微课为他们带来了成本相对更低、更为便捷的自我增值机会。尤其令陈劼欣慰的是，平台上的一些音频类课程成为视障人群珍贵的学习资源。很多眼睛不大方便的老人，也因听课丰富了自己的生活。

对于讲师而言，荔枝微课给予他们表达自我、实现价值的空间。在制作课程的过程中，他们也学到了一些音视频制作等实用性技能，掌握了"微课"这门新兴事物的运营技巧。

伴随学员及讲师一同成长的，还有荔枝微课自身。这种成长并不简单体现在业绩、收支等外在数据的增长上，更在于一种心态上的成熟。在一片浮躁的环境中，不从众，不逐流，荔枝微课找到并坚持属于自己的发展节奏及步伐。

陈劼透露，未来荔枝微课将持续深耕产品和内容，为讲师及学员提供有价值的平台。未来综合性、规模性的"大而全"的知识付费平台将会减少，深耕特定领域、面向具体场景、抓住固定受众的"小而美"平台则拥有较大的成长空间。荔枝微课将以平台为根基，深耕垂直领域，打造不同类型的精品内容，完善整个内容生态链条。

▶ 第一节　企业创办的基础知识

一、企业法律组织形式的选择

企业一般是指以盈利为目的，运用各种生产要素向市场提供商品或服务，实行自主经营、自负盈亏、独立核算的法人或其他社会经济组织。企业是市场经济活动的主要参与者，在社会主义经济体制下，各种企业并存，共同构成社会主义市场经济的微观基础。

创业者在创立企业时，首先要选定拟创办企业的组织形式。初创企业的主要组织形式有个人独资企业、合伙企业、有限责任公司和股份有限公司。

(一)个人独资企业

个人独资企业是指依法设立,由一个自然人投资,财产为投资人个人所有,投资人以其个人财产对企业债务承担无限责任的经营实体。当个人独资企业财产不足以清偿债务时,选择这种企业形式的创业者须依法以其个人其他财产予以清偿。

个人独资企业不具有企业法人资格,由出资人对债务承担无限责任。国家机关、国家授权投资机构或者国家授权的部门、企业、事业单位等都不能作为个人独资企业的设立人。

(二)合伙企业

《中华人民共和国合伙企业法》规定,合伙企业是指依法设立的由各合伙人订立合伙协议,共同出资、合伙经营、共享利益、共担风险,并对合伙企业债务承担无限连带责任的营利性组织。

合伙企业分为普通合伙企业和有限合伙企业两种。两者最大的区别在于有限合伙企业有两种不同的所有者:普通合伙人和有限合伙人。其中,普通合伙人对合伙企业的债务和义务负责,而有限合伙人仅以投资额为限承担有限责任,但后者一般不享有对组织的控制权。

合伙企业不具有法人资格,合伙人之间通过签订合伙契约,规定各合伙人在合伙中的权利和义务;合伙人是"人的组合",合伙人丧亡、破产或退出等都影响合伙企业的存续。合伙人对合伙企业的债务承担连带无限责任。合伙人原则上享有平等参与管理合伙事务的权利。除非契约另有规定,每个合伙人均有权对外代表合伙企业从事业务活动。

(三)有限责任公司和股份有限公司

公司是现代社会中最主要的企业形式。它是以营利为目的,由股东出资形成,拥有独立的财产,享有法人财产权,独立从事生产经营活动,依法享有民事权利,承担民事责任,并以其全部财产对公司的债务承担责任的企业法人。

根据《中华人民共和国公司法》(以下简称《公司法》),公司分有限责任公司(包括一人有限责任公司)和股份有限公司两种类型。有限责任公司的股东以其认缴的出资额为限对公司承担责任,公司以其全部资产对公司的债务承担责任。股份有限公司,其全部资本分为等额股份,股东以其认购的股份为限对公司承担责任,公司以其全部资产对公司的债务承担责任。

不同企业法律形式对于创业者而言各有优势与劣势。在实际创业过程中,创业者应根据自身资源与能力条件及市场情况做出适当选择。

二、公司选址与注册

(一)公司选址

对于初创企业,寻找合适的办公地点是影响企业发展的重要因素之一。一般企业选址时应遵循四个原则。

1. 最少费用原则

企业是独立自主、自负盈亏的市场竞争主体。经济利益对于企业来说是最重要的考虑因素。建设初期的固定费用、投入运行后的变动费用、产品出售以后的年收入，都与选址有关。因此，想办法使企业选址所带来的费用最小化就成为企业选址的首要原则。

2. 集聚人才原则

人才是企业中最有价值的资源，人力资本的作用在现代市场经济条件下已经变得越来越突出，企业选址恰当有利于吸引人才。

3. 接近用户原则

对于某些制造企业来讲，接近用户很重要。比如说啤酒厂，其产品大多在产地销售，所以就要离人口密集的城市近一些。这样可以接近市场，节省运费，减少损失。服务业都需要遵循这条原则，银行、医院、学校、商场等都是如此。

4. 长远发展原则

企业的地址一旦确定下来，将长期在那里从事生产经营活动。因此，选址工作要考虑企业生产力的合理布局，要考虑市场的开拓，要有利于获得新技术、新思想。在当前全球经济日益走向一体化的背景下，还要考虑如何有利于参与国际竞争。

一般来说，不同类型的企业，选址考虑的主要因素会有所不同，如图 10-1 所示。

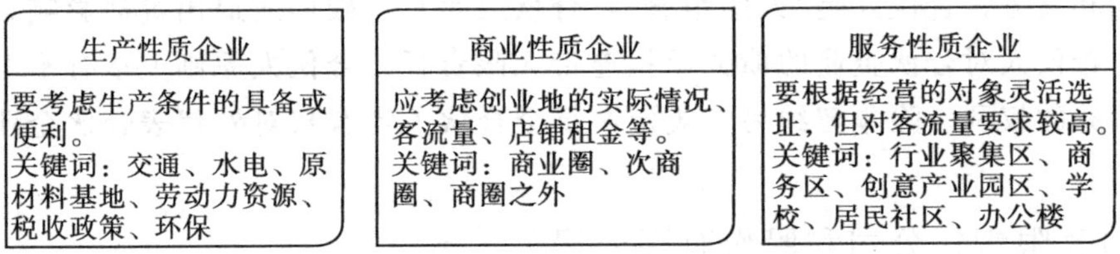

生产性质企业	商业性质企业	服务性质企业
要考虑生产条件的具备或便利。 关键词：交通、水电、原材料基地、劳动力资源、税收政策、环保	应考虑创业地的实际情况、客流量、店铺租金等。 关键词：商业圈、次商圈、商圈之外	要根据经营的对象灵活选址，但对客流量要求较高。 关键词：行业聚集区、商务区、创意产业园区、学校、居民社区、办公楼

注意：需考虑租金给付的能力和租约的条件

图 10-1 不同性质企业选址考虑因素

对于那些刚开始创业的人来说，SOHO 办公也许是一个好的开始，但当你需要成立一个公司，开始走上真正的创业之路时，有一个真正属于自己的正规办公场所显得十分重要。

创业企业都需要有经营场所，企业的选址与未来的经营发展有着很大的关系。对于创业者来说，将创业的地点选在哪个城市、哪个区域是一件先决性的事情。尤其是以门店为主的商业或服务型企业，店面的选择往往是成功的关键。好的选址等于成功了一半。

大多数创业者都会选择在熟悉的地方（家乡或者学习的城市等）开展创业。在选定目标城市后，还需要进一步选择具体的经营地点。不同类型的创业企业，在选址上分别优先考虑如下因素。

（1）生产性质的创业企业选址。这类创业企业在选址时要考虑具备的生产条件：交通方便，便于原料运进和产品运出；生产用电要满足，生产用水要保证；生产所使用的原料基地要尽量离企业不远；所使用的劳动力资源要尽量就地解决；考虑当地税收是否有优惠政策等。如果是一些可能对环境造成影响的生产项目，还需考虑环保因素。

（2）商业性质的创业企业选址。这类创业企业在选址时应考虑创业地的实际情况、客流量、店铺租金等。如在城市，若干个商业圈往往带动圈内商业的规模效应，选择在商业圈内会较易经营。但与繁华商圈强大的消费能力相对应，店铺租金或转让费也是相对较高，往往会让创业者捉襟见肘，为想要得到一个立足之地而倍感困难。因而可以在商业圈内利用联合经营、委托代销等方式，或者在商业圈边缘选址，转向"次商圈"，将节约下来的资金用于货品升级、提升服务等。在选址时要有"借光"的意识，比如在体育馆、展览馆、电影院旁边选址等。如果选择商圈之外的经营场所，则要注意做出特色，形成自己独特的风格，以达到"酒香不怕巷子深"的效果。

（3）服务性质的创业企业选址。这类创业企业在选址时要根据具体的经营对象灵活选址，但对客流量要求较高。"天下熙熙，皆为利来；天下攘攘，皆为利往"，客流在一定意义上就等于财流。在车水马龙、人流量大的地段经营，成功的概率往往比在人迹罕至的地段要高得多，但也应结合企业的目标消费群体特点，如针对居民群体的应设在居民社区附近，针对学生的则应设在学校附近。如果以订单为主，低成本、高效能的办公楼应成为首选。

目前，创业的年轻人多以从事服务性和知识性产品的创业者为主，集中在网络技术、电子科技、媒体制作和广告等产业。这些性质的公司可以选在行业聚集区或较成熟的商务区以及新兴的创意产业园区。

在选择经营场地时，各行业的考虑重点各不相同，其中有两项因素是不容忽略的，即租金给付的能力和租约的条件。经营场地租金是最固定的运营成本之一，即使休息不营业，也得支出。对于有些货品流通迅速、空间要求不大的行业，如精品店、高级时装店、餐厅等，如果能负担得起高房租，就可以设于高租金区；而家具店、旧货店等，因为需要较大的空间，最好设在低租金区。

（二）公司注册

创企业的第一步是公司注册。一般来说，公司注册的流程为：企业核名→提交材料→领取执照→刻章。完成公司注册后，要想公司正式开始经营，还需要办理银行开户、税务报到、申请税控盘和发票、社保开户等事项。

随着"五证合一"改革的推行，现在开设企业的流程相比过去简化了许多。新企业设立流程从工商注册到正式运营简化为：办理"五证合一"→刻制印章→开立企业银行账户→办理税务登记。

1."五证合一"工商注册

2016 年 10 月 1 日起，"五证合一"在全国正式实施。"五证合一"是指工商局的营业执照、税务局的税务登记证、质监局的组织机构代码证、社保局的社会保险登记证、统计局的统计登记证合并为一个加载有统一社会信用代码的工商营业执照，实现"一照一码"。其中，"一照"即"五证"合为一张的营业执照；"一码"即营业执照上加载的由工商局直接核发的统一社会信用代码。

（1）"五证合一"的办理流程。随着"五证合一"的推行，新办企业的工商注册变得更简单。与以前的办证流程相比，"五证合一"减少了在不同部门间来回奔走审核资料的烦恼，可以直接前往办证大厅的多证合一受理窗口进行办理。当然，"五证合一"同样需要企业首先进行企业名称预先核准，然后填写《新设企业五证合一登记申请表》，审核企业相关材料。

①企业名称预先核准。首先，需要进行企业核名操作。核名时先要选择企业类型，企业类型包括个人独资企业、合伙企业、有限责任公司、股份有限公司等，然后准备最多5个企业名称，到工商局领取《企业名称预先核准申请书》，在其中填写准备申请的企业名称、注册资本、企业类型、住所所在地、委托代理人等信息，由工商局上网检索是否有重名，如果没有重名，便会核发《企业名称预先核准通知书》。提醒进行企业名称核准后，如果办理注册申请的申请人没有厂房或办公室，还需租房。办理租房手续需要签订房屋租赁合同，签订合同后应到税务局办理印花税缴纳手续。

②审核领证。办证人通过工商网报系统填写《新设企业五证合一登记申请表》，然后持申请审核通过后打印的《新设企业五证合一登记申请表》，前往办证大厅多证合一受理窗口进行办理。

窗口工作人员核对信息、资料无误后，将信息导入工商准入系统，生成工商注册号，并在"五证合一"打证平台生成各部门号码，补录相关信息。同时，由工商局工作人员扫描企业材料，并将《工商企业注册登记联办流转申请表》传递至质监、国税、地税、人力社保、统计5部门，由5部门分别完成后台信息录入。最后打印出印有5个证号的营业执照。

(2)"五证合一"办理资料归纳。就新创企业而言，要想顺利完成"五证合一"的办理，需要准备的资料包括：①法定代表人身份证原件，全体股东身份证复印件。②各股东间股权分配情况。③《企业名称预先核准通知书》原件。④由工商局审核通过的企业经营范围资料。⑤企业住所的租赁合同(租期一年以上)一式两份及相关产权证明(非住宅)。⑥如果企业为生产型企业，还要有公安局消防科的消防验收许可证。

(3)"五证合一"的办理优势。"五证合一"是在"多证联办"的基础上，通过建立审批信息共享平台，整合各发证部门的受理窗口、申报表格、审批流程等，达到"一表申请、一窗受理、并联审批、一份证照"的改革目的，同时降低行政成本和社会成本，方便企业准入，提高登记效率。与改革前相比，"五证合一"的办理优势是显而易见的，主要体现在证件数量、办理部门、提交材料和办理时间上，优势对比如下。

①改革前要办的证件有5个，分别是营业执照、组织机构代码证、税务登记证、社会保险登记证、统计登记证；改革后只需办理1个证件，即营业执照，上面加载有组织机构代码、税务登记证号、社会保险登记证号和统计登记证号。②改革前要前往工商、质监、税务、人力社保和统计部门办理证件，改革后只需要在多证合一受理窗口办理即可。③改革前需要向5个部门提交5份材料，改革后只需要提交1份材料，各部门共享。④改革前办理的时间至少为半个月，改革后只需要3个工作日即可领证，有时甚至能够实现当场领证。

2. 刻制印章

印章具有法律效力，不能随意刻制。新创企业申请刻制相应的印章，需持营业执照复印件、法定代表人和经办人身份证复印件各一份，以及由企业出具的刻章证明、法人代表授权委托书，到公安局指定的机构进行刻章。一般说来，公司常用的印章有如下几种。

（1）公章：公章是公司所有印章的权威，代表公司的最高效力。不管对内、对外它都代表了公司法人的意志，使用公章可以代表公司对外签订合同、收发信函、开具公司证明。

（2）合同专用章：合同专用章是公司对外签订合同时使用的。相关合同的签订在公司经营签约范围内必须盖上合同专用章才能生效，因此，它代表着公司需承受由此产生的权利和义务。一般公章可以代表合同专用章使用。

（3）财务专用章：财务专用章的用途比较专业化，一般针对单位会计核算和银行结算业务使用。

（4）法人章：法人章就是公司法人的个人用章，它对外具备一定的法律效力，可以签订合同、出示委托书文件等。

（5）发票专用章：发票专用章就是公司在经营活动中购买或开具发票时需加盖的印章。当然，在发票专用章缺少时，可以用财务专用章代替，反之不可行。

3. 开立企业银行账户

创业者要创办一家企业，往往需要通过银行进行资金周转和结算，这就不可避免地要和银行打交道，因而创业者也要了解如何办理银行开户、销户等手续。

（1）银行账户的种类。

按照国家现金管理和结算制度的规定，每家企业都要在银行开立存款结算账户（结算户），用来办理存款、取款和转账结算。银行存款结算账户分为以下4种。

①基本存款账户：基本存款账户是企业的主要存款账户，主要用于办理日常转账结算和现金收付，以及存款单位的工资、奖金等现金的支取。该账户的开立需报当地人民银行审批并核发开户许可证，开户许可证正本由存款单位留存，副本交开户行留存。一家企业只能在一家商业银行的一个营业机构开立一个基本存款账户。②一般存款账户：一般存款账户是企业在开立基本存款账户以外的银行开立的账户。该账户只能办理转账结算和现金的缴存，不能办理现金的支取业务。③临时存款账户：临时存款账户是企业的外来临时机构或个体工商户因临时开展经营活动需要开立的账户。该账户可办理转账结算以及符合国家现金管理规定的现金业务。④专用存款账户：专用存款账户是企业因基本建设、更新改造或办理信托、政策性房地产开发、信用卡等特定用途开立的账户。该账户支取现金时，必须报当地人民银行审批。

（2）银行开户手续的办理。

办理银行开户手续需要填写开户申请书并提供有关证明文件。开立不同的账户，所需材料也不同，具体如下。

①基本存款账户：需提供当地工商行政管理机关核发的企业法人执照或营业执照正本。②一般存款账户：需提供基本存款账户的开户人同意其独立核算单位开户的证明。③临时存款账户：需提供当地工商行政管理机关核发的临时执照。④专用存款账户：需提供有关部门批准的文件。

（3）银行销户手续的办理。

开户人可以根据需要撤销其在银行开立的存款结算账户。开户人撤销存款结算账户时，应与银行核对账户余额，经银行审查同意后，办理销户手续。销户时，企业应交回剩余的重要空白凭证和开户许可证副本。办理银行销户手续时应遵循以下规定。

①一般存款账户余额不得超过企业在开户银行的借款余额，超过部分开户行将通知开户单位5日内将款项划转至基本存款账户，逾期未划转的，银行将主动代为划转。一般存款账户借款清偿后要办理销户。②临时存款账户的使用期限不得超过1年，超过1年的将予以销户。③企业销货款、异地汇入款项中除基建或专项工程拨款外的非专项资金不得进入专用存款账户。④开户人改变账户名称的应先撤销原账户，再开立新账户。⑤开户行对1年内未发生收付活动的单位账户，将对开户人发出销户通知，开户人应当自收到通知之日起30日内（以邮戳日为准）到开户行办理销户手续，逾期不办理将视为自愿销户。

4. 办理税务登记

新创企业领取由工商行政管理部门核发的加载有统一社会信用代码的营业执照（常说的"五证合一"）后，虽然无须再次进行税务登记，办理税务登记证，但仍需要前往税务机关办理相应的后续事项，才能进行正常缴税。

首先，新创企业纳税人需要办理国税、地税一户通。国税、地税一户通实际上是企业、银行与税务机关三方签订的扣款协议，用于企业网上申报税扣款。办理方法比较简单，到税务机关的办公点（行政服务中心地方税务局登记窗口、所在地主管税务机关）取得《委托银行划缴税（费）款三方协议书》（一式三份），加盖本单位公章后，到银行开设缴税（费）款专用账号（一般就是企业的基本存款账户），银行在协议书上盖章并退回两联。纳税人将银行盖章的协议书送到主管税务机关办理划缴税（费）款登记手续。其次，新创企业在办完首次涉税业务后，按期持续申报是今后要注意的关键事项。

三、创办企业涉及的法律法规

企业只有在法律法规允许的条件下合法运营，才能保证企业的长久发展。下面将与创业相关的法律做简单梳理，让创业者有个初步了解，涉及相关法律时可再详细查阅或咨询法律顾问。

（一）企业设立相关法律法规

企业设立相关的法律法规主要有《中华人民共和国公司法》《中华人民共和国合伙企业法》《中华人民共和国个人独资企业法》《中华人民共和国公司登记管理条例》《中华人民共和国企业破产法》等。这些法律法规规范的是企业设立期间的商业行为活动，包括企业创办的条件、企业组织要求和相关法律关系的规范等。

（二）劳动关系相关法律法规

这部分法律法规主要包括《中华人民共和国劳动合同法》《中华人民共和国就业促进法》《中华人民共和国社会保险法》《工伤保险条例》《最低工资规定》等。这些法律法规是用来规范劳动关系的，在企业人员聘用与管理等方面需要注意遵守和合理利用。

（三）知识产权相关法律法规

与知识产权相关的法律法规主要有《中华人民共和国专利法》《中华人民共和国商标

法》《信息网络传播权保护条例》《计算机软件保护条例》等。知识产权对企业经营与发展有着重要影响，熟悉这些法律法规，一方面可有效保护自身的知识产权权益，另一方面可有效防止侵犯他人相关权益，以免给企业经营造成麻烦。

(四)商业活动相关法律法规

有关市场交易等商业活动的法律主要有《中华人民共和国合同法》《中华人民共和国担保法》《中华人民共和国产品质量法》《中华人民共和国反不正当竞争法》《中华人民共和国反垄断法》《中华人民共和国广告法》《中华人民共和国消费者权益保护法》等。这类法律法规主要规范与调整经营者之间、经营者与消费者之间的法律关系。了解这些法律，可有效规避企业经营过程中的法律风险，保障各方权益，促进商业活动的顺利开展。

(五)政府宏观调控相关法律

为保证经济平稳运行和社会和谐发展，政府在宏观上通过相关法律法规进行规范与调控。这类法律主要有《中华人民共和国环境保护法》《中华人民共和国对外贸易法》、税法、金融法和投资法等。这类法律法规主要调整政府与经营者之间的关系，是政府规范与调整经营者行为的相关法律要求与规范。

(六)纠纷诉讼相关的法律

解决纠纷的法律主要有《中华人民共和国民事诉讼法》《中华人民共和国刑事诉讼法》《中华人民共和国行政诉讼法》《中华人民共和国仲裁法》《中华人民共和国劳动争议调解仲裁法》等。熟悉这些法律法规，有助于我们在遇到纠纷时，利用法律武器保护自身合法权益。

课堂活动

选择合适的企业组织形式

1. 目标

通过分组讨论，进一步掌握影响企业组织形式选择的主要因素，确定给定案例应该采用的企业组织形式，提高学生分析问题和解决问题的能力。

2. 时间安排

30分钟。

3. 材料准备

教师准备大学生创业案例和企业组织形式比较一览表(表10-1)，在课堂上分发给每组学生。

大学生创业案例

小王去年大学毕业后，找的工作不太理想，就想自主创业当老板。他父母拿出全部家庭积蓄50万元，给他作为资本。经过考察，小王决定自己一人投资，在某市高校园区开办一家餐饮企业。请为小王选择一种合适的企业组织形式，并说明理由。

表 10 - 1　企业组织形式比较一览表

序号	企业组织形式	优势	劣势
1	个人独资企业		
2	合伙企业		
3	有限责任公司		
4	股份有限公司		

4. 活动进程

步骤 1：根据全班学生总人数确定分组，每组以 4～6 人为宜。

步骤 2：同一小组的学生围坐在一起，教师向每组学生分发大学生创业案例和企业组织形式比较一览表，并向学生说明本次课堂活动的目的与要求，以小组为单位进行分工，各小组分别讨论，完成企业组织形式比较一览表，就大学生创业案例提出企业组织形式选择意见，并说明理由。

步骤 3：各小组派出一名代表向全班介绍该小组的表格填写结果和选定的企业组织形式及理由。

步骤 4：教师对本次课堂活动进行全面总结，并逐一分析每个小组的讨论意见及选择结果。

▶ 第二节　成功创办新企业的决定性因素

一、创业者成功创办企业的决定性因素

衡量创业者成功创业的第一个标志是什么？——成功创办新企业。

企业是一个有计划地生产经营组织，企业创办的过程就是企业生产经营的计划机制形成的过程。所以，能够成功地创办一个新企业，注册一个新公司，是创业者成功创业的第一步，也是成功创业的第一个标志。

没有简单的方法和公式去参考如何成功地创办一个新企业，创业者才是创办新企业至关重要的因素，而成功就取决于创业者发现机会和组织资源的能力。所以，想要成功地创办一个新企业，首先要让自己具备一个真正的创业者所需的能力和素质。

一系列知识、一套技能和一类特质是成功的创业者必须具备的能力和素质。"创业者的特质"可以归纳为十个方面如图 10 - 2 所示。

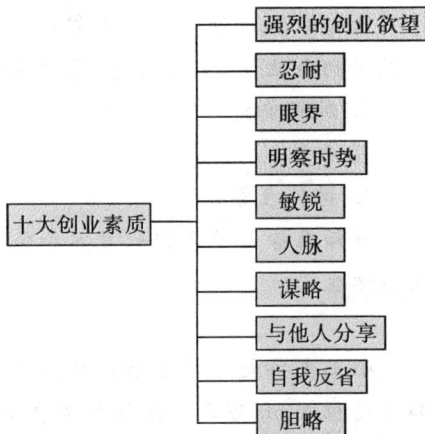

十大创业素质：
- 强烈的创业欲望
- 忍耐
- 眼界
- 明察时势
- 敏锐
- 人脉
- 谋略
- 与他人分享
- 自我反省
- 胆略

图 10 - 2　十大创业素质

我们知道：创业，其实是一条充满艰辛的路，要成为一名创业者容易，但是要做

成功的创业者并不是一蹴而就的事。但创业从无到有，从知识、资金、人脉、资源和经验，都可以在校期间有意识地去积累。

当你初步具备了一个创业者所必需的知识、技能和特质之后，就需要创办一个新企业，成为一个真正的创业者，那么，如何才能成功地创办一个新企业？

成功创办新企业的决定性因素有哪些？采访大学生创业者，介绍自己创办企业的经历和感受？可提问题包括：①公司创意（想法）是什么时间？②创办自己的小企业做了哪些准备工作？③在创办自己的小企业过程中遇到的最大困难是什么？怎样解决的？④现在企业运营的情况怎么样？⑤如何才能借助地方政府的政策支持？⑥通过你的创业经历，你认为成立一个小企业的关键因素是什么？

课堂讨论：①大学生创业是怎样起步的？（先活下来，再谋发展）②大学生创办企业会遇到哪些困难？如何解决？（资金难筹集）③大学生创业应该怎样做？（有梦想就要敢想敢做；看准的事多苦多难都要坚持；在校参加创业见习和模拟实训很重要；找好创业导师指引创业道路）。

创业者是整个创业过程中至关重要的因素。他（她）会积极主动地承担风险、创办企业、经营企业并赢得顾客。创业者要成功地做到这些，取决于四个因素——动机和决心、能力、想法和市场、资源。

(一)动机和决心

无论是个人还是团队要想成功创办企业都需要具备强烈的动机和坚定的决心。动机是创办小企业的原动力，只有有了动机，才会开始创业。

分析大学生创办小企业的动机：①最大限度地实现自身价值，获得成功的满足感；②争取更高的收益，改善生活状况；③拥有自己的企业，可以独立自主，按照自己的意愿行动；④自创企业可以为自己争取一个较自由、较灵活的时间和空间，能够无拘无束地享受生活。

(二)想法和市场

有市场前景的想法、项目、产品或者服务需要具备以下几个条件：能够满足消费者的需求；消费者具备购买能力并且乐于购买；消费者购买的数量足以回收成本并获得充足的利润。但是，创业确实是有风险的，比如，技术风险、市场风险、管理风险、资金风险，还有政策风险等，所以，并不是所有的创业者都能成功。我们要有抵御风险、规避风险的能力。

(三)能力

创业不是赌博，也不是无谓地冒险。创业者要成功地创办一个企业，成为成功的企业家，就要能迈过创业的一道道坎儿，要有正确的创业思想和健康的心理素质，而且要练五项功夫：一是把握市场机会；二是要取得家人和朋友的支持；三是要管理好资金；四是具备组织管理能力；五是控制风险。

(四)资源

资源与创业者的关系就如同颜料、画笔与艺术家的关系一样，因为"巧妇难为无米之炊"，没有资源，创业者只能望"机"兴叹。创业者能否成功地开发出机会，进而推动创业活动向前发展，通常取决于他们掌握和能整合到的资源，以及对资源的利用能力。创业资源包括直接资源（财务资源、经营管理资源、人才资源、市场资源）和间接资源（政策资源、信息资源、科技资源）。

怎样才能用有限的资源获得更多的价值创造？一是创业者自身的专长和优势；二是尽可能多地找到利益相关者，整合资源（家人、朋友、老师、同学等）；三是善于利用社会资源。

MAIR 模式可以帮助你更简单地记住这些要素如图 10-3 所示。（归纳总结 MAIR 模式）

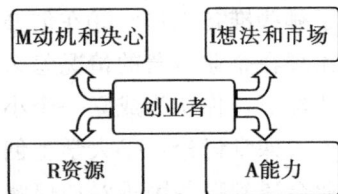

图 10-3　MAIR 模式

* MAIR 是动力（Motivation）、能力（Abilities）、想法（Idea）和资源（Resource）四个单词首字母缩写。

二、好的企业构思是创业成功的开始

(一)小企业的构思原则

(1)起步要稳：能够评估自己是否适合创业、是否准备就绪、是否适合在商业中冒险。

(2)志向要大：要有目标，要有做大做强的雄心，大企业都是从小企业发展起来的。

(3)计算要精：精确计算自己的资金和资源，进行定量化管理，规避数字陷阱。

(4)规模要小：量力而行，规模适度，减小风险，稳妥创业。

(二)企业构思的途径

(1)从专业、专长出发。

(2)从顾客需要出发。

(3)寻求和发现市场机会（需求和潜在需求）。

(4)抓住和把握商机。①作为创业者和创业团队，要能够判断企业构思是否存在发展机会；②要能够确定是否有能力和资源利用商机；③要能够依据能力和兴趣决定开办什么类型的企业。

(三)课堂小结

利用 MAIR 模式总结企业的构思情况如图 10-4 所示。

(四)课堂练习

同桌组成团队，按照 MAIR 模式，讨论企业成功创办的关键因素有哪些？

(1)分析公司领导者的个人能力：知识、技能、特质。

(2)综合团队（小组成员）能力：知识、技能、特质。

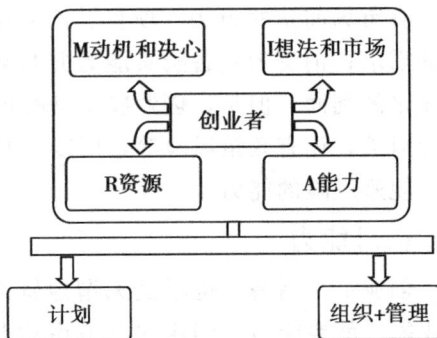

图 10-4　MAIR 模式构思企业的构思情况

(3)确定什么是必需的资源，列出成功创办一个小企业的关键因素。

不同的企业有不同的特征，要成功地创办小企业，必须考虑各自的成功要素，创业成功，需要一个优秀的领导者和一个优秀的团队。

课堂活动

准备一个可执行的创收活动计划

1. 亲自计划、创办和经营。

2. 在校期间一定要就参与实践活动(利用双休日或寒暑假)。

3. 企业最好有实际的经营场所。

4. 获得真实的收益或者遭受损失。

5. 选择将来创办类似的企业或毕业后继续创业。

可以请老师做顾问,开始实践,积累经验和教训。创业是一条走不完的路,如果你为了目标去奋斗,去拼搏,坚持走下去,这条路将是一条伴你成功的高速公路。

▶ 第三节 初创企业经营管理

一、初创企业的营销管理

对于初创企业而言,营销管理是所有管理工作的重中之重。创业者需要从定价策略、品牌策略、竞争策略和销售策略等方面抓好市场营销工作。

(一)定价策略

初创企业要将新产品顺利推向市场,取得竞争优势和良好的经济效益,合理定价是一个重要的影响因素。新产品定价方法主要有取脂定价(高定价,谋求短期高利润)、渗透定价(低定价,打开销路,扩大市场占有率,谋求长期利益)和满意定价(平价,谋求各方价格满意)。创业者要根据企业战略、产品特性及市场竞争等实际情况,选择最适合的定价策略。

(二)品牌策略

创立与塑造新品牌的过程,是一个"烧钱""烧脑"的过程。初创企业的创业者,在制定品牌战略和策略时,要考虑成本及其可实现性,采用低成本品牌营销策略是较优选择。低成本品牌营销实施方法与步骤如下:①建立品牌整合营销临时机构(负责品牌策划、形象设计和媒体公关等);②确定品牌的核心价值、传播目标与机制;③设计创新的、高差异的品牌识别系统;④运用各种广告、公关媒介和促销方式进行"聚焦式"推广传播。

(三)竞争策略

企业竞争策略的选择,主要受行业竞争状况、自身竞争力状况和顾客议价能力等因素的影响。初创企业的竞争策略主要有领跑策略、挑战策略、追随策略和补遗策略四种。

领跑策略是指初创企业以"市场老大"的姿态采取正面直接竞争的市场竞争策略;

挑战策略是指初创企业以行业内市场份额最大的企业翘楚为目标，对其发起攻击性竞争挑战的市场竞争策略；追随策略是指初创企业采取模仿、跟随竞争能力更强的企业进行迂回、侧面竞争的市场竞争策略；补遗策略是指初创企业选择细分市场的空白，集中优势资源开发专门市场或特定顾客群体的市场竞争策略。创业者可根据企业实际，选择合理的市场竞争策略。

(四)销售策略

这里所讲的销售策略，主要是指销售方式、销售模式和促销方式的选择策略。销售方式主要分直销和代理分销两种。初创企业的销售方式选择，要考虑产品服务的性质与形态、市场容量与竞争策略、运营模式和产品的利润空间等因素。销售模式主要分为网络销售、电话销售、电视购物、门店销售和混合销售等。销售模式的选择，主要取决于产品的复杂程度、定价高低、购买决策流程和顾客的消费习惯等因素。销售促销有免费送、打折、买送、特价、秒杀、抽奖、竞赛、免费体验、积分、返券、会员制、赞助、展览和换购等多种多样的方式手段。不同的促销方式有不同的优缺点和不同的适用场景，创业者可结合企业实际，选择并验证应采用哪种或哪些促销方式。

二、初创企业的人力资源管理

(一)明确需求，合理规划

初创企业的创业者，对企业业务定位及发展规划最为了解，对用人需求及其标准的把握也最为准确。创业者宜从业务层面(如技术研发、产品设计、市场营销和公关客服等方面)、运营现实需要与长远发展等统筹考虑，明确招聘的岗位、人数、要求和薪酬体系，合理规划人力资源需求和人事工作安排，从根本上理顺人力资源工作，以提高人力资源工作的效能。

(二)抓大放小，打造核心

作为企业的主要管理者，初创企业的创业者要明确其在人力资源管理工作中的角色与核心价值。创业者要重点抓中层以上的核心人才，尽快建立起中高层团队。中高层团队的核心人才是保证初创企业生存与发展的核心力量，在选拔这些人才时，要注意数量不需要多，而重在"质"。这类人才对于初创企业来说，有时候可遇而不可求。因此，创业者要把主要精力放在中高层核心人才的猎取、挖掘和公关工作上。对于普通员工的遴选，则可交由人事部或部门负责人来负责。

(三)管理有度，重在激励

初创企业在人力资源管理方面，首先要建立起关键、实用且适用的基本规章制度，如基本的薪酬制度、考勤制度、招聘制度、考核制度、培训制度和奖惩制度等，要做到"有规可依"。初创企业虽然具有规模小、管理不够规范和"老板"一言堂等特点，但一个企业组织不能没有基本的规矩，尤其在人力资源管理薪酬和绩效方面不能过于粗放随意，以免给团队形成不靠谱的感觉，而应该明确薪酬和绩效制度，形成确定的利益分配机制，让团队理解并认可"游戏规则"，起到好的激励作用，以免造成因利益而闹矛盾甚至产生纠纷的局面。

(四)重视沟通,凝聚人心

初创企业的团队建立周期短,来自不同行业、企业,具有不同经验、资历和价值观的团队成员需要磨合。创业者要根据成员特点,通过沟通的方式尽快使其具有共同的目标和价值观。创业者要重视有效沟通,尽快增进感情,拉近距离,建立相互信任的机制,消除隔阂误会,让员工有被尊重和重视的感觉,形成团队凝聚力与执行力。

三、初创企业如何制定经营战略

(一)明确未来的愿景和使命

初创企业更加需要明确企业的愿景和确定企业的使命,这样才能拥有较高的起点。

(二)结合现状和资源规划未来1~3年的发展目标

制定目标应包括财务目标(销售额、利润、资产增加值等)和非财务目标(管理目标、品牌发展目标等)。一般而言,初创企业在制定目标时可参照行业增长率、企业资源投入等情况,在制定目标后要能够分解到每一年。对财务目标,每年应该有一个基本修正,不能一成不变。有了发展目标,企业就可以有目的地配置资源,实现目标就有方法可循了。

(三)明确自己的核心竞争力

创业的一个原则是要做与别人不同的事,这在某种意义上就是核心竞争力,即企业独有的,能够保持在行业内竞争优势的能力。比如,饮料领域的"娃哈哈"以营销能力见长,而"养生堂"则特别擅长产品和品牌的创新,这就是不同企业的不同核心竞争力。初创企业要明确自己现在的核心竞争力以及未来的核心竞争力是什么。其中,对未来竞争力的界定,要分析行业未来发展的趋势和行业特点,以此来决定企业需要具备什么样的竞争能力,从而为企业构建竞争能力的决策提供参考。企业明确了自己的核心竞争力和未来需要构建的核心竞争力后,就需要制订详细的计划,来发挥这种能力和实现这个目标。

在初创期可以采取以下经营策略来打造核心竞争力:

(1)集中力量做好核心产品:在产品的核心功能、价格、质量、包装和附加值等方面建立优势。

(2)差异化经营:例如,在推广、销售、客服等方面营造与众不同的特色。

(3)品牌策略:例如,保持良好的信誉,提供长期的质量保证,不断培养客户的满意度,建立好的口碑等。

(4)团队策略:建设良好的创业团队,包括核心骨干团队和全体员工团队。注重骨干团队的互补和稳定性,同时重视员工的管理等。

(四)制定各子业务的市场战略

制定各子业务的市场战略,包括客户定位、竞争者定位、竞争的主要手段以及竞争的步骤等。

课堂 活动

构建创业"轮廓图"

通过回答下面的问题，学生可以逐渐明晰自己的创业目标和创立企业的思路，构建适合自己的创业"轮廓图"。

1. 拟创立企业的名称及时间：

   _____

2. 选择适合的企业形式：□个体　□有限责任公司　□股份有限公司

3. 目标顾客（用户）主要是：□个人　□团体　□公共机关
   □其他（简述）_____

4. 拟提供的产品和服务：

   _____

5. 列出五个最主要的竞争对手：

   _____

6. 可能面临的风险：□同行竞争　□技术　□团队　□资金
   □其他（简述）_____

7. 描述你的竞争地位：□弱　□较弱　□平均水平　□较强　□强

8. 你所提供的产品（服务）的市场需求在：□递增　□递减

9. 你提供的产品（服务）的核心优势有：_____

10. 你计划的目标市场是：_____

11. 拟创企业的价值定位是：_____

12. 拟创企业最大的困难或障碍是：_____

课堂 反思

1. 你的自拟创业项目应该选择何种法律组织形式？

2. 公司选址要考虑哪些因素？

3. 初创企业应该如何经营管理渡过最初的难关？

课外 实践

模拟企业经营：通过创业沙盘等软件模拟企业经营。

参考文献

[1] 姚凯. 大学生创业导论[M]. 北京：清华大学出版社，2015.

[2] 克拉克，奥斯特瓦德，皮尼厄. 商业模式新生代(个人篇)[M]. 北京：机械工业出版社，2012.

[3] 杨安，夏伟，刘玉. 创业管理：大学生创新创业基础[M]. 北京：清华大学出版社，2011.

[4] 雷家骕. 创新创业管理学导论[M]. 北京：清华大学出版社，2014.

[5] 张延东. 大学生就业指导与创业教育[M]. 北京：现代教育出版社，2012.

[6] 李家华. 创业基础[M]. 北京：北京师范大学出版社，2013.

[7] 张耀辉，朱锋. 创业基础[M]. 广州：暨南大学出版社，2013.

[8] 李秋斌. 大学生创业指导[M]. 北京：北京大学出版社，2013.

[9] 曹德欣，祝木伟. 创业学概论[M]. 北京：中国矿业大学出版社，2013.

[10] 柳仁民. 大学生创业基础与实训[M]. 北京：现代教育出版社，2017.

[11] 王年军. 大学生创业团队的理论与实证研究[D]. 武汉：武汉理工大学，2012.

[12] 李时椿，常建坤. 创业基础[M]. 北京：清华大学出版社，2013.

[13] 石丹林，谌虹. 大学生创业理论与实务[M]. 北京：清华大学出版社，2012.

[14] 赵伊川. 创业基础[M]. 大连：东北财经大学出版社，2013.

[15] 冯丽霞，王若洪. 创新与创业能力培养[M]. 北京：清华大学出版社，2013.

[16] 郑晓燕，相子国. 创业基础[M]. 成都：西南财经大学出版社，2012.

[17] 田远芬，向辉. 创业之梦[M]. 武汉：华中师范大学出版社，2013.

[18] 李北伟. 大学生创业导引[M]. 北京：清华大学出版社，2013.

[19] 王庆生，王坤. 大学生创业基础[M]. 北京：清华大学出版社，2013.

[20] 吴运迪. 大学生创业指导[M]. 北京：清华大学出版社，2012.

[21] 徐俊祥. 大学生创业基础知能训练教程[M]. 北京：现代教育出版社，2014.

[22] 张福建. 大学生创业基础教程[M]. 北京：现代教育出版社，2013.